人工智能科学与技术丛书

自动驾驶

人工智能理论与实践

胡 波◎主编
林 青 陈 强◎副主编

清华大学出版社

北京

内 容 简 介

本书参照产业界自动驾驶技术研发的基本流程，充分借鉴了产业界在自动驾驶技术领域中的实际研发经验，以高性能的智能小车和高度仿真的车道沙盘为实验教具和运行环境，深入浅出地讲解自动驾驶技术的原理与实际应用，为初学者打开一扇通往人工智能世界的大门。本书以帮助初学者如何从无到有地打造出具备自动驾驶功能的智能小车为主线，内容分为看车（了解自动驾驶）、造车（设计智能小车）、开车（收集训练数据）、写车（编写自动驾驶模型）、算车（训练和优化自动驾驶模型）、玩车（部署并验证自动驾驶模型）6章。初学者可以通过边学习理论知识边动手实践的方式，系统学习人工智能的算法理论和应用实例。本书没有堆砌艰深晦涩的公式推导，力求将枯燥难解的算法原理及模型进行直观的讲解，希望读者在学习的过程中，了解现实中自动驾驶技术的发展并获得运用人工智能解决自动驾驶难题的乐趣。

本书适合作为高等院校智能科学与技术、人工智能相关专业的教材，也适合作为人工智能研究人员、开发人员的参考书。

本书封面贴有清华大学出版社防伪标签，无标签者不得销售。
版权所有，侵权必究。举报：010-62782989，beiqinquan@tup.tsinghua.edu.cn。

图书在版编目（CIP）数据

自动驾驶：人工智能理论与实践/胡波主编．—北京：清华大学出版社，2023.4（2024.7重印）
（人工智能科学与技术丛书）
ISBN 978-7-302-63213-9

Ⅰ．①自… Ⅱ．①胡… Ⅲ．①汽车驾驶—自动驾驶系统 Ⅳ．①U463.61

中国国家版本馆CIP数据核字（2023）第052455号

策划编辑：盛东亮
责任编辑：钟志芳
封面设计：李召霞
责任校对：时翠兰
责任印制：曹婉颖

出版发行：清华大学出版社
网　　址：https://www.tup.com.cn，https://www.wqxuetang.com
地　　址：北京清华大学学研大厦A座　　邮　　编：100084
社 总 机：010-83470000　　邮　　购：010-62786544
投稿与读者服务：010-62776969，c-service@tup.tsinghua.edu.cn
质量反馈：010-62772015，zhiliang@tup.tsinghua.edu.cn
课件下载：https://www.tup.com.cn，010-83470236

印 装 者：三河市龙大印装有限公司
经　　销：全国新华书店
开　　本：186mm×240mm　　印　　张：13　　字　　数：291千字
版　　次：2023年6月第1版　　印　　次：2024年7月第2次印刷
印　　数：2001～3000
定　　价：59.00元

产品编号：094857-01

序 言
FOREWORD

The division of work between people and machines has continuously evolved for all of human history, but until the past few decades it was accepted that machines would help do the physical work, and even the repeatable simple computing work, but true intellectual work would be the domain of humans. With the advent of artificial intelligence technology, we are now in an era where machines can take over some of the thinking tasks and decision making for the first time. This is revolutionizing our world.

A great example is in transportation, where we are developing vehicles that can drive themselves autonomously. Real-time decisions are enabled by multi-sensory environments and artificial intelligence (AI) algorithms. This will change the cost of transportation, allow people to be more mobile and enable productivity while we travel. In the long term it will change the very concept of what is fixed and what is mobile in our physical world. Imagine a future where cities can reconfigure themselves or services can come to you in ways never possible before... powered by AI-based transportation systems.

Beyond autonomous vehicles, AI will change every other technological ecosystem from wireless to clouds. The future of wireless communications with 5G, and eventually 6G, is entirely dependent on shifting work to AI systems in everything from radio resource managed to optimization of capacity. The trillion-user internet of 6G cannot be built without the speed and scale enabled by the AI world. In the multicloud world we have already shifted tasks such as security analysis to AI systems; other tasks involved in operating infrastructure are pushing most of the work to machines, leaving humans to supervise and make critical decisions only. This move has allowed us to scale the IT ecosystem at a rate that can keep up with the exponential data growth we are experiencing as we digitize the world.

AI is critical to our future and understanding it is critical for every technologist today. This book is an excellent resource for researchers, practitioners and students to learn from practical examples and related theoretical foundation. The authors address key topics in a unique way that is sure to inspire innovators—emerging to senior—to advance AI and its applications, keeping mindful of regulatory concerns, trust and ethics, and performance at scale in real-world scenarios.

John Roese[①]

Global Chief Technology Officer

Dell Technologies

[①] John Roese 是戴尔科技集团全球首席技术官,负责为公司确立前瞻性技术战略并孵化技术创新,确保戴尔科技集团能够凭借对应客户未来产品需求的突破性技术,令公司始终处于行业前沿。

序 言
FOREWORD

在人类发展的历史长河中，人与机器的分工一直在持续演进。过去几十年，人们普遍认为机器可以帮助人类完成机械性的工作，甚至重复简单的计算，但真正涉及"智能"的工作仍然是人类的专属。如今，随着人工智能（AI）技术的发展，人类在历史上第一次迈入了这样一个时代，一个机器可以完成部分思考和决策的时代，而这正在改变着我们的世界。

一个典型例子是，在交通领域人们正在研发可以自主驾驶的车辆，利用多传感器和人工智能算法实现实时决策。这将改变交通成本，使得人们在旅途中更具机动性和生产力，长期来看，甚至会改变人们对于物理世界中"移动"与"固定"的观念。设想一下，未来，可以重新规划城市自身的功能，或者用在过去难以想象的方式自动提供各种上门服务……这一切都源自人工智能驱动的交通系统。

不仅仅是自动驾驶，从无线通信到云计算，人工智能将改变技术生态系统的方方面面。对于未来的 5G，甚至 6G 无线通信，无论是无线资源管理还是容量规划，每一项功能都将完全依赖于人工智能系统。没有人工智能技术，要支撑 6G 无线通信中万兆用户量级的速度和规模将是不可能的。在"多云"（multicloud）世界中，我们已经将诸如安全分析等任务转移至人工智能系统，也正在将大部分运营基础设施所涉及的其他任务推送给机器来完成，人类只负责监督和制定关键决策。在整个世界的数字化进程中，这种转变使得我们能够快速扩展 IT 生态系统，以跟上指数级的数据增长速度。

人工智能对我们的未来至关重要。对今天的每一位技术专家来说，理解人工智能同样至关重要。本书为人工智能的研究人员、开发人员和学生提供了实践案例与相关的理论基础。本书作者以一种独特的方式讲解关键课题，以激励创新者（从新手到资深人士）进一步推动人工智能技术的发展及其应用；同时在监管、信任与伦理的约束下，推动人工智能在真实场景中的可扩展性。

John Roese
2022 年 11 月

注：本序由 John Roese 所写，本序译者为陈强、李三平。

前言
PREFACE

　　毫无疑问，人类社会已经进入了智能时代。人工智能技术的发展迎来了又一波热潮，人脸识别、语音识别等技术的应用已经融入日常生活中的方方面面。各行各业特别是一些科技新兴行业对人工智能领域的研发需求和应用人才的需求急剧增加。

　　作为向社会输送人才的主要阵地，高校近年来也增设了人工智能相关的专业，以满足各行业对人工智能技术人才的需求。而在人才培养的过程中，我们发现人工智能作为交叉学科，对学习者自身的专业基础要求比较高，前置课程（例如高等数学、工程数学、计算机原理与体系结构、数据结构、计算机编程等）的学习会占用本科生大量的时间和精力。一些学生曾向教师反馈：前置课程比较理论化，学起来枯燥，很多时候即使学完了，也不太清楚如何应用。由此可知一些学生在还未真正开始学习人工智能技术时，就已经觉得门槛太高，望而却步。

　　在人工智能技术的学习中，很多初学者最先接触的是神经网络模型的相关理论和算法，其中也有一些经典的模型（例如 MNIST 手写数字识别）作为实践案例，但是经过多年的发展，类似手写识别、语音识别、人脸识别等应用案例已逐渐变得平淡无奇，无法激发学生更高的学习热情，并且这些实践案例大部分是基于计算机或者手机平台部署实现的，初学者很少有机会将人工智能的学习与计算机或者手机之外的产品连接起来。

　　随着人们对智能出行等生活需求的不断提升，以及智能汽车制造新势力的不断崛起，自动驾驶技术的研发和应用已经成为当今社会关注的热点。自动驾驶技术不但对传统汽车产业的升级十分重要，而且是在终端产品中进一步提升芯片算力性能、发展高端集成电路技术的支撑，同时也是在高端生活消费品（智能汽车）和智慧城市中落地人工智能技术的重要突破口。无论产业界还是教育界对自动驾驶技术的研发和应用都十分重视，因此将自动驾驶作为人工智能理论学习和动手实践的教学案例，能够更好地激发初学者的学习热情，而且还能够增强他们持续学习的主观能动性。

　　自动驾驶技术的学习需要搭建一定的实验环境，目前产业界对自动驾驶技术的研发投入动辄以亿元为单位，显然很多高校无法承受如此高昂的成本，用于搭建同等水平的实验环境进行实践培养。一方面是产业界对自动驾驶技术人才的急需和高校学生对学习相关技术的渴望，另一方面是人工智能学习的高起点和自动驾驶实践的高成本，这两方面的矛盾需要找到一种合理的解决方案。为此，我们整合复旦大学和戴尔科技集团各自的优势资源，为初学者提供了自动驾驶技术及人工智能理论与实践的教学方案和资源平台。

戴尔科技集团为产业界中超过半数的自动驾驶技术研发企业提供了数据存储和处理的基础架构，帮助企业了解产业界研发自动驾驶技术的基本流程和基本需求，企业专家也密切关注自动驾驶技术最新的公开信息和技术发展。复旦大学与戴尔科技集团共建的"虚拟现实创客实验室"集中了优秀的专业教师和产业界专家，开设了"自动驾驶"相关课程，打造了适合高校教学的仿真实验环境和虚拟实验平台，编写了适合初学者的自动驾驶学习资料，并面向校内外本科生开展教学实践。通过多年的积累和一线教学过程中的反馈，在已有学习资料的基础上逐步完善并形成了本教材，希望能够借此帮助更多渴望学习人工智能技术的初学者在未来成为自动驾驶相关行业的骨干人才。

在本书的编写过程中，得到了戴尔科技集团多位专家的鼎力支持，很多专家不但亲自撰写内容，而且积极参与了相关教学课件的编制。除了本书主要编写团队之外，参加各章编写工作的还有陈天翔（第6章）、高雷（第2章）、李三平（第1、3章）、林小引（第1章）、倪嘉呈（第1、5章）、王子嘉（第1、6章）等。戴尔科技集团全球总裁兼首席技术官 John Roese 先生亲自为本书作序，本书的编写还得到了刘伟、陈春曦、贾真等集团高管以及孙文倩、曹贺等的关心和帮助，在此向他们表示衷心的感谢！同时也要感谢积极参与教材编写和宣传推广工作的出版社编辑、学校教务部门和戴尔科技集团中国研发中心的相关专家、老师和同仁的大力支持！

作为理论与实践相结合的教材，本书难免存在不足，对最新技术和市场发展的跟踪和更新不够及时和充分，受限于教学教具和实验环境，对相关问题的表述和理论知识的讲解可能存在疏漏，敬请广大读者批评指正。

编者

2023年3月

目录
CONTENTS

第 1 章　看车：自动驾驶概述 ·· 1
　1.0　本章导读 ··· 1
　1.1　认识自动驾驶 ·· 2
　　　1.1.1　什么是自动驾驶 ·· 2
　　　1.1.2　自动驾驶的分级标准 ··· 4
　　　1.1.3　当前业界自动驾驶技术的主要进展 ··· 5
　1.2　自动驾驶的实现 ··· 8
　　　1.2.1　自动驾驶的核心问题 ··· 8
　　　1.2.2　自动驾驶的技术实现 ··· 9
　　　1.2.3　自动驾驶的研发流程 ··· 12
　1.3　自动驾驶中的人工智能 ··· 14
　　　1.3.1　实现自动驾驶的智能系统 ·· 14
　　　1.3.2　自动驾驶与人工智能 ··· 15
　1.4　自动驾驶面临的挑战 ··· 18
　　　1.4.1　技术层面上的挑战 ·· 18
　　　1.4.2　非技术层面上的挑战 ··· 20
　1.5　开放性思考 ·· 21
　1.6　本章小结 ··· 22
第 2 章　造车：自动驾驶系统软硬件基础 ··· 24
　2.0　本章导读 ··· 24
　2.1　汽车底盘结构 ·· 25
　　　2.1.1　动力传动装置 ··· 26
　　　2.1.2　车辆悬架装置 ··· 29
　　　2.1.3　转向控制装置 ··· 30
　　　2.1.4　刹车制动装置 ··· 32
　2.2　汽车电子电气架构 ··· 34
　　　2.2.1　汽车线控底盘 ··· 34
　　　2.2.2　控制器架构模式的发展 ··· 36
　　　2.2.3　汽车开放系统架构 ·· 38
　2.3　自动驾驶汽车系统 ··· 39

2.3.1 自动驾驶相关硬件 ………………………………………………………… 40
2.3.2 自动驾驶系统框架 ………………………………………………………… 44
2.3.3 自动驾驶系统研发 ………………………………………………………… 47
2.4 智能小车系统 …………………………………………………………………… 53
2.4.1 智能小车整体架构 ………………………………………………………… 54
2.4.2 智能小车硬件系统 ………………………………………………………… 55
2.4.3 智能小车软件系统 ………………………………………………………… 58
2.4.4 智能小车自动驾驶 ………………………………………………………… 63
2.4.5 智能小车开发环境 ………………………………………………………… 65
2.5 开放性思考 ……………………………………………………………………… 67
2.6 本章小结 ………………………………………………………………………… 69

第3章 开车：自动驾驶数据收集与预处理 …………………………………… 71
3.0 本章导读 ………………………………………………………………………… 71
3.1 机器学习与数据集 ……………………………………………………………… 72
3.1.1 人工智能与机器学习 ……………………………………………………… 72
3.1.2 机器学习数据集 …………………………………………………………… 73
3.1.3 多种数据类型的数据标注 ………………………………………………… 75
3.1.4 高维数据可视化技术 ……………………………………………………… 77
3.2 自动驾驶数据收集与处理 ……………………………………………………… 81
3.2.1 自动驾驶数据特征 ………………………………………………………… 82
3.2.2 自动驾驶传感器数据 ……………………………………………………… 83
3.2.3 数据融合与车辆定位 ……………………………………………………… 86
3.2.4 自动驾驶数据标注 ………………………………………………………… 89
3.2.5 自动驾驶公开数据集 ……………………………………………………… 90
3.3 智能小车数据收集与处理 ……………………………………………………… 95
3.3.1 操控智能小车行驶 ………………………………………………………… 96
3.3.2 智能小车行驶数据收集 …………………………………………………… 96
3.3.3 智能小车数据标注 ………………………………………………………… 97
3.3.4 智能小车数据分析 ………………………………………………………… 99
3.3.5 智能小车数据清洗 ………………………………………………………… 99
3.3.6 智能小车数据可视化 ……………………………………………………… 100
3.3.7 智能小车数据处理工具 …………………………………………………… 101
3.4 开放性思考 ……………………………………………………………………… 102
3.5 本章小结 ………………………………………………………………………… 103

第4章 写车：自动驾驶神经网络模型 ………………………………………… 105
4.0 本章导读 ………………………………………………………………………… 105
4.1 机器学习与神经网络 …………………………………………………………… 106
4.1.1 数据驱动的学习过程 ……………………………………………………… 106
4.1.2 人工神经网络 ……………………………………………………………… 108

4.2	自动驾驶中的卷积神经网络	112
	4.2.1 卷积的引入	112
	4.2.2 卷积神经网络	115
	4.2.3 经典的卷积神经网络结构	118
4.3	自动驾驶中其他模型结构	120
	4.3.1 其他视觉感知任务	120
	4.3.2 激光雷达等传感器数据的处理	121
	4.3.3 多模态传感器数据的融合	123
	4.3.4 自动驾驶模型案例研究	123
4.4	智能小车建模实战演练	126
	4.4.1 基于人工神经网络识别标志	127
	4.4.2 基于卷积的端到端自动驾驶网络	132
4.5	开放性思考	137
4.6	本章小结	138

第 5 章 算车：自动驾驶模型训练与调优 139

5.0	本章导读	139
5.1	模型与训练参数	140
	5.1.1 模型训练数据	140
	5.1.2 智能小车 CNN 模型	142
	5.1.3 参数和超参数	143
	5.1.4 损失函数	144
5.2	神经网络模型训练	146
	5.2.1 梯度下降迭代	147
	5.2.2 反向传播梯度计算	150
	5.2.3 训练参数调整实例分析	152
5.3	模型超参数优化	155
	5.3.1 常见超参数优化方法	156
	5.3.2 超参数优化工具	158
5.4	训练效率与推理效果	160
	5.4.1 离线计算与在线计算	160
	5.4.2 模型迁移	161
	5.4.3 硬件加速器	162
5.5	开放性思考	164
5.6	本章小结	166

第 6 章 玩车：智能小车模型部署与系统调试 168

6.0	本章导读	168
6.1	智能小车主要工作流程	169
6.2	智能小车系统部署实现	171
	6.2.1 自动驾驶模式的部署实现	172

        6.2.2 手动驾驶模式的部署实现 ………………………………………………… 173
        6.2.3 模型训练模式的部署实现 ………………………………………………… 175
    6.3 智能小车代码更改与性能调优 …………………………………………………… 176
        6.3.1 模块级别的代码更改与性能调优 …………………………………………… 176
        6.3.2 系统级别的代码更改与性能调优 …………………………………………… 178
    6.4 智能小车系统问题调试与升级优化 ……………………………………………… 182
        6.4.1 智能小车系统问题调试 ……………………………………………………… 182
        6.4.2 智能小车系统升级优化 ……………………………………………………… 183
    6.5 开放性思考 ………………………………………………………………………… 188
    6.6 本章小结 …………………………………………………………………………… 189
参考文献 ………………………………………………………………………………………… 190

视频目录
VIDEO CONTENTS

视 频 名 称		时长/分钟	位　　置
微课视频 01	第 1 章前言	1	第 1 章章首
微课视频 02	第 1 章导读	26	1.0 节节首
微课视频 03	什么是自动驾驶	12	1.1.1 节节首
微课视频 04	自动驾驶分级	13	1.1.2 节节首
微课视频 05	自动驾驶当前主要进展	12	1.1.3 节节首
微课视频 06	自动驾驶的核心问题	9	1.2.1 节节首
微课视频 07	自动驾驶的技术实现	12	1.2.2 节节首
微课视频 08	自动驾驶的研发流程	11	1.2.3 节节首
微课视频 09	实现自动驾驶的智能系统	10	1.3.1 节节首
微课视频 10	人工智能在自动驾驶场景中的应用	8	1.3.2 节节首
微课视频 11	技术层面上的挑战	12	1.4.1 节节首
微课视频 12	非技术层面上的挑战	9	1.4.2 节节首
微课视频 13	第 1 章开放性思考	4	1.5 节节首
微课视频 14	第 1 章小结	2	1.6 节节首
微课视频 15	第 2 章前言	4	第 2 章章首
微课视频 16	第 2 章导读	6	2.0 节节首
微课视频 17	动力传动装置	20	2.1.1 节节首
微课视频 18	车辆悬架装置	10	2.1.2 节节首
微课视频 19	转向控制装置	8	2.1.3 节节首
微课视频 20	刹车制动装置	15	2.1.4 节节首
微课视频 21	汽车线控底盘	11	2.2.1 节节首
微课视频 22	控制器架构模式的发展	8	2.2.2 节节首
微课视频 23	汽车开放系统架构	5	2.2.3 节节首
微课视频 24	自动驾驶相关硬件	32	2.3.1 节节首
微课视频 25	自动驾驶系统框架	16	2.3.2 节节首
微课视频 26	自动驾驶系统研发	15	2.3.3 节节首
微课视频 27	智能小车系统	4	2.4 节节首
微课视频 28	第 2 章开放性思考	4	2.5 节节首
微课视频 29	第 2 章小结	3	2.6 节节首
微课视频 30	第 3 章前言	2	第 3 章章首

续表

视 频 名 称		时长/分钟	位　　置
微课视频 31	第 3 章导读	9	3.0 节节首
微课视频 32	人工智能与机器学习	10	3.1.1 节节首
微课视频 33	机器学习数据集	17	3.1.2 节节首
微课视频 34	数据集标注	14	3.1.3 节节首
微课视频 35	高维数据可视化	17	3.1.4 节节首
微课视频 36	自动驾驶数据特征	13	3.2.1 节节首
微课视频 37	自动驾驶传感器数据	9	3.2.2 节节首
微课视频 38	数据融合与车辆定位	30	3.2.3 节节首
微课视频 39	自动驾驶数据标注	6	3.2.4 节节首
微课视频 40	自动驾驶公开数据集	12	3.2.5 节节首
微课视频 41	控制智能小车行驶	6	3.3.1 节节首
微课视频 42	智能小车行驶数据收集	3	3.3.2 节节首
微课视频 43	智能小车数据分析	2	3.3.4 节节首
微课视频 44	智能小车数据处理	3	3.3.5 节节首
微课视频 45	第 3 章开放性思考	6	3.4 节节首
微课视频 46	第 3 章小结	2	3.5 节节首
微课视频 47	第 4 章前言	3	第 4 章章首
微课视频 48	第 4 章导读	5	4.0 节节首
微课视频 49	数据驱动与学习	21	4.1.1 节节首
微课视频 50	人工神经网络	8	4.1.2 节节首
微课视频 51	卷积的引入	14	4.2.1 节节首
微课视频 52	卷积神经网络	12	4.2.2 节节首
微课视频 53	经典的卷积神经网络	12	4.2.3 节节首
微课视频 54	其他视觉任务	8	4.3.1 节节首
微课视频 55	激光雷达等传感器数据的处理	2	4.3.2 节节首
微课视频 56	多模态传感器数据的融合	3	4.3.3 节节首
微课视频 57	自动驾驶模型案例研究	4	4.3.4 节节首
微课视频 58	智能小车建模实战演练	3	4.4 节节首
微课视频 59	开放性思考	4	4.5 节节首
微课视频 60	第 4 章小结	2	4.6 节节首
微课视频 61	第 5 章前言	2	第 5 章章首
微课视频 62	第 5 章导读	1	5.0 节节首
微课视频 63	模型训练数据	5	5.1.1 节节首
微课视频 64	智能小车 CNN 模型	4	5.1.2 节节首
微课视频 65	参数、损失函数和超参数	8	5.1.3 节节首
微课视频 66	梯度下降迭代	11	5.2.1 节节首
微课视频 67	反向传播梯度计算	10	5.2.2 节节首
微课视频 68	训练参数调整实例分析	3	5.2.3 节节首
微课视频 69	常见超参数优化方法	10	5.3.1 节节首

续表

视频名称		时长/分钟	位置
微课视频 70	超参数优化工具	3	5.3.2 节节首
微课视频 71	离线计算与在线计算	2	5.4.1 节节首
微课视频 72	模型迁移	3	5.4.2 节节首
微课视频 73	硬件加速器	5	5.4.3 节节首
微课视频 74	第 5 章开放性思考	1	5.5 节节首
微课视频 75	第 5 章小结	1	5.6 节节首
微课视频 76	第 6 章前言	1	第 6 章章首
微课视频 77	第 6 章导读	7	6.0 节节首
微课视频 78	自动驾驶汽车的研发流程	2	6.1 节节首
微课视频 79	智能小车的工作流程	10	6.1 节节尾
微课视频 80	智能小车的三种工作模式	11	6.2 节节首
微课视频 81	mycar 服务器软件系统与模型训练过程	30	6.2.1 节节首
微课视频 82	mycar 软件系统介绍	26	6.2.1 节节尾
微课视频 83	mycar 软件的数据收集与标签过程	4	6.2.2 节节首
微课视频 84	mycar 软件的模型部属与推理过程	28	6.2.3 节节首
微课视频 85	动手定制 mycar_server 软件	8	6.3 节节首
微课视频 86	动手定制——增加传感器	7	6.3.1 节节首
微课视频 87	动手定制——创建独立线程对象	7	6.3.2 节节首
微课视频 88	智能小车常见问题与解决思路	8	6.4 节节首
微课视频 89	多传感器融合——使用景深摄像头	6	6.4.2 节【例 6-1】处
微课视频 90	多传感器融合——使用激光传感器	3	6.4.2 节【例 6-2】处
微课视频 91	增加车联网 V2X 技术	5	6.4.2-2 节处
微课视频 92	第 6 章开放性思考	5	6.5 节节首
微课视频 93	第 6 章小结	2	6.6 节节首

第 1 章 看车：自动驾驶概述

CHAPTER 1

微课视频 01

1.0 本章导读

微课视频 02

春秋战国时期，晋国、楚国、齐国、秦国曾号称"万乘之国"，战车[见图 1.1(a)]每乘载驭、弓、戈三人，代表着强大的战力。车战自夏朝、商朝就有文字记载，"驭手"驾驶车辆纵横于野、往来冲杀。一晃数千年过去，马车早已被汽车所替代，但"驭手"这个古老的职业却仍然还存在着，只不过现在已改称为"驾驶员"。在很多描绘未来的影视作品中，人们所乘坐的车辆升级为飞船[见图 1.1(b)]，在天空中飞行往来、迅捷无比，这些飞船上的"驾驶员"职能已被"自动驾驶系统"替代。

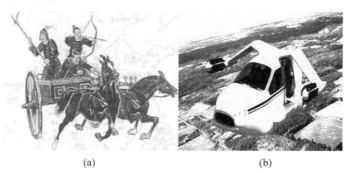

(a)　　　　　　　　(b)

图 1.1　古代战车与现代飞船示意图

近十年来，人工智能（artificial intelligence，AI）的快速发展促使自动驾驶技术不断成熟，已存在数千年的"驭手"职业或许在今后若干年中会被完全替代。如果自动驾驶系统得到广泛应用，将给社会交通和人们生活水平带来以下几方面的提升。

（1）提升驾乘人员的体验：自动驾驶系统替代了驾驶员的职能，通勤过程中驾乘人员无须时刻关注车辆的行驶操控和所处的交通环境，进而可转移注意力从事其他的工作。

（2）提升道路交通的安全性：成熟的自动驾驶系统还可以有效地提升道路交通的安全性。据世界卫生组织统计，当前全球每年因交通事故死亡的人数超过百万，其中相当大比例是因驾驶员的失误所引起的。成熟的自动驾驶系统能在很大程度上避免因人为超速、超车等行为所引起的事故。

（3）提升道路的通行效率：道路上车辆的行驶通过指挥中心统一调度和分布式协调，不再由驾驶员随心所欲地操控，杜绝了加塞插队、随意变道等不良行为，并能全局优化通行路线，令城市的拥堵问题得到有效解决，道路通行效率可获得大幅提升。

（4）提升城市资源的利用率：交通整体效率的提升将减少社会整体资源的浪费，例如城市不再需要很多交警与协管员现场指挥交通，不再需要设置大面积的临时停车场，不再需要建设异常宽阔的车道等。

（5）促进节能环保：自动驾驶技术的成熟落地还会间接地产生一系列对环境的正面影响，例如车辆可以维持在最佳巡航速度以减少能源消耗，减轻车辆机械损耗以及道路地面的磨损等。

自动驾驶技术所发挥出的蝴蝶效应势必彻底改变人类的出行甚至生活方式，这些长远的影响将在产业技术的进步、行业标准的更新、法律法规的完善、社会保障的加强中得以见证。

1.1 认识自动驾驶

1.1.1 什么是自动驾驶

相较于传统车辆，具有自动驾驶功能的车辆不需要驾驶员的操作，就能够自动完成车辆的驾驶。不同于全自动洗衣机等家用电器，也不同于全自动生产线等工厂设备，自动驾驶车辆所处的行驶环境远比面积有限的家庭环境和以固定设施为主的工厂环境要复杂。其复杂度主要表现为行驶路线的多样性、道路障碍的随机性等，同时交通安全的严肃性更增加了车辆在复杂环境中的行驶挑战。自动驾驶技术的发展目标是完全替代驾驶员操控车辆在复杂环境中行驶并顺利抵达目的地，因此在定义自动驾驶之前，需要先明确驾驶员在传统车辆驾驶中所发挥的作用。

如图1.2所示，传统车辆整体上是一个典型的机电结构，其行驶过程本质上是一个刚性物体在车轮驱动下的运动问题，涉及前进、后退、转向及停止等运动状态。

为实现这些运动状态，车辆安装了复杂的机电部件，其中包括能源转化、动力输出、机械传动、转向控制及刹车制动等一系列的车辆基础机电装置。由于车辆基础机电装置需要由驾驶员进行操控，车辆

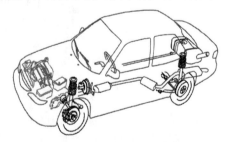

图1.2 传统车辆的机电结构

还要搭载乘客及货物等载荷，因此车辆还需要加装其他相关部件，其中包括座椅、方向盘、油门、刹车和反光镜等驾驶装置，还包括空调、音响、客货仓等辅助装置，如图1.3所示。经过了近一个半世纪的升级换代，传统车辆的基础装置、驾驶装置和辅助装置已经发展得非常成熟。近几十年，传统汽车技术的发展主要集中在降低能源消耗与环保，提升机械性能与效率

等方面,更加注重提升驾乘人员的舒适性和安全性体验。

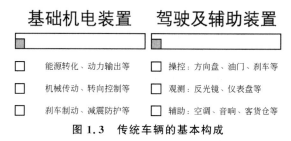

图1.3　传统车辆的基本构成

　　如果隐藏车辆内部复杂的机电系统,将其简化为一个受控的执行对象,那么从控制理论的角度分析,车辆行驶的过程是一个刚性物体在控制系统作用下的移动过程。在这个过程中,如果没有驾驶员的介入,控制系统将处于不稳定的开环状态,换言之,让传统车辆在没有驾驶员的情况下自行上路行驶是极不安全的。如果希望控制系统稳定,通常的做法是为受控对象建立反馈环节并进行闭环控制。因此传统车辆的行驶必须配备驾驶员,通过驾驶员的介入,使车辆的行驶始终处于稳定的闭环控制之中,以达到安全行驶并顺利抵达目的地的最终要求。

　　如果忽略行驶过程中的路况环境、车辆状态等复杂因素,仅完成按指定路线行进的基本任务,则这个闭环控制系统中的基本参量就是车辆的位置信息。如图1.4所示,对车辆位置的测量反馈将通过驾驶员的"观测"完成,对行驶参照位置的设定将由驾驶员的"决策"完成,对车辆行驶位置的误差消除将由驾驶员的"操控"完成。如果考虑车辆行驶的路线规划、交通规则、随机障碍、车体状态、载荷变化、能耗指标及突发事件等诸多因素,作为闭环控制中枢(控制器)的驾驶员还需要承担"感知"环境,"预测"轨迹等相关任务。

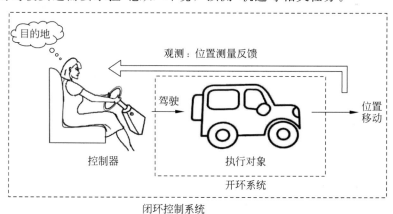

图1.4　车辆行驶的闭环控制系统框图

　　在传统车辆的行驶过程中,驾驶员是控制系统的控制中枢,车辆是控制系统的执行对象,二者以反馈闭环的形式共同应对复杂的交通环境,共同完成行驶任务。由此可见,自动驾驶车辆中的自动驾驶系统必须能像驾驶员一样承担起闭环控制中枢的全部职能。类比驾驶员操作车辆的全过程,自动驾驶系统也需要"观测"车辆位置,"感知"周围路况,"预测"障碍轨迹,"决策"车辆行驶路径,"控制"车辆运动状态。以上这些能力皆应纳入"自动驾驶"功能的定义范畴。

自动驾驶车辆需要保留传统车辆的基础装置和辅助装置,而专为驾驶员配置的驾驶装置理论上可以简化或者完全去除,但由于目前的自动驾驶技术尚未完全成熟,在很多情况下仍需要驾驶员进行干预,因此自动驾驶车辆仍然保留了传统车辆的所有装置,并在此基础上添加了自动驾驶的相关装置。在自动驾驶技术完全成熟落地之前,所谓的自动驾驶车辆都属于过渡产品,其控制中枢的功能逐步从驾驶员向自动驾驶系统过渡。

1.1.2 自动驾驶的分级标准

为实现完全替代驾驶员这个最终目标,自动驾驶技术在实现过程中被划分出多个阶段性目标,即分级标准。如表1.1所示,目前国际上的分级标准主要有两个:一个是2013年由美国交通运输部下辖的美国国家高速公路交通安全管理局(NHTSA)发布的自动驾驶的分级标准,其对自动化的描述共有4个级别;另一个是2014年由国际汽车工程学会(SAE,原译:美国汽车工程师学会)制定的自动驾驶分级标准J3016(《标准道路机动车驾驶自动化系统分类与定义》),其对自动化的描述分为5个等级。两个分级标准拥有一个共同之处,即自动驾驶车辆和非自动驾驶车辆之间存在一个临界点,即车辆本身是否能控制一些关键的驾驶功能,例如转向、加速和制动,这个临界点也决定了驾驶行为的责任主体是人类驾驶员还是车辆本身(自动驾驶系统),这对自动驾驶车辆的量产非常关键。2018年,SAE对J3016进行了修订,进一步细化了每个分级的描述,并强调了防撞功能,目前它已经成为业界主要采用的自动驾驶分级标准。

表1.1 自动驾驶分级的国际标准

自动驾驶分级		名称	定义	驾驶操作	周边监控	接管	应用场景
NHTSA	SAE						
L0	L0	人工驾驶	由人类驾驶员全权驾驶汽车	人类驾驶员	人类驾驶员	人类驾驶员	无
L1	L1	辅助驾驶	车辆对方向盘或加减速中的一项操作提供驾驶,人类驾驶员负责其余的驾驶动作	人类驾驶员和车辆	人类驾驶员	人类驾驶员	限定场景
L2	L2	部分自动驾驶	车辆对方向盘或加减速中的多项操作提供驾驶,人类驾驶员负责其余的驾驶动作	车辆	人类驾驶员	人类驾驶员	限定场景
L3	L3	有条件自动驾驶	由车辆完成绝大部分驾驶操作,人类驾驶员需要保持注意力集中以备不时之需	车辆	车辆	人类驾驶员	限定场景
L4	L4	高度自动驾驶	由车辆完成所有驾驶操作,人类驾驶员无须保持注意力,但限定道路和环境条件	车辆	车辆	车辆	限定场景
	L5	完全自动驾驶	由车辆完成所有驾驶操作,人类驾驶员无须保持注意力	车辆	车辆	车辆	所有场景

2020年3月9日,工信部发布《汽车驾驶自动化分级》推荐性国家标准报批公示。如表1.2所示,基于驾驶自动化系统(自动驾驶系统,表中简称系统)能够执行动态驾驶任务的程度,根据在执行动态驾驶任务中的角色分配以及有无设计运行条件限制等,将驾驶自动化分成0~5级。与SAE的分级标准对比,中国的自动驾驶分级与SAE划分的等级基本一致。不同点在于,SAE J3016将自动紧急制动系统(autonomous emergency braking,AEB)等安全辅助功能和非驾驶自动化功能都放在L0级,归为"无驾驶自动化",而中国标准则称之为"应急辅助",与非驾驶自动化功能进行区分。

表1.2 自动驾驶分级中国标准

分级	名称	车辆横向和纵向运动控制	目标和事件探测与响应	动态驾驶任务接管	设计运行条件
0级	应急辅助	驾驶员	驾驶员及系统	驾驶员	有限制
1级	部分驾驶辅助	驾驶员和系统	驾驶员及系统	驾驶员	有限制
2级	组合驾驶辅助	系统	驾驶员及系统	驾驶员	有限制
3级	有条件自动驾驶	系统	系统	动态驾驶任务接管用户(接管后成为驾驶员)	有限制
4级	高度自动驾驶	系统	系统	系统	有限制
5级	完全自动驾驶	系统	系统	系统	无限制*

* 排除商业和法规因素等限制

由市场监管总局和国家标准化管理委员会联合发布的《汽车驾驶自动化分级》推荐性国家标准(GB/T 40429—2021)已于2022年3月1日起正式实施,对促进自动驾驶产业的发展以及后续相关法规的制定起到积极作用。

当分级标准完全达成之时就是自动驾驶技术完全实现之日,人们交通出行的方式将会发生彻底改变,而现在,业界有数以万计的人正在不断地为此而努力。

1.1.3 当前业界自动驾驶技术的主要进展

落地自动驾驶技术是业界目前竞争最为激烈的领域之一。如果仅按L4级的标准,目前并没有哪一家公司已完美地实现了相关的要求,但在总体的发展趋势上,已经不难看出汽车行业确实正在进行一轮以自动驾驶、新能源为导向的大变革。图1.5显示了2019年和2021年全球十大汽车公司的市值,通过对比可以看出,仅仅相隔两年的时间,造车新势力就彻底改变了传统的汽车行业格局。以成立不足20年的特斯拉为代表,其一家公司在市值上已经超过了所有传统汽车巨头市值的总和。鉴于这个行业日新月异的发展,可以预测:在未来的10年内,汽车巨头的竞争格局仍将存在很大的变数。

汽车公司的市值主要体现了资本市场对其未来的看法,但业界真正达到的自动驾驶技术水平,还是需要通过更具体的技术参数来支撑。业界目前对自动驾驶有两个重要的参考指标:一个是美国加州机动车辆管理局的自动驾驶汽车测试报告;另一个是Navigant

Research(简称 NR,该机构于 2020 年被整合进咨询公司 Guidehouse)每年发布的自动驾驶竞争力排行榜。

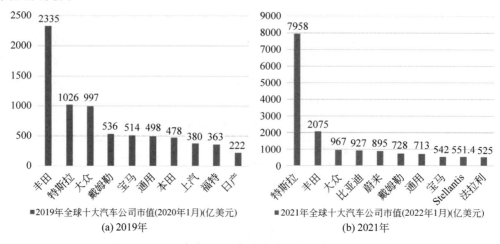

图 1.5 2019 年与 2021 年市值前十名汽车公司的比较

(数据来源:根据同花顺证券软件公开的信息数据整理)

美国加州机动车辆管理局每年会发布自动驾驶汽车测试报告。该报告会详细列出获准在加州测试的自动驾驶汽车公司过去一年的驾驶情况,以及各公司的自动驾驶车辆多长时间就需要安全操作员接管一次汽车(脱离自动驾驶)的具体数据。加州机动车辆管理局官方将"脱离(disengagement)"定义为"当检测到自动驾驶技术出现故障,或者为了车辆的安全运行,需要自动驾驶车辆测试驾驶员(安全操作员)进行干预使车辆脱离自动驾驶模式,即自动驾驶模式被关闭"。换言之,平均每次"脱离"前所自动驾驶的里程数[或者平均每英里(1 英里≈1609 米)的"脱离"次数]理论上就反映了测试车辆自动驾驶的能力,车辆可以不依赖人类介入而行驶的距离越长,说明自动驾驶技术越完善。

根据 2022 年 2 月发布的《2021 年自动驾驶汽车的测试报告》统计(如表 1.3 所示),28 家自动驾驶公司在上一年度(2020 年 12 月 1 日至 2021 年 11 月 30 日的数据)累计自动驾驶路测里程达到近 410 万英里。相比 2020 年度的近 200 万英里,测试里程翻番,而 2019 年这一数据仅为 80 多万英里。其中,谷歌旗下的 Waymo 公司的测试里程超过了 230 万英里,占总测试里程一半以上。来自中国的自动驾驶汽车公司"小马智行"(Pony.ai)排名第三,测试里程超过 30 万英里,自动驾驶汽车平均可以行驶 1 万 4 千英里(约 2.3 万公里)而不需要人为接管,这已经相当于大部分人一年的行驶里程。这些数据也大体反映了当前业界的技术发展情况:在大量测试车辆和所积累的里程数据支撑下,头部的自动驾驶汽车公司在技术上已经可以很大程度上替代人类驾驶员,但同时也仍然存在少数情况需要人类驾驶员介入。而在平均每英里脱离次数方面,中国的小马智行、安途(AutoX)、文远知行(WeRide)、滴滴(DiDi)等公司也跻身前十。但是需要指出,单一的"脱离"指标并不能准确衡量自动驾驶的技术水平,也不适合用于公司之间的对比,因为不同公司的测试地点不一样,遵循的介入协议也不同(例如 Cruise 在路况复杂的旧金山进行测试,Waymo 公司则在路况相对简单的郊区进行测试;有些公司要求安全员在校园周边或附近有急救车辆时强制接管车辆,有的公司则不这样要求)。

表 1.3　美国加州机动车辆管理局 2021 年自动驾驶汽车测试报告的统计

制造商	测试车辆数量	脱离次数	总英里数	平均每次脱离所行驶的英里数	平均每英里脱离次数
Waymo	693	292	2 325 842	7 965.21	0.00013
Cruise	138	21	876 104	41 719.24	0.00002
Pony.ai	38	21	305 616	14 553.14	0.00007
Zoox	85	21	155 125	7 386.90	0.00014
Nuro	15	23	59 100	2 569.57	0.00039
MERCEDES-BENZ	17	272	58 613	215.49	0.00464
WeRide	14	3	57 966	19 322.00	0.00005
AutoX	44	1	50 108	50 108.00	0.00002
DiDi	12	1	40 744	40 744.00	0.00002
Argo AI	13	1	36 733	36 733.00	0.00003

数据来源:https://www.dmv.ca.gov/portal/vehicle-industry-services/autonomous-vehicles/disengagement-reports/。表中为部分数据。

由于自动驾驶技术对未来汽车市场格局变化的影响至关重要,主要的汽车厂商也都有相应的技术路线规划。图 1.6 是根据 2019 年市场公开信息整理的著名品牌汽车厂商的自动驾驶汽车投产时间路线图,图中包括国外和国内的主要厂商。从图中可以看出,大部分汽

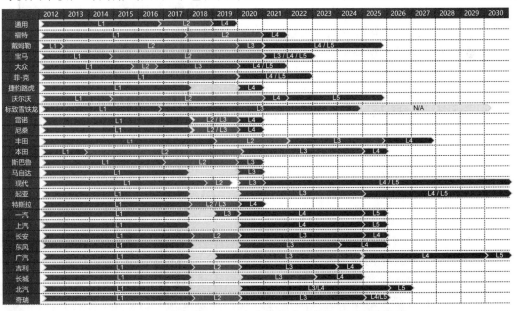

图 1.6　著名品牌汽车厂商自动驾驶汽车投产时间路线图

(数据来源:根据市场公开信息整理)

车厂商将 L3/L4 级自动驾驶量产计划放在了 2020 年。但从实际情况来看,2020 年国内除了长安和广汽发布了 L3 级自动驾驶量产车外,其余厂商都推迟了计划。

图 1.6 所示的数据表明:尽管业界在自动驾驶上投入大量的研发人员和资金并且自动驾驶技术已历经近 10 年的发展,但主要的研发仍集中在对 L3 以下辅助驾驶功能的开发上,与大众所预期的自动驾驶还相距甚远。从这个角度分析,尽管现在以 Waymo 公司为代表的前沿自动驾驶技术在特定路测环境下已取得不俗进展,但距真正的大规模部署和普及还有差距,还面临着很多挑战。

1.2 自动驾驶的实现

1.2.1 自动驾驶的核心问题

微课视频 06

自动驾驶仍未实现大规模部署,主要因为目前的自动驾驶技术还不足以完全替代驾驶员的角色,无法承担车辆行驶过程所需闭环控制中枢的全部职能,特别是无法应急处置很多突发情况。那么,驾驶员具体担负了哪些职能?如何替代这些职能?在技术上如何实现?这些都成为实现自动驾驶的核心问题。

除了直接对车辆进行操控之外,驾驶员还要结合车辆自身状态判断路况信息并做出合理的决策。驾驶员驾驶车辆会产生两方面的消耗:一是操控车辆时在体力上的消耗;二是处理信息时在脑力上的消耗。近代车辆发展的重要方向之一是为驾驶员减轻负担:①不断改善操控装置,例如为减轻操作力量而加装的转向助力器、刹车辅助增压泵等;②不断提升驾驶舒适度,例如对座椅增加减震、调温及可调靠背设计,在车内安装高品质音响设备并主动降低噪声影响等;③不断增强驾驶安全性,例如加装宽视野防眩光后视镜、超声波倒车雷达等。这些传统的减负手段显然是针对减少驾驶员体力消耗而设计的,而对于减少驾驶员脑力消耗所发挥的作用并不明显。驾驶员的脑力消耗主要在应对、处理行驶过程中的各类信息上,这些信息主要来自车辆的交互界面和外部的行驶环境。发展自动驾驶技术的重要意义在于使用自动化系统替代驾驶员应对处理车辆内外部的信息,真正减少驾驶员的脑力消耗并大幅提升社会的整体出行效率,最终实现对驾驶员的完全替代。因此,自动驾驶的核心问题是通过自动化系统完全替代驾驶员来处理行驶过程中的相关信息,即对车辆行驶信息进行自动化处理。

车辆行驶过程中的信息处理十分复杂,其基本流程包括信息采集、信息传输、信息识别、信息决策和信息输出等环节。而在处理这些信息之前,需要知道的相关信息具体包括哪些?车辆行驶闭环控制系统中的基本参量是车辆的位置,位置参量是系统所需的主要信息,其他信息还包括车辆自身的显性参量和行驶环境的显性参量,以及车辆内部的隐性参量和环境的隐性参量。显性参量一般指驾驶员能够直接观测和感受到的信息,例如车速、车体方向、车内温度、附近的路面标线、红绿灯、行人、其他车辆等;隐性参量一般指驾驶员不能直接观测和感受到的信息,例如车内机电装置的状态、车辆轮胎的损耗情况、车外的风向和风速、超出视线等感知范围外的路况信息以及其他无法实时获取的环境信息等。

传统车辆行驶过程中，一般由驾驶员负责处理这些信息，例如驾驶员观察道路情况，根据车辆自身状况，按照规划路线操控车辆，最终完成车辆位置的变动。如图1.7所示，驾驶员直接参与对位置及其他显性参量的处理：驾驶员的感官负责信息的采集，驾驶员的身体和大脑负责信息的传输、识别和决策，驾驶员的四肢负责信息输出，最后借助车辆驾驶装置实现对闭环系统的稳定控制，即驾驶车辆。此外，有些导航辅助装置可以帮助驾驶员间接获取一些隐性信息（例如远方道路拥堵情况等），这些信息也会辅助驾驶员，为其提供决策参考，使部分隐性信息显性化。

图1.7 传统驾驶中信息处理过程的框图

从信息处理的角度划分，实现自动驾驶的自动化系统可以达到三个不同的层次：第一个层次是运用计算替代驾驶员处理车辆驾驶的相关信息，即替代驾驶员；第二个层次是将驾驶员接触不到的隐性参量信息也纳入计算过程之中，即超越驾驶员；第三个层次是突破传统的车辆构造和行驶方式，重新定义驾驶的含义，即颠覆现有车辆的形态。目前相关的产业技术研究和行业标准制定仍处于第一个层次，仍然在围绕着如何替代驾驶员的问题开展研究，而业界对车联网、车路协同方面的探索正在引导技术逐步进入第二个层次，第三个层次仅在科幻艺术作品中初露端倪，距离现实的生活仍遥不可及。

1.2.2 自动驾驶的技术实现

自动驾驶系统是以实现自动驾驶功能为目的的自动化系统，其关键是形成车辆行驶过程中稳定的闭环控制中枢。解决自动驾驶系统相关技术问题的主要路径是计算。目前业界普遍认为：人工智能计算是解决自动驾驶相关问题的关键，其在具体实现上存在着不同的路径，例如"端到端"的一体化路径和"非端到端"的模块化路径等。路径虽有不同，但都充分借鉴和参照驾驶员处理车辆行驶信息的流程，目前自动驾驶技术所涉及的主要问题都包含在下面的五个环节之中。

（1）信息采集：自动驾驶系统中替代驾驶员的感官收集信息的是传感器。通过传感器将车辆行驶中的显性参量和部分隐性参量转换为数据信息,部分隐性参量是车辆或者道路环境中设备所产生的中间数据,不需要再次经过传感器的转换。信息采集的过程就是对这些数据信息的生成和收集过程。

(2) 信息传输:不同于驾驶员通过自身神经系统向大脑传送信息的方式,传感器采集的数据需要利用通信技术向处理器传输。数据信息所产生的位置和被处理的位置通常都是不同的,所使用的通信技术也有所不同,因此自动驾驶的信息传输相对复杂,包括车辆自身内部、车辆与行驶环境、车辆与云端服务器、车辆与车辆等数据的传输。自动驾驶系统的信息传输主要依托于车载通信技术和底盘通信技术。

(3) 信息识别:很多传感器产生的数据单独分析起来并没有什么意义,例如图像传感器传入的图像中存在一些亮点数据,这些亮点可能是远方的灯光,也可能是近处障碍物的反光,仅仅分析这些单一的数据并无法形成准确的判断,因此需要结合其他数据信息进行综合解析,这构成了信息识别的主要过程。对于驾驶员而言,可能很容易就分辨出前方是否有障碍物,而自动驾驶系统识别障碍物却需要进行大量的计算,其计算一般采用模式识别等方法。信息识别是目前自动驾驶技术实现的瓶颈之一,信息识别的准确率和实时性是保障自动驾驶安全的重要前提。

(4) 信息决策:目前车辆所处的行驶环境是以人类习惯和社会通则为基础构建的,因此驾驶员能据此快捷地做出准确的决策,以应对行驶过程中的各类问题。自动驾驶过程中,传感器所获取的数据经过信息识别后将重新组织为类似于驾驶员所感受到的环境参量(例如道路、行人、红绿灯等),这样自动驾驶系统就能充分借鉴驾驶员的经验常识做出类似的决策判断。现有人工智能技术中对决策算法有大量的研究,这些算法能够帮助自动驾驶系统为车辆行驶提供"合理"的路径规划和处置决策。

(5) 信息输出:驾驶员将大脑中的决策通过四肢的动作进行表达,从而实现对车辆的操控,这个过程就是信息输出的环节。信息输出同样是自动驾驶系统中决策信息的外部展现或执行环节,不同于驾驶员的操控之处在于:自动驾驶系统可绕过方向盘和脚踏板等驾驶装置,直接将信息输出给车辆的基础装置。由于驾驶员在装置操控的灵敏度上存在着生物属性方面的上限,所以自动驾驶系统的信息输出环节能够更轻易地突破人类驾驶员对车辆控制灵敏度的极限。

如图 1.8 所示,各个信息处理环节和作为受控对象的车辆共同构成了具有反馈回路的闭环控制系统,虚线框内的信息处理流程展现出自动驾驶系统对车辆的操控几乎与驾驶员的操控完全相同。

当前自动驾驶技术的进展主要体现在对环境感知、车路协同、路径规划、轨迹预测、精准控制等具体问题的研究上。这些研究将具体场景或处理特性进行了归类、综合或简化,根据实际需要采用了模块化的方式,以此为基础解决信息处理相关环节中的聚焦性问题。

(1) 环境感知:此类问题涉及车辆行驶中对原生信息进行采集、传输和识别等多个环节,但根据数据信息来源或者所针对场景功能的不同又形成了各自相关的具体问题。如图 1.9 所示,车辆采用毫米波雷达、激光雷达、摄像头、超声波传感器、全球卫星导航、加速度计、陀螺仪等传感器获取信息数据,基于底盘通信、车载通信和卫星通信等多种协议汇集数据,通过传感器处理芯片、车载计算机或者云服务器等计算平台进行识别,形成车辆所处位置、自身状态及周边路况环境等综合信息,为后续决策提供必要的环境感知数据作为依据。

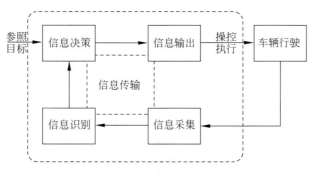

图1.8　信息处理流程框图

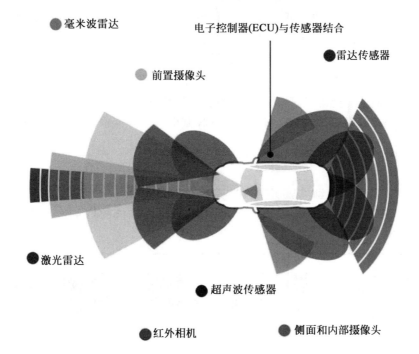

图1.9　传感器布置示意图

（2）车路协同：为弥补部分车载传感器对环境感知精度、速度和范围等方面的不足,通过在行驶环境中(特别是道路上)加装辅助传感器以提供更多参考信息,通过这种方法构成车路协同。车路协同所提供的数据信息中包含大量隐性信息（例如路面冰滑、前方事故等),这些信息超越了驾驶员自身感官的感知范围和精确度,自动驾驶系统将这些隐性信息纳入计算过程后将大幅提升车辆的行驶性能。

(3) 路径规划：此类问题分为全局路径的静态规划（全局规划）和局部路径的动态规划（局部规划）。全局规划侧重依赖高精度地图数据以求解抵达目的地最优路径为目标，局部规划侧重对环境的感知以决策当前行动为目标，二者主要涉及信息的传输、识别与决策等环节。路径规划目前主要有基于采样的算法、基于搜索的算法、基于插值拟合轨迹生成的算法和用于局部的最优控制算法等。而在路径规划策略上，还要顾及使用者的不同偏好，例如时间优先、速度优先、里程优先、舒适度优先和途经地优先等采取不同的选择策略，从而产生不同的路径规划结果。

(4) 轨迹预测：轨迹预测是影响车辆行驶中当前路线设计的关键技术，其中包括对车辆自身行进轨迹以及障碍物运动轨迹的预测，主要涉及信息采集、传输与识别等环节，在识别环节中一般会保留目标物的运动参量，为后续决策持续提供依据。轨迹预测的准确率和实时性对车辆的行驶安全有重要影响。

(5) 精准控制：自动驾驶的性能最终体现在对车辆的精准控制上。车辆精准控制的前提是信息决策准确和及时，还需要受控车辆具有较高的运动控制精度和响应速度，并且需要车辆行驶闭环控制系统具备相当的灵敏度和稳定性。当前车辆的电动化已成为汽车的发展趋势，电动汽车在运动精度和控制响应等方面比传统燃油车辆至少高一个数量级。精准控制不仅是对传统车辆的技术升级，也是提升能源效率和驾乘体验的关键，有利于自动驾驶技术的普及应用。

除了以上列举的这些技术问题外，目前尚有许多新问题亟待解决，也还有许多技术瓶颈需要面对，如果这些问题完全得以解决，就意味着自动驾驶技术的真正成熟。随着自动驾驶技术的逐步发展，自动驾驶系统作为车辆行驶的闭环控制中枢也将逐步替代甚至超越驾驶员。

1.2.3 自动驾驶的研发流程

微课视频 08

在工业界中，实际的自动驾驶研发流程相当复杂。自动驾驶的研发流程就像从沙子里淘出金子，需要借助复杂的步骤从原始的数据中提取出高价值的信息。自动驾驶的研发流程大致如图 1.10 所示。

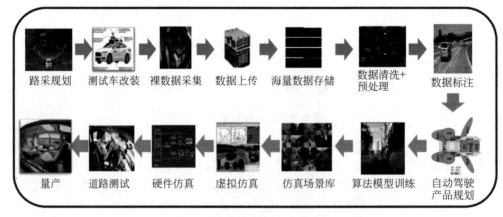

图 1.10　自动驾驶的研发流程

自动驾驶的研发流程中各环节的要点介绍如下。

（1）路采规划：该环节主要是对路采进行详细的路径规划，例如在全国哪些省市进行路采，采集什么样的路况和场景，有哪些代表性的天气状况需要采集，以及车队的人员配备和管理。

（2）测试车改装：该环节涉及测试车的功能规划，传感器的选择、安装、标定，数据获取系统（包括传感器记录仪、预标注系统、存储系统、车载电源等）的安装调试。

（3）裸数据采集：该环节需要注意相关法规的监管。在中国，公开道路上的地理信息数据的采集行为受《中华人民共和国测绘法》的约束，需要有地理信息勘测甲级资质的图商监管。

（4）数据上传：采集好的数据需要从路测场地通过物流的方式运输回数据中心上传，物流的过程同样也需要接受图商的监管。到达数据中心后，需要快速地将数据上传到数据中心的数据湖中存储，并将存储介质数据清除后通过物流送回路测场地循环使用。

（5）海量数据存储：根据不同的项目目标和规划，每天采集的数据量可能从数太字节（terabyte，TB）到数百太字节不等，由于数据量巨大，因此数据中心的数据上传应尽量采用自动化手段实现。数据中心侧应部署支持海量数据规模的数据湖存储设备接收每日上传的路采裸数据，同时应部署元数据库对路采裸数据的元数据进行管理（数据治理）。

（6）数据清洗＋预处理：一旦有新的裸数据进入数据湖，系统就可以开始数据处理的流程。先由图商对数据做脱敏（去除车牌等敏感信息）操作以及坐标系的偏转操作，再通过高性能计算集群对数据进行清洗（去除镜头被遮挡等的图像数据）和相应的预处理（亮度调节、对比度调节等）。

（7）数据标注：对于需要进行深度学习（deep learning，DL）训练的数据，通过手动或半自动的标注平台进行标注（labeling），以生成监督学习需要的真值数据。

（8）自动驾驶产品规划：由自动驾驶的产品经理对自动驾驶的功能进行产品规划，并针对不同功能的自适应巡航控制（adaptive cruise control，ACC）系统、自动紧急制动（autonomous emergency braking，AEB）系统、车道偏离警示（lane departure warning，LDW）系统等制定不同的测试方案。

（9）算法模型训练：利用传感器数据进行物体识别、语义分割、实例分割等基于卷积神经网络的深度学习训练，将达到训练精度的模型用于推理，从传感器数据中抽取出各种场景要素。

（10）仿真场景库：使用抽取出来的场景要素生成场景库，业界比较权威的场景库是基于自动化及测量系统标准协会（association for standardization of automation and measuring systems，ASAM）规定的 OpenDrive 和 OpenScenario 场景库。在后期的虚拟仿真中，此环节生成的场景库将用于为数字仿真模型车生成虚拟的仿真场景。

（11）虚拟仿真：通过 Simulink、Prescan、Carsim 等虚拟仿真工具对算法进行"软件在环（SiL）"虚拟仿真，在仿真环节中仿真道路路面、交通参照物、车辆、行人以及天气条件下的环境信息(例如雨雾或者夜间照明时的路面信息)。通过对各种基本要素的排列组合形成各种复杂的场景,尽可能多地覆盖各种罕见场景(corner case),让数字仿真模型车在这些复杂场景中做各种测试并记录结果。每次测试完成后利用测试结果对数字仿真模型车的算法和参数进行优化,循环往复,直到得到满足自动驾驶分级功能要求的结果。

(12) 硬件仿真:对 SiL 仿真过程中达到功能标准的算法进行"硬件在环(HiL)"仿真验证。在 SiL 仿真过程的代码跑通后,再基于必要的硬件在环平台,检测代码在传感器、计算单元等硬件系统上运行中的错误和兼容性问题。然后进行"车辆在环(ViL)"仿真,将相关的软硬件系统集成到车辆平台上,在封闭场地中完成相关测试,检测代码是否出现问题。

(13) 道路测试:基于"司机在环(DiL)",在测试场地和政府允许的公开道路进行场地测试,检测自动驾驶系统的运行情况,获得司机的主观评价及验证人机交互等功能。

(14) 量产:以上各项测试都通过后,就可以进入量产阶段,在汽车成品中进行大量部署。

1.3 自动驾驶中的人工智能

1.3.1 实现自动驾驶的智能系统

微课视频09

当前实现自动驾驶的主流技术是人工智能,自动驾驶系统是一个典型的智能系统,该智能系统运行自动化程序替代驾驶员的"智力"完成车辆驾驶任务。自动驾驶系统能够观察车辆所处道路及周围车辆、行人等诸多要素构成的复杂环境,决定车辆接下来需要的行动路线,并通过一系列的操作,最终完成将车辆安全行驶到目的地的任务。

自动驾驶系统完全(或部分)替代驾驶员处理车辆的行驶信息,如果将信息处理流程中的信息传输隐含在其他环节中,那么信息采集、信息识别、信息决策和信息输出就可以分别对应自动驾驶系统的四个主要部分,即传感(sense)、感知(perceive)、决策(decide)和执行(actuate)。

这四部分代表着信息处理的主要过程,而从人工智能计算的角度来看,其分别需要完成不同的功能。

(1) 传感:该环节是用不同的传感器技术将物理世界的状态信息转换成电子信号,最终转换成计算机可以理解的数字信号。例如,自动驾驶领域最常见的激光雷达传感器可以提取周围物体的距离信息并将其转换为计算机能够处理的点云信息。

(2) 感知:该环节是对传感器数据进行理解的过程,它是后续决策的计算依据。感知所解决的问题是:如何将原始的底层数据解读为更高层次的环境信息?例如在自动驾驶场景里,输入给感知模块的往往是激光雷达的点云或摄像头得到的图像信息,感知需要解决的任务是从这些原始数据里提取出车辆周围的道路、其他车辆、障碍物等环境信息。

(3) 决策：该环节是基于感知到的高层次环境信息，对车辆后续需要执行的行为做出决策。决策通常包含多个层面的操作，例如预测其他交通参与者（车辆、行人等）的运动轨迹、规划自身的行驶路径和速度等。例如，如果前方是通畅的高速公路，相应决策则是将车辆加速到最高限速并巡航前进；如果前方出现侧向车道的车辆正在进行变道操作，相应决策则可能是适当减速并准备避让。

(4) 执行：该环节的作用是将决策最终落实到汽车的执行机构上。对汽车的简化模型而言，执行的过程就是通过方向盘、油门和刹车控制车辆的转向角和加速度，从而实现按规划好的轨迹和速度完成行驶任务，而实际车辆是一个复杂的机电系统，系统要控制的执行机构远不止方向盘和油门，还包括变速箱的挡位、指示灯等所有原本需要由驾驶员控制的装置，甚至还需要接管一部分驾驶员都没有权限控制的底层模块，例如车身稳定系统等。

在实际的自动驾驶系统中，上述四部分的功能都一定存在，但并不一定可以清晰地界定出与实际系统中功能部件的对应关系。不同的系统可能会对功能部件做出不同的划分，例如有些系统在具体实现中把传感器部件独立在处理框架之外，将人工智能的处理框架划分为"感知—决策—执行"三部分。在当前以深度学习为主导的感知技术中，具体功能的划分具有多样性，由于神经网络既具有感知处理能力，也能实现高度复杂的决策逻辑映射，所以在一些自动驾驶系统实现方案中也会将感知和决策的功能进行合并。

事实上，是否将功能进行合并设计，存在两种不同的设计思路：一种是细致地将系统拆分成不同的功能模块，并且分别对每个功能模块进行优化；另一种是"端到端"地解决问题，即从原始的输入端经过一个"黑盒子"系统直接形成最终的输出。采用功能模块拆分思路的优点是可以分别单独优化每个模块，并且在功能实现时让不同的研发团队负责不同的模块，但如果拆分不合理的话，复杂系统的分块可能反而使得软件在运行效率和研发效率上都降低。采用"端到端"思路的优点是能够直接对最终目标进行优化，可以避免不同模块参数协同调优（调整参数以优化性能）的复杂问题，但代价是几乎无法对模型的中间环节进行独立调整，当系统出现问题时对问题进行定位和解决相对更为困难。在实际系统研发中，一般不会单纯地采用上述任何一种思路进行设计，而是需要恰当地取舍，找到平衡点，进行综合考虑。对于一些业界普遍采用的功能模块，例如摄像头数据的图像分割这种已经具有业界普遍认可的评估体系和性能参考的模块，就应当作为一个独立功能模块进行设计；而对于一些零散的传感器信息，其输出的中间结果并没有多少实际的参考意义，此时就可以将这些传感器整合为一个更大的功能模块。而本书后续章节所给出的示例程序则直接用一个深度学习模型合并实现了"端到端"的所有功能。

1.3.2 自动驾驶与人工智能

自动驾驶技术属于人工智能技术范畴。近年来，自动驾驶技术的快速发展很大程度上受益于人工智能在计算机视觉等方面的技术突破。人工智能使机器可以从大量数据中学习，在面对新的输入信息时能够像人一样执行多种任务。今天大多数人工智能应用（例如

微课视频10

AI围棋选手、自动驾驶汽车)都高度依赖于深度学习技术。使用深度学习技术,可以训练模型通过处理大量数据并识别数据中的模式完成特定任务。人工智能是计算机科学的一个分支,涉及多门学科,目的是构建智能机器使其能够执行通常需要人类智能才能执行的任务。在过去的二十多年中,科学家已经做了大量人工智能方面的研究并取得了很多成就,但是直到最近人们才深刻意识到人工智能的发展发生了巨大的转变,这些转变源自时代所展现出的以下新特征。

(1) 大数据:随着进入后信息化时代,越来越多的信息被转换为数据,这使得人工智能的发展有了算法所需要的海量数据,从海量数据中提取知识,并且这些知识能够被计算机理解和深度处理。

(2) 技术进步:不断提高的计算能力与存储能力、先进的算法、更快速的数据传输和更低的技术成本等因素使深度学习有能力充分"消化"掉海量的数据。

(3) 商业模式:人工智能技术在垂直行业和应用领域中的深度探索,及其在很多应用场景中的规模部署,使得商业服务效率不断得到提升,头部企业逐步形成核心竞争力并建立技术壁垒,在获取超额利润的同时不断加大人工智能技术的研发投入。

自动驾驶正是这个巨大转变的获益者之一。当前实现自动驾驶系统中人工智能的主流路径是:通过机器学习(machine learning,ML)模仿驾驶员的感官形成对环境的认知,参照驾驶员的大脑思考方式形成控制车辆行驶的决策。机器学习被视为人工智能的一部分,机器学习算法用样本数据(训练数据)训练模型,将模型用于预测或决策。机器学习算法按大类通常可以分为以下三类(这里仅做简要的介绍,供读者进行初步了解)。

(1) 监督学习(supervised learning):该算法基于有标签的样本数据对模型进行训练,即在输入样本数据时告知训练模型其对应的期望输出,通过大量训练完成函数(模型)的学习。该函数能将输入空间(特征空间)映射到输出空间(标签空间),学习算法根据训练样本持续迭代映射函数的参数(模型参数),直到达到设定的置信水平(最小化出错概率)。监督学习主要分为回归(regression)与分类(classification)两种算法。

(2) 无监督学习(unsupervised learning):与监督学习不同,样本数据没有为算法提供标签,仅靠算法来查找输入中的结构。无监督学习本身可以是目标(发现数据中的隐藏模式),也可以是监督学习的预处理步骤(特征学习)。无监督学习可分为关联规则学习(rule learning)和聚类(clustering)两种。

(3) 强化学习(reinforcement learning):强化学习是一边获得样例一边进行学习,在获得样例后更新自身模型,再利用当前模型指导下一步的行动,下一步的行动则是继续获得反馈再依据反馈结果更新模型,这个学习过程不断迭代重复,直到模型收敛。

近年来,机器学习中的深度学习逐步兴起,深度学习算法模型有很强大的表示能力和函数拟合能力,应用于自动驾驶的早期深度学习算法属于典型的监督学习。利用深度学习实现自动驾驶的信息识别和决策,从融合了所有传感器信息的数据中以驾驶员的操作行为作为标签学习出有效的函数(模型)映射,借此替代驾驶员的部分功能,这是目前解决自动驾驶技术问题的一种非常可行的方案。例如利用深度学习理解驾驶的场景,即利用深度学习的算法模型对车载摄像头中的图像进行障碍物检测（object detection）和分类等，检测和分类算法可以使用大量被标注了实体的图像作为深度学习的训练数据，经过训练的模型可以从新接收到的图像中识别出类似的障碍物。

然而车辆在行驶中所处的交通环境千变万化，自动驾驶的算法模型即使在前期进行了海量数据的训练，在行驶中也很难应对所有的情况。为解决这个问题，研究者提出了一种改进的方法：利用强化学习的思路对算法模型不断做出调整。强化学习的主要特征包括：①没有监督数据，只有反馈（reward）信号；②反馈信号不一定是实时的，很可能是延后的，有时甚至是延后很长时间的；③时间（序列）很重要；④智能体当前的行为会影响后续接收到的数据。为应对车辆复杂的行驶环境，自动驾驶的算法模型需要具有自主探索的能力以及自主适应的能力，这些要求恰好符合强化学习的特征。

根据强化学习所应对场景的复杂程度不同，其算法主要分为基于模型的（model-based）算法和无模型的（model-free）算法两大类。如果场景很简单（例如方格游戏、简单迷宫等场景），能够遍历出所有的情况，并同时可以给出明确的反馈以及策略，则此类场景可以进行完整建模。然而大多数真实场景无法满足完整建模所需的理想条件，此时只能使用非完整建模的算法。非完整建模需要使用一些估计方法在新情况出现时提供"估计"的反馈作为结果更新模型。显然，自动驾驶的算法模型所处的应用场景非常复杂，只能使用无模型的强化学习策略。

强化学习中常会遇到计算无法收敛的问题，计算无法收敛会导致学习的失败，无法形成合适的算法模型。为解决这个问题，研究者提出了模仿学习（imitation learning）算法。模仿学习是基于专家给出的示范（demonstration）样例（例如游戏高手先通关几次，把通关的过程记录下来形成示范样例）进行强化学习的一类算法，与强化学习本质上的区别是模仿学习会给训练者一组示范，而传统强化学习则是让训练算法自己去探索，在探索过程中仅需要保证训练向着对的方向前进即可。在模仿学习中，常见的方法有行为克隆（behaviour cloning）和逆强化学习（inverse reinforcement learning，IRL）两种，目前出现的另外一些相关算法也是基于这两种方法的拓展。

以自动驾驶为例，首先需要收集大量的数据作为示范，这些示范数据中包含着驾驶员在不同交通环境中的操作记录，通过机器学习使自动驾驶的算法模型模仿驾驶员的操作逐步形成自身的功能。换言之，是让自动驾驶算法模型克隆驾驶员的行为。如果仅仅克隆训练数据中所包含的交通环境场景及相应驾驶行为，这样的自动驾驶算法模型是有缺陷的，因为该模型并不能很好地应对未知交通环境场景中出现的新问题。在通常情况下，通过增加训练数据的方法，即不断加入新的示范数据，可以较好地改进算法模型，但如果新加入的数据与原有数据的来源比较相似，则改进的效果就十分有限。此时逆强化学习的方法被提出，这种方法不再单纯地对算法模型进行行为克隆，而是期望寻找示范样例的背后原因，让最终训练出的算法模型具备解决未知场景问题的能力。对相关算法本书不再深入展开介绍，有兴趣的读者可另行查阅相关资料。

1.4 自动驾驶面临的挑战

1.4.1 技术层面上的挑战

微课视频 11

在技术层面,自动驾驶研发所面临的挑战仍是非常巨大的,还有很多现实的问题亟待解决。例如:

(1) 关键部件的冗余度问题。车辆的安全设计要求远高于对自动驾驶功能的实现,冗余设计是传统车辆安全保障的重要手段,而目前量产的很多自动驾驶控制模块缺乏周全的冗余设计。为了满足安全性的要求,车辆需要两个同等功能的模块共同作用于系统,甚至包括执行装置的电源都需要进行冗余备份。对原本已十分复杂的自动驾驶系统进行冗余设计不但增加成本,而且其内部结构的设计将会成为更加难以逾越的障碍。

(2) 车端芯片的算力问题。自动驾驶系统离不开大量的人工智能计算,车端(车载)计算平台是人工智能计算的载体,为上层软件提供算力支撑和运行环境。虽然集成电路技术的发展在不断提升算力平台的性能,但车端平台的算力不足已经成为自动驾驶技术发展的瓶颈之一。受制于算力上限,很多复杂的算法不能运行,推理逻辑的计算精度无法提高。自动驾驶算法如果无法在车端获得足够的算力支撑,会导致车辆自动行驶的安全性受到挑战。自动驾驶等级每增加一级,对算力的需求就会有数量级上的提升。当前车端计算的 POPS(peta operations per second,计算机处理速度单位,表示每秒 1 千万亿次操作)时代已经到来,例如蔚来汽车最新的新能源轿车 ET7 就搭载了 4 颗英伟达的 Orin 芯片,算力可以达到 1016 TOPS(tera operations per second,表示每秒 1 万亿次操作)。然而,如此强大的算力也无法支撑 L4 级的自动驾驶技术完全落地。

(3) "软件定义汽车"的架构调整问题。在软件定义汽车的驱动下,智能汽车的电子电气架构(electronic electrical architecture,EEA)正在加速从分布式 ECU(electronic control unit,电子控制器)向集中式 ECU 演进,终极形态就是车载中央计算机。从分布式 ECU 架构到集中式 ECU 域架构演进,算力开始集中,后者按照功能不同聚类,形成了"面向服务架构(service-oriented architecture,SOA)",实现了软件与硬件的解耦。通过高速以太网替换传统的 CAN(controller area network,控制器局域网)总线作为车内骨干网进行互联。该架构可以提供开放式软件平台,底层资源实现池化并提供给上层共享,配合云端计算形成更大的协同式计算网络。车端的算力平台是自动驾驶实现的载体,因此电子电气构架核心的演进,需要用到开放的、资源充足的车载硬件,令车端软件的开发更便捷、更高效、更敏捷,目前能够完全符合要求的架构系统尚待完善和实现。

(4) 传感器成熟度的问题。目前毫米波雷达传感器、超声波传感器和高清视觉传感器已实现量产,其质量已经基本满足使用要求。但高线束的激光雷达及通信单元等设备仍然没有经历过大规模的量产实践,性能仍然不够稳定;在一些器件指标上,包括激光的线束数量及测量精度等相对毫米波雷达和视觉传感器等还有较大的发展空间;当前激光雷达的成本仍然过高,离普及还有较长的路要走。

对于自动驾驶技术的研发,还有许多涉及支撑和协同的问题,例如:

(1) 软件研发的迭代升级。自动驾驶研发的软件编程方法正在从"面向过程"到"面向对象"演进,以 TensorFlow/PyTorch 为开发框架的深度学习主要采用了"可微分编程"的方法。敏捷开发等加速软件功能迭代升级的云原生技术也在快速普及。特斯拉的影子模式——采集数据+Dojo(特斯拉自研的超级计算机)云端训练、滴滴的"桔视"、魔门塔(Momenta)的"飞轮"等都是在自动驾驶的研发流程中尽可能地将流程自动化,形成闭环,加快软件以及算法的迭代速度。软件研发的迭代升级仍在进行中,还有很多值得改善之处。

(2) 高精度地图的"鲜度"。对于自动驾驶系统所需的高精度地图,地图绘制最大的挑战在于如何应对数据的更新——在地图中融入时间维度。高精度地图绘制必须收集最新的数据,而且必须保证数据的实效性和可靠性,这就是地图的"鲜度"。传统图商专业团队采集数据的方法无法满足地图"鲜度"的更新频率,因此行业普遍认为"众包"将会成为高精度地图绘制的终极模式,但如何将其商业化是一个待解决的问题。

(3) 罕见场景的长尾挑战。对自动驾驶测试来讲,最大的挑战在于很难收集到所有罕见场景。在通常情况下,常见场景的收集处理只需占用整个自动驾驶研发团队 20% 的精力,但罕见场景的收集处理可能需要花费团队 80% 的精力。驾驶行为的罕见场景(例如汽车不慎没入较深的积水中)一般需要经过长时间的积累才能获得,样本数量也不会太多。但是对于可能有上亿参数的自动驾驶深度神经网络模型,如果罕见场景的样本数量太少,就难以保证模型能够学会这些场景。

(4) 单车智能与车路协同。目前业界自动驾驶基本上都以单车智能开发为主,但国内也有一些政府引导的车路协同实验园区在做相关的工作。业界一个普遍的看法是:在道路和交通状况复杂的区域,仅依靠单车智能实现自动驾驶相对困难。但如果配合道路基建、5G 技术以及政府的统筹规划进行车路协同则是解决这一问题的合适方法。车路协同以及智能网联汽车的发展,是万亿元级的大产业,必然面临深层次的产业问题。产业最佳商业化的模式是什么?如何做大蛋糕并分好蛋糕?如何在短时间内协调公共部门和商业实体之间的分工协作?这些还有待于深入探索。

(5) 自动驾驶的算法突破。目前大部分的自动驾驶深度学习算法基于监督学习,监督学习非常依赖于数据样本,由于数据样本的错误会污染深度学习模型,从而给系统造成损害,所以在自动驾驶的研发过程中,需要依赖大量的人工来做标注。虽然现在很多标准平台在人工智能的辅助下可以进行半自动的辅助标注,但最终还是需要人工进行最后的把关。使用大量人工会带来巨大的经济成本和时间成本。而业界目前在积极探索,希望突破现有算法的瓶颈,例如采用无监督学习或强化学习的方法,又如发展类脑计算和类脑芯片计算,借鉴人脑信息处理方式打破冯•诺依曼计算机架构的束缚等。

此外,在自动驾驶研发方面,还有很多诸如仿真难题等挑战需要面对,而这些仅仅是技术层面上所面临的问题,自动驾驶技术如果要全面落地,还有许多非技术层面上的问题需要解决。

1.4.2 非技术层面上的挑战

除了技术层面,自动驾驶还会有许多涉及社会、伦理、法律等层面的问题需要解决,这些都是非技术层面的挑战。车辆作为一个社会性的交通工具,行驶在一个开放的复杂环境之中,在给生活带来便利的同时,也会对生活造成一定的影响,例如交通事故、环境污染,甚至车辆的停放及废弃等。如图 1.11 所示,相对传统的车辆驾驶,自动驾驶是一个新生事物,所产生的非技术问题已经开始引起社会的广泛关注和重视。

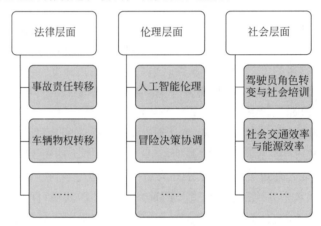

图 1.11　自动驾驶在非技术层面中所面临的挑战

自动驾驶面临的非技术问题有很多,本节围绕一些主要的问题进行介绍。

(1) 交通事故责任问题。车辆驾驶中发生交通事故,会按照交通法规对事故责任方进行问责,一般处理过程为先查明事故原因,然后根据原因确定责任主体,最后对责任主体进行处罚。传统车辆驾驶的事故中一般以驾驶员为责任主体,只要车辆出厂合格且受伤害对象未严重违法,车辆驾驶员都要担负全部(或部分)责任。对此,社会上已建立了以保险公司担负第三方责任的理赔机制,该机制为驾驶员分担部分财产赔偿的风险。然而,自动驾驶中由车辆部分(或完全)替代驾驶员操控车辆,驾驶员逐步过渡为车辆行驶的监督者,甚至仅作为乘客,因此交通事故的责任主体也将从驾驶员逐步过渡到车辆本身。作为物产,车辆本身是无法担负事故赔偿或承受处罚的,那么如何追责?如何理赔?由此对应的处罚方式和保险模式也必然将发生相应改变,目前该方面的法规和操作办法仍需探索和完善。

(2) 自动驾驶车辆的物权问题。传统车辆的物权归属较为清晰,当消费者完成车辆购置后,车辆物权发生转移,车主拥有车辆完全的财产处置权和使用权,包括车辆所涉的软硬件。生产商对车辆质量提供保障,服务商提供维修保障,保险公司提供财产服务,车主(驾驶员)拥有车辆的财产权和使用权,几方各司其职、各担其责。然而,自动驾驶的介入减少甚至取消了属于车主的部分权利,这些权利将重新转回给生产商及服务商,并以长期服务的形式提供给车主。例如车主将不再拥有车辆行驶相关的绝对支配权,包括行驶数据信息的分享、行驶轨迹的设定等,即生产商及服务商分享了车辆使用的控制权,参与了车辆使用的过程。使用权的共享导致了车辆的物权归属由完全私人产权向半公共产权的过渡倾向。

(3) 自动驾驶中人工智能的伦理问题。随着人工智能的发展,人工智能的伦理逐步成为一个重要的社会讨论命题。阿西莫夫在20世纪中期的科幻作品中曾提出过"机器人三定律",在当时已经引发了人们对智能机器人的伦理思考,而人工智能在自动驾驶中的应用也存在车辆伤害人类与自我伤害之间的伦理矛盾,尤其是在有可能违背车主本身意愿的情况下发生的伤害。

(4) 因信息不全所引发的决策问题。在传统车辆驾驶中,驾驶员经常会面对一些未知情况而被迫做出决策,例如野外探险、天气突变、道路坍塌时是否需要规避当前路线。而自动驾驶过程中,很多突发状况或者未知信息仍然会大量存在,不同于驾驶员可以完全自负责任,自动驾驶所提供的即时决策在事后是否会被判定为冒险?是否违背了车主当时原本的意愿?以及这种行为所造成的后果应如何承担?这些问题也是无法回避的。

(5) 社会群体接受问题。自动驾驶技术的成熟落地,会给当前的社会生活带来巨大变化,社会群体是否对此认可?在多大程度上支持?这些问题也是无法回避的。例如有人看见无人驾驶的车辆在道路上快速行驶会感到恐惧;有人会认为自动驾驶技术剥夺了自身驾驭车辆的乐趣;有人会认为交通出行方式过于刻板,行驶路线一成不变、速度一成不变等。这些问题需要人们逐步适应,也需要社会管理机构逐步对相应的流程或场景进行完善。

此外,还有诸如驾驶员完全转变为乘客的角色,驾驶的资格培训转变为对乘客资格的培训,自动驾驶对社会交通运行效率的改变,对能源效率的改变等问题,将促成社会的变化。这些非技术因素势必会引起社会的高度重视,最终在不断的适应和协商中为自动驾驶的全面部署寻求到适合的对策。

1.5 开放性思考[①]

微课视频13

自动驾驶技术是人工智能应用落地的一个重要的场景,汽车工业与消费类电子产品的结合为市场发展带来了巨大的空间预期,这个市场不但是很多传统汽车企业的必争之地,也是很多大型互联网公司"觊觎"的一块"大蛋糕"。很多地方政府对这一行业领域也进行了积极的引导,甚至投入大量资源为相关企业的发展"护航"。虽然自动驾驶离真正的成熟尚有距离,但是相关企业、机构已经"迫不及待"地发力,市场上对相关人才的需求旺盛。这些人才需求不只限于自动驾驶技术研发方面,而是包括了与自动驾驶相关的金融投资、市场推广、公司管理、法律咨询等多方位的人才。

自动驾驶相关行业的机遇和挑战很多。如何看待这一行业的发展,在其中寻找属于自

---

① 每章的开放性思考中带下画线的问题可作为课后讨论思考或动手实践的练习。

身的机遇？如何应对伴随而来的挑战？这些都是值得思考的问题。读者可就下列问题进行思考并展开讨论：

（1）具有自动驾驶功能的汽车为何成为产业发展的热点？这些产业绝不仅仅局限于汽车产业，汽车智能化还对哪些产业产生了深远的影响？这些影响具体体现在什么地方？

（2）自动驾驶技术完全的成熟落地仍需时日，作为人工智能相关专业的学习者应该在哪些方面进行积累和提升才能投身于相关产业发展的潮流之中？对日后的研究方向或产业化方向有哪些思考？

（3）公众对自动驾驶技术的认知目前还仅停留在观察、了解和小心尝试阶段，如何能够像普及共享单车一样，让大众能够逐步接受自动驾驶汽车的使用和普及？

（4）从城市管理的视角分析，自动驾驶汽车所需的政策环境、营商环境和量产条件有哪些？在实施过程中将遇到哪些挑战？可能的应对举措有哪些？

上述问题仅作为抛砖引玉的提示，读者可就自动驾驶在技术和社会层面上的问题进行更多的开放性思考。

微课视频14

1.6　本章小结

自动驾驶技术的发展日新月异，是少数的有可能在不久的将来给社会带来巨大变革的前沿技术。过去几十年在学界和业界的共同探索下，人工智能技术，特别是以深度学习为代表的机器学习取得了长足的发展，并推动自动驾驶技术在最近十几年内取得了前所未有的进步。但是全自动驾驶的实现还需要克服诸多技术、社会与法律的挑战。

本书章节的编排如图1.12所示，与自动驾驶技术研发流程相对应：依次介绍自动驾驶概论、自动驾驶系统软硬件基础、自动驾驶数据采集和预处理、自动驾驶神经网络模型、自动驾驶模型训练与调优以及智能小车模型部署与系统调试。

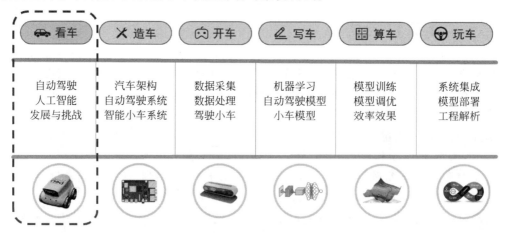

图1.12　章节编排

第 1 章:"看车"部分是全书内容的导读,总体介绍了自动驾驶的概念及行业发展。

第 2 章:"造车"部分讲述了汽车的传统基础结构和自动驾驶系统的基本框架,并结合教学用智能小车的特点,对其软硬件平台进行了总体介绍。

第 3 章:"开车"部分讲述了机器学习数据集的基础理论,包括数据集的清洗、处理与可视化,并结合教学用智能小车介绍了如何收集自动驾驶所需的数据并进行相应的处理。

第 4 章:"写车"部分讲述了涉及自动驾驶系统的机器学习、神经网络等基本理论,并结合教学用智能小车介绍了如何构建一个"端到端"的自动驾驶模型。

第 5 章:"算车"部分讲述了神经网络的学习过程、超参数的优化以及提升训练效率与推理效果的途径,并结合教学用智能小车介绍了如何将数据集用于自动驾驶模型的训练和优化。

第 6 章:"玩车"部分结合教学用智能小车介绍了如何部署、整合与调优模型,以及优化自动驾驶性能的一些方法。

本书力求对自动驾驶的研发流程进行较为全面的介绍,包括所涉及的基本原理和研发方法,但由于自动驾驶技术发展迅猛,本书无法为读者一一更新到最新的前沿技术,对此有兴趣的读者还请自行查阅资料。考虑到本书的受众基础,在具体技术实现上,选择了较为简单且容易实现的"端到端"神经网络模型作为教学用智能小车自动驾驶的软件核心,并以开放性思考的形式提出若干问题,希望读者能够在理解本书内容的基础上动手完成实践训练,在对自动驾驶技术形成基本体验的同时对自动驾驶技术本身的发展有所思考。

第 2 章 造车：自动驾驶系统软硬件基础

CHAPTER 2

2.0 本章导读

为满足人类自身驾乘的各种需求，汽车从代步的机械化设备，发展成为了高端的消费品。丰富的电子功能，令汽车在使用过程中给驾乘人员提供了体验极佳的环境，包括且不限于音乐、视频、空气净化、按摩座椅等舒适性功能，不但极大提升了汽车产品的附加价值，而且催生出了一个万亿规模的大产业。21世纪的今天，汽车行业进入了新的发展阶段，汽车产品更是迈入智能化时代。从巡航辅助、刹车辅助到自动泊车，特别是L3级别的自动驾驶功能已经快速普及；在交互界面上，从机械按键到触摸操作，从抬头显示到自然语言对答也逐步成为汽车标准配置。无论是替代人类完成驾驶任务，还是人机交互，汽车行业都正在发生着日新月异的变化。汽车智能化可以说是综合了云计算能力、人工智能技术、软件工程技术、网络通信技术、新能源技术等多方面发展成就并应运而生的时代大潮。

智能化技术与自动化技术在汽车工业领域的碰撞促进了自动驾驶技术的快速发展，自动驾驶已经成为"人工智能"技术在现代交通场景中亟待落地的一项重要应用。自动驾驶技术一旦成熟落地，会对传统汽车行业造成翻天覆地的变化，具有自动驾驶功能的汽车逐步淘汰传统手动操控的汽车成为未来的发展趋势。当然，未来即使具备自动驾驶功能的汽车或许也还会保留手动操控的装置，毕竟手动操作也是很多人开车的乐趣所在，而且在一些突发或者意外的场景中，手动操作也是一种必要的后备方案。这意味着，汽车在未来发展的一个很长阶段中，仍然将以传统汽车的软硬件系统作为基本构成，通过部分改造或者功能升级来完成对汽车整体性能的提升。目前仍处于不断研发完善中的自动驾驶汽车同样无法脱离现有传统汽车的基本结构，特别在目前尚无法完全实现L5级技术能力时，更需要完整保留汽车的手动操作能力。因此，在进入自动驾驶人工智能的相关学习前，本书有必要对传统汽车的基本结构进行介绍。在此基础上，读者还可以了解到：为实现自动驾驶的功能，自动驾驶汽车相较于传统汽车增加或者改变了哪些重要部件，在汽车的软硬件系统设计上有什么样不同的考虑以及遇到了什么样的新问题等。

本章在对比传统汽车与自动驾驶汽车基本软硬件系统的基础上,以 Dell Technologies ADAS(advanced driving assistance system,高级驾驶辅助系统)智能小车(后面简称智能小车)为例进行分析讨论,帮助读者逐步了解并进入自动驾驶的人工智能世界。

2.1 汽车底盘结构

传统车辆从手推车、马车发展到蒸汽汽车、内燃机汽车和电动汽车,经历了数千年的时间,而车的本身结构变化却不大。车辆的出现得益于"车轮"这一非常伟大的发明,车轮将物体移动的滑动摩擦转换为阻力更小的滚动摩擦,使得物体移动的效率得到大幅提高。为不断提高运行效率,人们不断地发明出新的技术,这些新技术的总体发展方向分为三个:进一步减少车辆移动时系统内在的阻力(例如使用滚珠轮轴以及润滑油等);进一步修筑平坦的道路(例如高速公路等)并提高路面与轮胎间的摩擦力;进一步增强车辆动力系统的工作效率和性能(例如汽油发动机和电动机等)。此外,为了提供给车辆使用者更舒适的驾乘体验或者提高驾乘安全性,传统汽车的设计也在不断地更新,使用了大量的现代化技术(例如电子技术、自动化技术和新材料技术等),然而在自动驾驶技术尚未发展成熟之前,传统汽车上唯一没有太大变化的设计就是仍然需要驾驶员进行操作。因此,围绕驾驶员操控的基本结构设计是传统汽车的主要标志之一。

如图 2.1 所示,世界上第一辆蒸汽驱动的三轮汽车诞生于 1769 年,是法国人 N.J.Cugnot 研制成功的一台行进速度只有不到 4 公里/小时的蒸汽机车。这台机车的车身长 7.32 米,最前部有一台大锅炉,锅炉为汽车提供前进的动力。由于锅炉的效率很低,导致机车每行驶 10 多分钟就要停下来加热 15 分钟。行驶时,三轮汽车前

图 2.1 世界上第一辆蒸汽驱动的三轮汽车

面的独轮由锅炉的蒸汽提供动力并带动整个车体前进,而车辆前进的方向也是通过这个动力轮进行转向,这样的设计导致车辆操控起来非常困难。在一次试车途中的下坡路上,整辆汽车一头撞在前方的石墙上,成了一堆破铜烂铁,就这样世界上第一辆蒸汽汽车在人类的第一次"机动车交通事故"中报废了。

三轮蒸汽汽车的诞生标志着人类开始尝试摆脱人(畜)力的限制,借助机械所提供的强大动力操控车辆。尽管车辆自身十分笨重,操控也很困难,但是其技术发展的方向是正确的,虽然其行进的速度比步行也快不了多少,但却坚定后世人们制造出高速载具的信心。后世制造出的汽车虽然更加复杂,但其基本结构却没有摆脱三轮蒸汽汽车的基本框架。

传统汽车是一个典型的机电系统,对车辆的操控就是让这个机电系统整体作为一个刚性物体发生移动。车辆内部提供动力驱使车轮转动,车轮转动时利用路面摩擦提供的反向作用力驱使车辆完成前进、后退、转向及停止等运动。为实现这些运动,车辆安装了复杂的

机电装置，包括能源存储转化、动力传动、转向控制以及刹车制动等一系列的车辆基础装置。由于车辆基础装置需要由驾驶员进行操控，车辆还有搭载乘客及货物等载荷进行运输的需要，因此车辆上还加装了很多与之相关的装置，包括座椅、方向盘、油门踏板、刹车踏板和反光镜等驾驶装置，还包括空调、音响、客舱或货仓等辅助装置。这些装置按照功能分别安装在车辆的不同部位，与车轮支架和车身外壳共同构成了传统汽车。

基础装置中的能源存储转化和动力输出部分，也就是油箱(储能电池)、汽油机(电动机)等系统相对十分复杂，相关技术不但能应用在车辆上，而且也广泛地被应用在飞机、轮船等交通载具以及其他很多工业、民生、军事设备之中，其发展的历史更早，应用的领域更宽泛，本书在此不再进行展开介绍。如图2.2所示，动力传动、车辆悬架、转向控制、刹车制动等部件装置都包含在汽车底盘系统中，汽车底盘连接着发动机系统、操作控制系统和车轮，是承载和安装车辆轿体和所有车载系统的关键部件，其性能将直接影响车辆的行驶功能。为实现车辆的自动驾驶功能，自动驾驶系统必须要将车辆底盘的结构和性能参数等一并纳入其整体的设计之中。

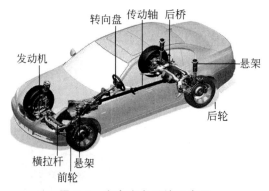

图 2.2 汽车底盘系统示意图

微课视频 17

2.1.1 动力传动装置

汽车的动力传动装置发展至今已经基本成熟，目前主要有三类，分别是燃油动力传动、混合动力传动和纯电动力传动。如图2.3所示，动力传动装置的主要功能是将发动机输出的动力传递到车轮上，让车轮转动以保证车辆的行进。动力传动装置是使汽车上路行驶的基础部件之一。在发动机输出同等功率的前提下，动力传动装置的性能对汽车的驱动力和车速有决定性的影响。

燃油动力传动是传统汽车最常见的装置，其工作的基础原理是利用机械连接杆(传动杆)进行传动。汽油机、柴油机都是内燃机，其工作基本原理是利用燃油与空气充分混合后爆燃的气体膨胀产生作用力，驱使内燃机中燃烧室的活塞发生运动。燃烧室通过吸入油混空气，压缩油混空气，点燃油混空气和排出燃烧废气等循环过程持续驱动活塞运动，通过曲轴连续输出动力，这个循环中的四个过程需要按顺序依次进行，任何一个过程被打断或者顺序发生错误都会导致内燃机停止工作。因此车辆无论在何种路况上行驶，其车轮以何种方向转动或者以何种速度转动，都不应该对内燃机的工作循环产生干扰。动力传递装置是连接发动机与车轮传输动力的部件，不但能将发动机的动力传动到车轮上，而且还应具备保护和维持内燃机正常工作循环的能力。

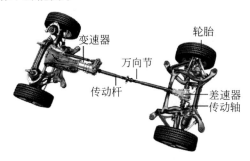

图 2.3　车辆动力传动装置示意图

燃油动力传动系统包括离合器、变速器、万向传动、驱动桥等主要部件结构。离合器是连接或者切断发动机与后续传动装置连接的机械装置，其主要功能是当汽车在起步、换挡、停止等状态中动力需求发生跳变时，快速调整动力连接使发动机自身的工作循环不受影响，并且限制施加在传动系统上的最大转矩，保护传动系统防止过载。变速器即汽车中的变速箱装置，是一组齿轮（有极式）或者液力等无极式的传动机械，其主要是实现改变传动比，改变传动转向（倒车）和换挡等功能。万向传动主要由万向节和传动轴组成，其主要功能是解决传动轴向发生变动时动力传输的问题，特别是当汽车转向轮也是驱动轮时，就需要万向节为处于方向转动中的车轮持续提供驱动力。驱动桥位于汽车传动装置的末端，直接连接车轮，其主要功能是传递转矩，降低转速，增大扭力并且解决车轮转向时内外侧车轮差速的问题。

燃油动力传动系统的整体结构与发动机和驱动轮在车辆上的布置有关，总体上可以分为前置发动机后置驱动轮、前置发动机前置驱动轮、后置发动机后置驱动轮、中置发动机后置驱动轮以及四轮驱动等几种结构。目前用于城市交通的小型燃油轿车通常采用前置发动机前置驱动轮的方式，这种结构缩短了传动系统的尺寸，有利于优化轿车的空间布局。城市公交的燃油客车通常采用后置发动机后置驱动轮的方式，这种结构能够将车辆重心整体后移，在提高载客量的同时还有利于减轻前轴转向轮所承载的压力。重型燃油卡车通常采用前置发动机后置驱动轮的布局，这种结构有利于最大化提升车斗的载荷容量。越野车为增加在复杂环境中的通行能力，通常采用四轮驱动的方式，这种结构中的动力传动系统会将动力分配在车辆的四个车轮上，以防止有个别车轮悬空时车辆无法移动的特殊情况发生。

纯电动力传动是电动汽车特有的基础装置，相对燃油汽车具有结构简单，使用效率高，维修保养简单等特点。由于纯电动力传动系统中使用的是电动机驱动，而电动机相对于燃油发动机具有很多优势，不但工作时噪声小、无排放，而且更为重要的是其体积小、能源效率高，结构成本低。目前纯电动力传动系统主要有两类：一类是仿照传统燃油汽车的布局采用中央电动机驱动车轮的结构；另一类则是采用分布式电动机与驱动轮直接结合的电动轮结构。

中央电动机驱动的结构是用大功率驱动电动机直接替换传统的燃油发动机，动力传动系统仍然部分保留燃油动力传动中的主要部件，例如离合器、变速器、万向节和驱动桥等。但基于电动机的特性，传动系统还可以进行简化，例如利用电动机无须像内燃机一样保留四个循环过程，可以直接启停，因此可以去掉离合器；电动机调速范围较大，经过特殊设计后能够具有较高的启动转矩和后备功率，因此可以省掉变速器；电动机体积比较小也无须配套内燃机的化油器、油管、进气管、排气管等附属装置，因此可以直接与车轮轮轴一体化设计从而省掉万向节等。

  电动轮结构是将电动机直接制作在车轮中，这项技术在目前的电动自行车中已经非常普及，通常电动自行车的后驱动轮就是轮毂电动轮。这种电动轮采用的是轮毂电机，也就是在车轮的轮毂上安装磁钢转子，轮毂本身也就成为电动机的外转子。轮毂电动轮的电动机和驱动轮之间没有机械传动装置，没有机械传动损失，整个车轮就是一台电动机。轮毂电机的空间利用效率很高，但是对电机的性能要求较高，需要有较高的启动转矩和后备功率。在一些电动汽车或者大型电动载重自卸车中，驱动轮体积较大，其内部可用空间比较充分，能够将电动机与固定速比减速器同时安装在其中，这种电动轮没有传动轴和差速器，传动系统做到了最精简的程度，同时也可提供更大的功率。

  对于电动轮汽车，一般至少需要安装两个电动轮，对于一些大型载重电动车，需要安装多组电动轮。这类汽车的动力是分布式系统，分散在多个车轮中。这种结构好处很多，可以精简或者取消传动装置，但也有缺点：一是成本相对高；二是多个驱动电机的控制较为复杂。但是随着现代电子技术的发展，多电机控制技术已非常成熟，如今已不再成为限制电动轮汽车发展的瓶颈。

  混合动力传动系统是综合了内燃机和电动机两种方式优点的车辆传动装置，通常有串联型、并联型和串并联混合型三种结构。串联型主要解决的是电动汽车电池容量较小无法长途行驶的问题，这种车辆用小型内燃机连接小型发电机稳定运转持续发电，车载电池作为电能蓄水池动态调节发电量和电动机的用电量，这种结构节省燃油，整车制造成本较低。并联型是同时安装燃油动力和电动两套系统，这两套系统皆可独立驱动车轮，也可以同时联合驱动车轮，传动系统相对复杂，这种结构可以根据不同工况采用不同的优化策略，例如在低速、轻载工况和或者电池电量充足时，可以采用纯电力驱动策略；在高速或者重载工况下，可以采用内燃机单独工作方式，以达到最经济的行驶效率；在大负载或者爬坡等工况下，可以采用电动机助力内燃机联合工作的方式，提供车辆最高的驱动能力；此外，还有制动能量回收模式和行车充电模式等多种组合行驶。串并联型是二者的结合，电动机和内燃机同时工作，动力输出的比例在二者间动态调节以适应不同工况的工作条件，电池组也随时处于充电或者放电驱动的动态调节状态。混合动力传动系统是两种系统的综合，结构相对更加复杂，是解决目前电池容量和充电效率不足等问题的无奈之举。

  传动系统的结构布局对车辆的操控方式有直接的影响，特别是当电动汽车采用分布式驱动时，车辆轻微的转向调整甚至无须方向盘的介入，只需调整两侧车轮形成转速差就能够实现。自动驾驶汽车在设计过程中也必须充分考虑不同传动系统装置的特点，根据实际的情况进行适配性设计，特别是对控制策略和执行器的设计。

2.1.2 车辆悬架装置

在车辆行驶过程中,为保障驾乘人员的舒适性以及承载货物的安全性,车辆在设计时需要考虑减少路面颠簸所带来的冲击。路面不平导致车轮运动时会受到垂直方向的作用力,而通过悬架装置能够最大限度地吸收这种垂直方向的作用力,使得驾乘人员及载货舱所遭受的冲击减小。如图 2.4 所示,悬架装置是连接车架(车身)与车桥(车轴)的一系列传力装置,即能够让车架与车轮形成一个整体进行移动,又能够吸收来自车轮上的冲击力。

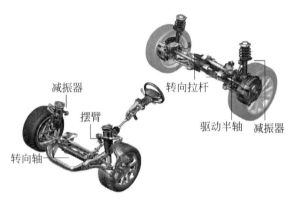

图 2.4 车辆悬架装置示意图

悬架装置有不同的设计,但通常为了吸收冲击力而多采用弹性元件构成,同时通过减振器对周期性振动形成阻尼,为配合车轮转向运动还设计有导向器等结构。悬架需要能够承载车身和乘客及货物的所有重量负荷,借助弹性元件传递负荷重量在车轮上,同时通过压缩弹簧或者释放弹簧将车轮传递回的冲击力转换为弹簧势能加以吸收;减振器能够对弹簧的周期性振动形成阻尼,将弹簧振动的势能变化转换为热能进而释放,有助于衰减和限制车身与车轮的振动;导向器多用于方向轮的悬架上,在吃重的工况下,还能保证车轮相对车身进行灵活的偏转运动。有些载重汽车的后悬架对减震要求较低,驱动轮不承担转向任务,因此在结构设计中可以进行大量简化,例如只保留弹性元件而无须减振器或导向器等。

汽车悬架装置大体上可以分为两类:一类是非独立式悬架结构,使用一根车轴(车桥)连接两侧的车轮,悬架弹簧直接安装在这根车轴上;另一类是独立式悬架,每个车轮都单独使用一根车轴(车桥是断开的),悬架弹簧分别安装在每一根车轴上。非独立式悬架结构较为简单,缺点是当一侧车轮颠簸时会对另外一侧车轮和整个车轴产生影响,而独立式悬架结构则不会因为一侧车轮的颠簸对另外一侧产生影响。

非独立式悬架因其结构简单,坚固可靠,因此在对颠簸不敏感的货运汽车上被广泛应用,在一些经济型客车的后悬架上也有应用。钢板弹簧结构在非独立式悬架中最为常见,由多层长度不同弯曲程度不完全相同的厚钢板叠放而成,这些钢板按长度由短到长对齐中心位置从下向上依次叠放,通过 U 型螺栓进行固定。钢板弹簧悬架整体上像一条扁担,中间的钢板层数多且比较厚,两端钢板层数逐渐减少。"扁担"的中间被固定在车轴(车桥)上,两端通过减振器固定在车架(车身)上。利用钢板弹簧的特性,悬架能够吸收来自车轮上的冲击,同时因为钢板的承载能力很高,能够将车体载荷有效传递到车轮上。由于钢板弹簧悬架是由多层有曲率的钢板层叠而成,当承重时,每层钢板都会发生形变,形变导致每层钢板之间相对滑动进而产生摩擦,因此各层钢板之间需要润滑,以避免层间摩擦力过大影响弹簧减震性能。

除了钢板弹簧之外,非独立式悬架所使用的弹性元件还有螺旋弹簧、空气弹簧、油气弹簧等不同的类型,这些弹簧相对结构要复杂一些,承重能力也各不相同,总体上成本都高于钢板弹簧,但减震性能普遍优于钢板弹簧。

独立式悬架虽然在结构上更为复杂,但是由于其对每个车轮都是独立减震,因此虽然成本相对较高,但性能明显优于非独立式悬架。现代汽车特别是对驾乘舒适度有要求的小客车多采用这种结构。独立悬架结构安装车轮运动形式可以分为横臂式、纵臂式、滑柱连杆式和单斜臂式等四种。独立式悬架能够在一定程度上消除路面不平引起的振动,有助于减少转向轮偏摆的现象,增大车轮与路面接触的驱动力,提升车辆的平均行驶速度和行驶平稳度。

对于追求更高性能的车辆,除了上述两类被动减震的传统悬架系统之外,还有一种可以主动减震的电控悬架。类似于近年逐步流行的主动降噪耳机,电控悬架能够通过传感器检测到车辆行驶的速度、车身的振动、操控状态等数据,再由控制器计算出各车轮悬架应该调整的刚度和阻尼,通过悬架上液压或伺服装置完成调节,令车辆轿体始终保持平稳。这种调节方式的成本相对较高,无论悬架本身还是维护修理的成本都不是普通轿车所能承受的,因此多见于一些高档汽车之中。还有一种策略是仅调节各个悬架支点弹簧的阻尼系数,不涉及弹簧刚度的调整,这样的结构无须额外为悬架装置提供动力和能源支持,虽然减震效果弱于前一种,但成本可以大幅降低,具有较好的应用前景。

悬架装置对车辆的驾驶性能也有很大影响,例如为保障驾乘的舒适度,在通过不同路况时,采用不同悬架结构的车辆能够允许其行驶的最大速度也不同,因此车辆悬架装置对自动驾驶系统的设计也会产生影响。

2.1.3 转向控制装置

微课视频19

如图 2.5 所示,转向控制装置(转向系统)是汽车的基本装置之一,汽车在行进时需要沿道路或指定路线移动,此时必须掌控方向。汽车沿特定路线行进时,通过转向轮的变化调整方向,改变转向轮的轴向需要依靠转向控制系统来完成的。驾驶员通常操作方向盘控制车辆前进(后退)的方向,方向盘产生转矩通过转向系统驱动转向轮实现轴向的改变。由于车辆行进路线是复杂多变的,每次转向时的角度、时机和车速都是相关的,转向系统需要保持非常高的灵活性和准确性,这是汽车安全行驶的重要保障之一。

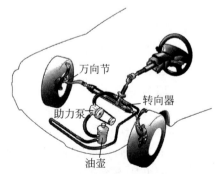

图 2.5 汽车转向控制装置示意图

这里转向器与传动装置都有万向节，但功能有所区别：传动万向节的主要功能是将行驶动力传递给车轮，即使车轮发生轴向变化时，也能够保证不中断动力的传输，而转向系统中的万向节功能是通过方向盘改变转向轮轴向角度，不负责传输前进动力。在现代前驱车中，前轮既是转向轮又是驱动轮，所以会同时配置有转向器和传动装置。通常来讲，汽车转向轮轴向的转角范围小于 $180°$，而方向盘转动的角度可以超过 $360°$ 甚至更多，因此在这个转向过程，转向装置带有转矩变换的功能，这一方面可以减轻转向时人力操作所需的力量；另一方面还可以增加对转向轮角度的控制精度。车辆转向需要克服惯性影响，但是由于人力转动方向盘时力量是有限的，以纯机械装置为主的转向系统使用起来会非常吃力，既不灵活又不安全，因此转向系统中通常会增加助力系统，将机械转向装置升级为动力转向系统。

汽车上目前应用比较多的机械转向结构分为齿轮-齿条式、循环球式和蜗杆曲柄指销式等几类。其中齿轮-齿条式转向器的应用比较广泛，它与独立式悬架系统能够较好地匹配，而且本身结构比较简单，转向比较灵敏，成本比较低，质量比较轻，转向效率比较高，方便在车辆上进行布置，所以目前在小型汽车中应用得较为广泛。其他类型的转向器也能通过对齿轮-齿条式进行改进（例如增加一些结构连接部件以减轻转向器操作时的阻力等）使其转向更加灵活，更加省力（例如循环球式转向器采用滚珠来减少转向螺杆与转向螺母之间的摩擦力）。尽管通过各种方法尽量减少了装置内部的阻力，但是驾驶员长时间使用纯机械装置的转向系统仍然会感觉吃力和疲劳。随着现代汽车工业的发展，人们对汽车操纵的舒适度、灵敏性、安全性的要求越来越高，为了减轻驾驶员的体力负担以及提高操作准确度，汽车上普遍增加了助力转向装置。

常见的助力转向装置主要有气压助力、液压助力和电动助力这几种结构。液压助力转向系统利用汽车发动机提供的能量，在压力罐中存储高压液体实现能量的储存，当驾驶员操控方向盘时，根据驾驶员转动方向盘的方向，提供额外的转向度动力，帮助转向装置完成转动。当方向盘停止转动时，助力系统同时关闭。显然，这是一个从动控制系统，也就是当方向盘转动时，借助发动机提供的能量提供辅助力量，减少对人力的消耗，而方向盘停止转动时则中断辅助甚至协助保持转向轮的转角。电动助力转向装置的原理基本相同，只不过它所使用的能量并不是通过高压液体储存源自发动机的能量，而是使用汽车蓄电池的电能，通过蓄电池提供的电流驱动助力转向电动机提供动力。不同于液压助力转向系统，电动转向装置不需要液压罐和配套的强压管路以及运动活塞等复杂的机械装置，而是通过电流控制器驱动电动机实现，相对结构更加简单。在方向盘做出角度变化时，通过传感器测量方向盘的转动参量，以一定的算法控制转向助力电动机完成对转向机械装置的加力过程。电动转向助力装置的控制相对比较复杂，它的复杂体现于控制电路本身以及一些控制算法上，而液压助力转向系统的复杂则体现在其机械结构和附属装置上。

传统转向系统的基本结构包括机械装置和动力转向助力装置，随着技术的发展，产生了很多新的转向动力技术，例如电控液压助力、电动液压助力、前轮主动转向和线控转向等，这些都是目前汽车中应用比较多的辅助转向系统。这些装置在之前的基础上综合利用了电动和液压结构，利用电控或者电动机完成液压转向等技术，制造成更加灵活灵敏、更加精确安全的系统，极大提升了驾驶员操作汽车的舒适度。而对于自动驾驶系统，对车辆方向的自动操控则需要依靠车辆所配置的转向助力系统来实现。

2.1.4 刹车制动装置

刹车制动装置（制动系统）是保障汽车安全行驶的重要装置。刹车实现了对车辆的制动，让汽车稳定在停止状态，或者由运动状态逐步减速到停止的稳定状态。如图2.6所示，对汽车进行制动需要提供内在制动力，制动系统是产生制动力的关键部件，通常制动系统包括制动器（俗称刹车器）和制动驱动两个组成部分。

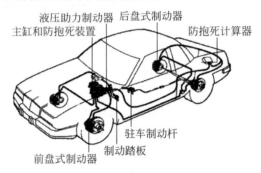

图 2.6 汽车刹车制动装置示意图

制动装置可以分为多种类型，按照不同应用场景可以分为汽车行进过程中的制动装置、汽车静止状态下的制动装置、在前两种制动失灵情况下的辅助制动装置等。之所以设计这种备用的制动系统，是因为汽车行驶的安全事故大部分是由于失速失控造成的，如果能够让汽车及时处于静止状态（停车），或者能够迅速减速到可接受的程度，交通事故等安全问题一般都能够被预防或被阻止。

制动系统按照驱动能量的来源分类，可以分为三类：第一类是手动制动，也就是以驾驶员自身的操作为制动系统提供动力，例如手刹；第二类是动力制动，也就是使用汽车自身能源来为制动系统提供动力，这种动力制动是现代汽车主要使用的装置，它能够避免由于人力的不足所带来的制动隐患；第三类是伺服制动，这是一种混合的制动方式，综合使用人力和车辆自身能量，现在比较常用的有真空伺服制动器等。在车辆行驶过程中，当踩下刹车器时，驾驶员会感觉刹车踏板很"软"，刹车反应很灵敏，但在冷车（车内水温表显示没达到正常水平）状态下，汽车没有发动起来，如果希望将刹车踏板踩到同样的位置，则会耗费很大的力气，感觉刹车踏板非常"硬"，这其中的区别就在于伺服装置是否发挥了作用。在汽车发动以后，连接在刹车踏板后的真空罐将在发动机提供的能量作用下，把罐内的空气抽走形成负压，此时踩下刹车踏板时，除了人力提供的踩踏力量外，真空罐提供的负压使踏板在大气压的影响下同时提供了刹车的助力。在大气压的帮助下，消除一部分踏板向下运动过程中给制动器所加的力，因此感觉会比较省力。

制动系统按照内部结构可以分为单回路和多回路制动系统。通常制动系统依靠发动机能量提供制动驱动力,借助气压、液压或者电动机等媒介形成一个回路具体执行。但是如果仅采用这种单一的回路结构,一旦发生气压或者油压管路泄漏,就会导致整个制动系统的失灵。虽然单回路制动系统结构简单、成本低,但往往存在着安全隐患,为了避免这种情况的发生,现代汽车通常采用双回路制动。双回路等多回路系统将气压或者液压分成两个(多个)彼此不连通的回路,即使有一条回路因意外泄漏而失灵,那么其他回路仍然能够保证汽车得到有效的制动。

汽车上常见的制动器有两种:一种是鼓式制动器;另一种是盘式制动器。鼓式制动器由刹车鼓、制动蹄构成。这种制动器的外形像一面侧立的鼓,鼓形外壳连接在车轮上,随车轮一起转动,鼓的内部安装有制动蹄,制动蹄固定在车轴上或者悬架装置上,不随车轮转动。当需要制动的时候,内部的制动蹄在制动驱动装置的作用下向外扩张,向外撑(蹬)在制动鼓的内壁上,由于制动蹄固定不动,而刹车鼓随车轮转动,因此二者之间将发生滑动摩擦。制动驱动力越大,制动蹄与刹车鼓内壁就压迫得越紧密,摩擦力就会随之急剧增加,对刹车鼓转动产生的阻力也会随之加大,车轮将随着刹车鼓一同减慢转速,直到最后停止。

盘式制动器的工作原理与此类似,区别是用刹车盘替代刹车鼓,用制动钳替代刹车蹄。金属的刹车盘自转轴与车轮转动轴固定在一起,随车轮一同旋转,而刹车盘边缘的制动钳则固定在悬架等装置上不随车轮转动。刹车盘的边缘嵌入在制动钳的钳口中,钳口两侧的内表面上装有制动片,当需要刹车时,制动钳将在制动驱动力作用下夹紧刹车盘,由两片制动片分别与刹车盘的两个盘面产生摩擦,能够有效减缓刹车盘的转动。随着夹力的增加,对刹车盘的摩擦力也会急剧上升,完成对刹车盘连带车轮一起的制动过程。盘式制动器的制造精度以及对其部件的刚度要求比较高,系统结构相对更复杂,成本相对更高一些,但是优点也很多。现代汽车多采用盘式制动,其制动效果比较稳定,散热效率更高。车辆的制动原理是通过在制动器内部产生滑动摩擦阻力让车轮停止转动。由于车辆具有很大的惯性,因此车轮制动时将会把车辆运动的动能转换成刹车器内部摩擦带来的热能进行损耗发散,也就是在转换过程中,刹车盘上或刹车鼓上会产生大量的热能。由于刹车盘更易于散热,也不容易发生形变,因此制动效果比较好。车辆行驶的环境比较复杂,当通过有积水的路面时,刹车器往往会受潮或者是进水,对于鼓式制动器,如果进水,积水很难被及时排出,而盘式制动器是一个开放式结构,刹车盘上不会存有积水,有效克服了积水对制动器效率的影响。

汽车的制动力大小是非常重要性能指标,理论上刹车力量越大,制动性能越好,汽车就能更快地减速。但是在一些特殊情况下,反而要限制汽车的制动力。如果制动力过大,在汽车运动没有完全停止前,车轮就已经停止了转动,这会导致汽车成为一个在路面上做滑行运动的刚性物体,纯粹的滑行不利于汽车在制动过程中进行方向调整,甚至不能保持住其沿直线方向进行的运动。这种情况就是刹车"抱死"现象。车辆发生"抱死"后,在路面上滑动不但无法调整其行进方向,而且对侧向力的抵抗能力也会减少,有时不但会向前滑动,也会发生侧滑的现象,所以汽车刹车应尽量避免出现"抱死"现象。为此,在刹车过程中需要动态调节制动力,使制动力在一定的限度内,不要让车轮完全长时间地停止转动。

现代汽车通常配有制动力调节系统,常见的是制动防抱死系统(ABS)。在常规制动时,

ABS并不工作,当检测到汽车未静止,但发现某个或某几个车轮产生抱死时,ABS就会启动,减少被抱死车轮的制动力而暂时令其恢复转动。如果此时车辆仍然处于制动控制状态下,ABS在短暂减小制动力后仍然会在适当时机恢复对车轮原有的制动力,以求达到最大的制动效果。ABS能够令车辆始终处于最佳制动状态,但是在长距离制动过程中,ABS对车轮频繁地减小和恢复制动力会导致刹车器产生高频的振动以及噪声,刹车踏板也会产生强烈的震颤,驾驶员会因此感到踏板在"弹动"。

作为对ABS的改进,现代汽车通过电控制动力分配(EDB)系统瞬间测量各个车轮与路面之间的摩擦力大小,并利用处理器高速计算出不同车轮所需的制动力,分别对各个车轮施加"恰好"的制动力,即使车轮发生"抱死"的情况下,EDB与ABS的配合也可以防止车辆发生"甩尾"或者"侧滑",以达到平稳刹车的目的。对于路面结冰或积雪等特殊路况,现代汽车会配有驱动防滑系统(ASR),通过减少和调节发动机的转速和动力输出,将车轮的滑转率(打滑状态下的转动速率)控制在一定范围,令车辆仍然能够在这种特殊环境下缓慢行驶。高档汽车还将ABS、EDB和ASR等系统进行综合设计,综合成车身电子稳定系统(ESP)。ESP能够综合判定路况及车辆行驶情况,通过采集转向轮速、侧滑、横向加速以及控制单元各方面的状态信息和传感器数据,按照不同状况下的预案采用最佳刹车制动方案以达到车身稳定的目的。例如,在车辆转弯时因路面出现特殊情况导致转向过度或转向不足的情况下,ESP可以让汽车在不踩刹车的情况下,对某侧车轮进行制动而无须驾驶员"补打"方向盘,以保证车辆不会偏离车道。

在自动驾驶汽车的设计中,对传统制动装置的协同是非常重视的,一方面是汽车行驶安全的硬性要求;另一方面是对车辆速度完美控制(例如自动驾驶车辆在减速时需要将制动时间和制动力都作为参量进行精确计算)的追求。

2.2 汽车电子电气架构

在近百年来汽车技术的发展过程中,汽车电子电气架构的变化速度远胜于其机械结构的改进,这得益于现代电子技术的蓬勃发展。现代电子技术的发展,特别是已普遍应用的线控技术让汽车从机械底盘全面过渡到了线控(电子)底盘,令汽车的操控性能和成本控制有了大幅的提升。线控技术将汽车的不同系统装置间的连接用电子信号对拉线(拉杆)等机械装置进行了替代,电子信号的传输媒介是各种线缆,因此称之为线控技术。线控技术的出现意味着电子电气架构已成为现代汽车系统中最重要的基础结构。

2.2.1 汽车线控底盘

微课视频21

相对传统机械底盘,线控底盘主要包括线控节气门(发动机油门)、线控转向、线控换挡、线控制动以及线控悬挂这5类装置。其基本原理是用传感器采集驾驶员的操控信息形成数据,通过电子线路传递数据给ECU(电子控制器),再将ECU计算生成的控制信息传递给底盘各个装置以实现对车辆的驾驶控制。通过线路传递数据,连接操控者、ECU和各个执行部件,能够极大地减少原本机械底盘各部件之间的连接复杂度,有利于整体提高汽车的控制性能,但是电子信号容易受到干扰,ECU计算会产生延时,因此线控系统替代机械连接的一个必要前提是应具有足够的实时性和安全性。线控技术的实时性和安全性随着电子技术的发展而不断提高,采用更快速的ECU,采用冗余设计等都是提高性能的必要手段。

传统汽车实现加速的过程:通过踩下加速踏板,踏板通过拉线调整发动机节气门(俗称油门)的开度,改变发动机燃油混合气体的进气量,从而加大发动机的功率输出提高车速。节气门是控制发动机功率的重要部件。线控节气门则通过在节气门部位安装微型电动机来调节其开度。线控底盘汽车的加速过程为:踩下加速踏板时,不再使用拉线传递踏板位移信息,而是通过踏板上的位移传感器来采集加速踏板的位移力度和行程,并将这些信息数据传递给ECU,由ECU将计算结果传递给节气门部位的微型电动机来调整节气门的开度。现代汽车的线控(电子)节气门技术发展得已经非常成熟,几乎已成为燃油汽车的标准配置。电动汽车没有燃油发动机,自然没有节气门,控制数据可直接传输给电动机控制电路。

线控换挡是将传统的机械手动挡位改成类似于按钮的电子感应操控装置。线控换挡对于燃油汽车而言只是对传动装置中变速箱电气化的改造,技术难度比较小,发展得也非常成熟,而对于电动车而言更是基本配置,甚至已升级为无级变速。线控悬架主要是通过具有主动减震功能的电动悬架装置,根据车辆轿体的姿态变化数据来调整悬架减震器的性能,以达到减少颠簸,提高驾乘舒适度的目的。

线控转向是在方向盘与车轮转向器之间不再使用万向节、螺杆等连接方式,而是由传感器检测方向盘转动的角度和转速并采集成为电信号,然后通过线路传输由ECU控制转向装置完成对转向轮驱动。传统方向盘转向过程中,驾驶员可以感受到汽车改变方向时方向盘传回的力反馈,而线控转向没有机械力的回传反馈,令驾驶员缺乏了对这种力反馈的感受,因此部分线控转向装置还会根据实际的路况,将转向力反馈通过方向盘辅助转向电机呈现给驾驶员。而对于采用电动轮驱动的车辆,只需要改变4个电动轮的转速就可以完成转向,线控转向更是最佳的匹配方案。

线控制动的过程:踩下刹车踏板时,通过传感器采集踏板被踩下的力度和速度并转换为电信号,电信号通过线路传递给ECU后,由ECU直接通过电子线路控制制动装置实现车辆的制动。为了让驾驶者仍有传统汽车脚踏板踩下的力反馈感觉,部分线控制动系统也根据路面状况提供制动信息的反向反馈。线控制动目前比较成熟的是电子驻车制动系统(EPB)和电液线控制动系统(EHB)。EPB用于车辆停止行驶时的制动,相对较为简单。EHB目前已在量产车辆上应用,具有较好的性能,与ABS、ESP等可以很好地进行匹配,能够整体提升车辆的制动性能。此外,电子机械制动系统(EMB)技术也在不断完善,EMB系统中没有油路液压等部件,电信号控制响应也较为快速,但目前成本和可靠性等问题还有待于进一步解决,在未来将拥有广阔的市场应用。

2.2.2 控制器架构模式的发展

现代汽车以线控技术为基础构架,线控技术的控制核心是ECU。随着汽车工业的发展,汽车内部的结构愈加复杂,各种电子功能部件和电气化新结构的出现,对汽车的电子电气架构的发展也产生了影响。很长时间以来,汽车的功能由ECU提供,每一个功能由一个ECU及其软件提供。汽车内部使用ECU的部件也越来越多,众多ECU不但需要各负其责,彼此之间也要协同工作。

如图2.7[1]所示,汽车的电子电气架构由需求分析分解出各种功能,组成功能逻辑层。每个功能分别由硬件层、网络层和线束层的相应模块支持实现。每层模块分别由不同的ECU实现控制。汽车中基于ECU的功能模块,既在不同的功能层面内部进行划分,也能在不同功能层面间进行划分,形成了一种分散的模块化架构模式。这种架构模式就是分布式ECU架构模式,具有如下特点:

(1) 各ECU系统由一级(Tier1)提供商提供,车厂作集成组装;
(2) 各ECU系统独立开发,有独立的硬件和软件,系统不开放;
(3) 软件依附于硬件产生价值,软件可重用性差;

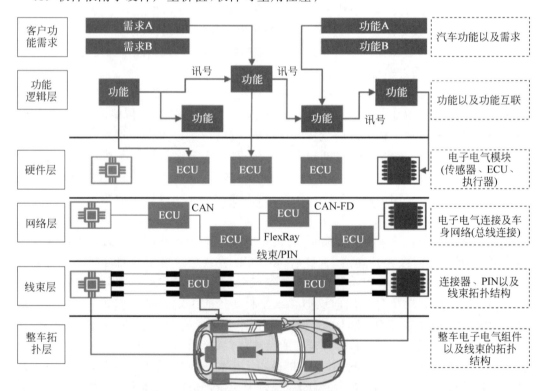

图2.7 基于分布式ECU的架构模式

(图片来源：2021中国智能驾驶核心软件产业研究报告,亿欧智库,https://www.iyiou.com/research)

(4) ECU计算能力弱,不利于复杂软件功能的实现;
(5) 无法适应更大量,更复杂功能的集成。

为了解决复杂功能集成的问题,现代的电子电气架构引入以太网按ECU控制的各种功能分别将其组成不同的域,并引入了域控制器(domain control unit,DCU)集中管理一个功能域中的多个ECU,例如安全域、车身域、底盘域、动力域等。如图2.8所示,这种集中式的域控制器方式,在功能上具有更高的集成度,弥补了分布式ECU的各种不足,形成了基于域控制器的架构模式。

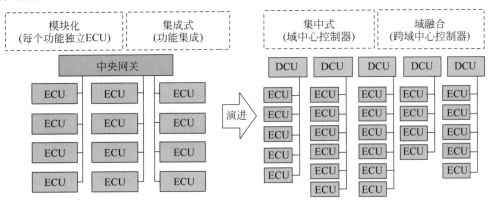

图2.8 ECU到DCU的架构模式发展

随着自动驾驶汽车的快速演进,更先进的变化是引入车载中央计算机,通过重新优化设计车内的布线,引入强大的计算机系统,统筹管理全车的信息收集、计算和指挥,形成了如图2.9所示的基于中央计算机的架构模式。自动驾驶汽车还能够融合云计算和车联网等功能,从外界获取信息、操控指令和算力服务。

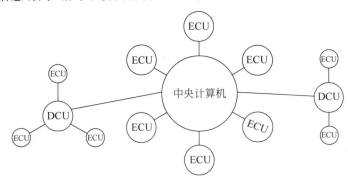

图2.9 基于车载中央计算机的架构模式

从汽车硬件架构模式的发展中不难发现,其变化的根源来自汽车对自身功能(特别是电子电气功能)不断丰富的需求,是为了追求更高的算力、更精准的操控和更丰富的多媒体交互所做出的适应性提升。

2.2.3 汽车开放系统架构

随着 ECU 的大量使用,汽车内部控制系统中使用的软件算法程序也越来越多,越来越复杂,这些软件大多是嵌入式软件。根据汽车电子电气架构本身的设计思想,各个部件由很多厂商分别进行封闭式开发,这造成大量嵌入式软件的设计规范、架构标准不完全统一。现代汽车软件架构发展的重要思路是建立统一的软件平台,用标准协议层覆盖底层的 ECU 物理层。特别是汽车的功能越来越多,内部的软件系统占整车的成本已经从传统汽车的 10% 逐步上升至 40%。相对硬件部件的改进,汽车中的软件创新已经成为新车升级换代的主要标志。

如图 2.10 所示,汽车开放系统架构(automotive open system architecture,AUTOSAR)建立的初衷是为了统一当前汽车电子电气架构的复杂多样性,以现存的开放工业标准为起点,实现一致的汽车电子电气架构标准,为将来的应用和软件模块建立起一个基础的管理架构。其优点如下:

(1) 提高了软件的可重用度,尤其是跨平台的可重用度;
(2) AUTOSAR 分层架构的高度抽象使得汽车嵌入式系统软硬件的耦合度大大降低;
(3) 标准化软件接口和模块减少了设计错误,减少了手动代码量,提高了软件的质量;
(4) 统一标准,方便各公司合作交流,便于软件的升级维护。

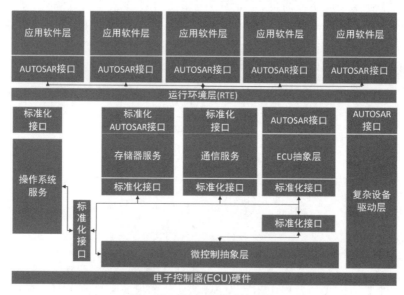

图 2.10 汽车开放系统架构

(图片参考来源:AUTOSAR 官网 www.autosar.org/)

如图 2.11 所示,各大汽车厂商普遍使用大众 MEB(电动车模块化)平台软件的 AUTOSAR 架构,这个框架在 Adaptive AUTOSAR(自适应平台的 AUTOSAR)之上建立了自己的软件开发框架 ICAS(in-car application server,车载应用服务器)。由于 Adaptive AUTOSAR 基于 SOA,使得新功能的开发不但解耦于具体的硬件,而且可以方便地将新功能增加到运行的软件框架中,实现了新功能的即插即用。这种框架展现出了很强的更新能力(updateability)、可升级性(upgradeability)、可重用性(reusability)和可移植性(portability)。

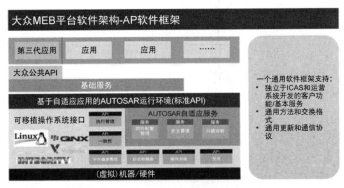

图 2.11　大众 MEB 平台软件架构

(图片来源：大众汽车集团 https://www.vw.com.cn/)

国内的厂商也在使用 Adaptive AUTOSAR 标准,华为发布的智能驾驶域控制器也支持和兼容 Adaptive AUTOSAR 架构,东软睿驰还基于 AUTOSAR 标准定制化开发了基础软件 NeuSAR 等。

为了让汽车早日进入完全自动驾驶时代,大量的新技术正在涌现,通过持续的智能化改造和升级,以现有的汽车软件平台为基础,车控软件系统的发展也逐步迎来了新的机遇。

2.3　自动驾驶汽车系统

随着自动驾驶系统实用性和准确性的不断提高,自动驾驶快速向 SAE 定义的完全自主驾驶方向发展。对人类驾驶员的替代是自动驾驶技术最终的目的,而这种替代仍需要遵循社会通行的准则,自动驾驶系统要按照人的认知习惯和操控规范驾驶车辆。人类驾驶员是车辆闭环系统中的控制中枢,主要负责观察环境、决策行进路线和操控车辆,因此自动驾驶系统必须具备相同的能力才能完成替代。

自动驾驶系统是一种自动控制系统,通过多种传感器、决策控制器和执行器模仿人类驾驶员,替代人对周围环境进行感知和交互,并根据周围的情况进行驾驶决策与控制操作。如图 2.12 所示,自动驾驶系统如果要替代人类驾驶员则在功能上必须具有感知、决策和执行这三种能力。对自动驾驶系统的三种能力(三个层次)具体描述如下：

(1)感知：感知层解决的是"我处在什么位置？""前方是否有障碍物？""周围路况是什么？"等问题。感知层可以类比于驾驶员的眼睛等器官,采用多种传感器收集当前车辆的位置、车况和外部路况环境等信息,而自动驾驶系统通常需要对这些信息进行融合计算以获得对环境及自身状态更为准确、细致的感知。

(2)决策:决策层要判断"周围情况可能会发生什么变化?""我接下来要怎么做?"等问题。决策层可以类比于驾驶员的大脑,基于感知层输入的信息,通过计算平台和算法进行环境建模,用于预测行人、车辆的行为,形成对全局的理解并作出决策,发出操作车辆的信号指令(例如加速、转向、减速等)。

(3)执行:执行层可以类比于驾驶员的手和脚,对车辆进行操控,将自动驾驶系统的决策转换为车辆的实际行为。执行层更偏向于机械控制,通过辅助驾驶装置将决策层信号转换为汽车的动作行为(例如超车、换道、刹车等)。

如图2.12所示,为实现自动驾驶系统的这三种功能,相较于传统汽车,自动驾驶汽车增加了一些硬件装置,其中包括毫米波雷达、激光雷达、摄像头、红外线探头等传感器以及处理决策控制等功能的复杂计算硬件,此外还对传统汽车中的制动器、转向助力等辅助装置进行了必要的加强和提升,令其具备了自动驾驶系统所需执行器的功能。

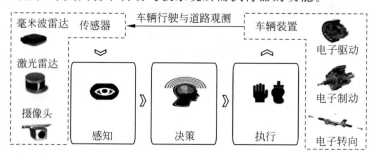

图 2.12 自动驾驶系统与驾驶员的功能类比

微课视频24

2.3.1 自动驾驶相关硬件

1. 车载传感器

如同人类驾驶员,自动驾驶系统必须具有感知环境的能力,能够预测事物(例如车辆、动物、行人等)的行为反应,能根据不断变化的环境条件(例如雨、雪、冰等)改变车辆的操控,自动驾驶汽车需要使用的传感器比传统汽车上常见的传感器要多得多。

车载传感器主要分为三类:①车辆状态传感器,例如胎压监测器、发动机温度监测器及轮速器等,用于测量车体各个部件的状态参数;②车体运动传感器,例如线性加速度计、角速度计等,用于测量车体运动的状态参数;③感知探测传感器,例如激光雷达、摄像头等,用于探测车体所处环境的信息。

车辆状态传感器多属于传统车辆使用的传感器,通常用于监控车辆自身状态,对自动驾驶的贡献相对较小,本书不再详细展开介绍。

车体运动传感器采用的主要是惯性测量元件,这类传感器精度高、采样率高,但用于车辆位移测量时存在着一些无法克服的问题:①传感器漂移问题。传感器受到周围环境和自身结构的影响时,即使在输入不变的情况下输出也会发生变化,这种现象就是传感器漂移。惯性测量元件普遍存在传感器漂移现象,容易受到环境温度等因素的影响,尤其是车载传感器,其工作环境非常恶劣,因此测量产生的误差通常比较大。②测量误差的时间累积问题。在将传感器测量的数据转换为车体的移动方位时,车体方位误差会随时间的累积而急剧增大。由于这类传感器所测定的物理量是相对于位移的高阶量(例如加速度、角速度等),位移计算要根据这些高阶量对时间求取积分,由于传感器自身必然存在测量误差,而且测量误差无法通过传感器自身予以消除,其结果就是令位移的计算误差随着时间累积而逐渐增大,最终导致方位计算的严重偏移。

为克服这种情况,车辆的位移测量使用全球卫星导航系统。全球卫星导航系统会在地球轨道上发射很多导航卫星,车辆通过接收器接收导航卫星传来的同步信号,利用三边测量法、三角测量法等可以得到车辆在导航卫星所构成的坐标系中的位置,通过不断增加同时能够接收到的卫星信号数量以及提高算法精度,车辆就能够不断提高自身的定位精度。利用全球卫星导航系统提供的定位信息能够直接计算出车辆方位,而不是车辆自身加速度等位移的高阶量,因此受误差随时间累积的影响较小。然而车辆使用全球卫星导航系统会受到环境的局限,例如空中云层较厚、雷电天气或者是汽车进入地下隧道时,车载接收器往往无法接收到卫星信号,无法对自身进行定位。而对于自动驾驶汽车而言,自动驾驶系统需要时刻掌握自身的方位,一旦出现自身位置数据缺失的情况,轻则会使汽车偏离行驶路线,重则会严重影响车辆的行驶安全。因此作为备用手段,车辆还需要使用其他方法获取自身的位置信息,而最容易想到的方式则是像驾驶员观察本地环境那样进行环境感知定位。环境感知需要使用感知探测传感器,目前常见的主要有毫米波雷达、激光雷达和摄像头等。

(1)毫米波雷达:毫米波雷达是雷达的一种,是利用无线电波(电磁波)进行探测和测距的一类传感器。雷达发射无线电波,无线电波在传输过程中遇到障碍物被反射,雷达通过接收反射的无线电波来测定障碍物与传感器之间的距离和方位。毫米波雷达所发射的电磁波频率非常高,波长在毫米量级,但其在空气中的传播损耗较大,所以适合检测较近距离的目标。毫米波雷达用于车载传感器的优点是对车辆行驶的天气环境具有高鲁棒性,不容易受雨雪等不良天气的影响,它的缺点是没有办法形成垂直分辨率,无法测量目标横向移动速度和生成三维图像。

(2)激光雷达:为了克服毫米波雷达的缺点,车载感知传感器还会使用激光雷达传感器,这种基于光探测的传感器与雷达类似,但是它使用的波段是红外光,其波长更短,具备了光的传播特性,可以用于距离探测和速度探测。例如用窄脉光测定光脉冲回波的飞行时间来测定目标与汽车之间的距离,也可以通过估计脉冲之间的差异测量目标速度等。它的优点很明显,能够测量对象的尺寸,包括对象的宽度、高度以及横向的速度,能够生成被测对象的三维图像,并且能够形成环境映射,能够精确地探测到深度信息,比雷达的分辨率要高。但它也有缺点,例如对于黑色物体不敏感,传感器制造成本比较高,数据传输率要求高,没有目标的对比度和颜色信息,容易受到一些环境的干扰(例如在下雨天中表现不佳)等。

(3)摄像头:摄像头(图像传感器)是目前应用最广泛的传感器,图像传感器像人类的眼睛,被用于观察和了解环境。由于人类的驾驶习惯和交通规则都是在社会环境中逐步形成的,因此自动驾驶系统也必须适应和遵循这些已有的习惯和规则。使用摄像头有助于自动驾驶系统获取与人类一样感知到的环境信息,这些信息能更好地转换成人类能解释的语义环境,例如行进道路是否通畅?道路交通标志表示什么含义?图像传感器有单通道、双通道或广角鱼眼等不同的类型,可以获取到复杂的环境信息,但是图像传感器也有很多缺陷,例如没有办法直接获取目标的位置和速度信息,需要通过大量的计算才能够区分出目标物体和环境背景,需要有足够的照明条件等。它的分辨率也相对毫米波雷达要高,本身的体积比较小,成本也不高。

表 2.1 分别对这几种传感器从范围、分辨率、视野、感知、目标特征、天气敏感、成本和体积等方面进行比较,很明显摄像头有比较多的优势,但是它对于目标位置和速度的感知比较弱,也容易受到环境的影响,因此自动驾驶系统会选择将不同种类的传感器综合应用,形成优势互补。

表 2.1 传感器特征表

传感器	毫米波雷达	激光雷达	摄像头
范围	很大	中等	较大
分辨率	较低	较高	很高
视野(角)	较小	很大	较大
速度感知	很敏感	中等	较低
三维感知	较弱	很强	中等
目标特征	较弱	中等	很强
天气敏感	不敏感	中等	较敏感
成本	较便宜	很昂贵	很便宜
体积	较小	较大	较小

2. 车载传感器的应用

不同层级的自动驾驶对车载传感器的要求不同,通常随着层级的提升,所使用的传感器就越多,需要处理的信息也越复杂。

(1) L0 级的盲点预警:汽车车体的两侧属于人类驾驶员的视角盲区(不方便观察),此处安装超声波传感器(或毫米波雷达)用作电子眼,可以监测到相邻的车道空间,使得盲点预警系统能够覆盖驾驶员视觉的盲点区域。如果一辆车在行驶过程中,另一辆车进入了监控的盲点区域,盲点预警系统会向驾驶员发出警告信息,如果驾驶员未能及时响应,那么盲点预警系统就会根据收到的超声波探测数据按照预设方案对车辆进行一些自动操控,例如刹车、减速等。

(2) L1 级的自适应巡航控制(ACC):自适应巡航控制系统安装在车辆的前部,可以长时间监测前方的道路,只要前方的道路通畅,ACC 将保持驾驶员设定的车速前进。如果系统监测的道路前方发现存在有车速比较慢的车辆,则会通过释放油门或者主动制动来缓慢降低前行车速。如果前方车辆加速或换道,ACC 系统会自动加速恢复至驾驶员所需要的速度。自适应巡航控制系统需要探测前方较远一段距离的目标,特别是车速较快时,需要提前探测预警的距离就更远(为30~300米),系统通常采用长距离雷达和超声波传感器共同实现。很多车辆安装自适应巡航控制系统,能够帮助驾驶员在比较通畅的高速公路上适当放松踩踏油门的腿脚,但方向盘仍需由驾驶员时时刻刻进行操控。

(3) L2级的车道保持辅助系统(LKA):LKA一般与ACC协同工作,LKA使用摄像机检测车辆前方的车道标记,并监控车辆在其车道中的位置。如果车辆到车道标线的距离低于规定的最小值,系统将介入。在配备电动助力转向系统的车辆中,它会缓慢但明显地反向转动,以使车辆保持在车道上。在没有电动助力转向的车辆中,它通过利用ESP制动单侧车轮来达到相同的效果。配置有LKA的车辆能够让驾驶员在通畅的高速公路上,暂时性放松双手双脚。驾驶员可以随时接管该系统功能,但驾驶员为了超车或者避让而改变车道或转弯时,LKA系统则不会干预。

(4) L3级的高级辅助驾驶系统(ADAS):ADAS能够完成很多辅助任务,例如探测感知道路前方的交通标志(红灯停车、绿灯启动),检测车道,检测行人,主动控制车辆做规避,检测车辆是否偏航等。高级辅助驾驶系统需要安装使用更多的传感器,在车体前方、侧面、后部等位置都可安装,所安装的传感器的种类比较多,例如超声波传感器、长距离探测雷达、双通道景深摄像头、激光雷达等。

层级越高的自动驾驶系统需要使用传感器完成的感知探测任务就越复杂,这些任务面临的主要的挑战是:当照明条件不足,天气情况不佳及道路环境复杂时,如何准确探测周边环境?怎样判断出一些静态障碍物?这些障碍物是否会构成威胁?等等。这里所使用的不同传感器有各自的优点,但其缺点也不容忽视,而自动驾驶对车辆行驶安全性的要求极高,所以必须要想办法增强车辆环境感知的准确度和稳定性。

自动驾驶系统通过使用多样化的传感器来增强车辆行驶整体的安全性。由于不同的传感器有不同的物理特性和工作原理,所以需要对不同的传感器进行融合,通过使用相同或不同类型的传感器,重叠验证测量值等方式,能够有效增强车辆行驶的安全性。

3. 计算硬件和执行器

除了传感器外,自动驾驶系统还包含负责计算的处理器和负责执行决策命令的执行器等硬件装置。

自动驾驶对计算性能的要求非常高,需要对大量的数据进行即时处理,因此自动驾驶计算处理框架需要做一些调整,需要对算力布局进行不同的安排。自动驾驶系统中的计算分为离线计算和在线计算两种。离线计算一般用于训练模型、优化模型,通常部署在服务器端,而在线计算则需要实时处理驾驶信息,通常部署在车辆上。离线计算对性能的要求非常高,从训练数据的角度来看,数据存储容量即使是入门级(L0级)的,容量也以PB(petabyte,1千万亿字节)为单位,从L2级到L3级的自动驾驶,数据存储容量的需求从10PB增加到100PB;从训练所需算力的角度来看,自动驾驶算法模型研发过程需要几千核到上万核的算力支持。在线计算对车载计算处理也有较高的要求,但计算部件大部分是由厂商根据车辆性能要求和成本核算进行自主配置,有的采用计算架构供应商(例如英伟达、华为等)提供的成熟方案，有的采用自行研发的专用处理器（例如特斯拉）等。这些计算硬件与各个厂商的设计和具体部署密切相关，非常具有个性化，本书不再一一介绍。

执行器是负责执行自动驾驶系统决策命令的装置，自动驾驶系统根据感知决策的结果，生成了对车辆横向或纵向运动控制的变量，并且把这些变量转换成对执行器的指令，执行器借助车辆自身的电子机械装置实现对车辆的控制。执行器是基于车辆辅助装置（例如转向助力系统、制动助力系统等）衍生出来的控制器，现在大多数车辆都已经装备了这些辅助装置。

自动驾驶车辆主要有三类执行器控制部件，分别是加速部件、转向部件、减速部件，通过这三类部件就可以实现对车辆行驶的完全控制。在当前的汽车电子电气架构中，执行器通常采用线控驱动的方式对车辆进行控制（利用线控底盘），但为了确保可靠性，车辆仍然保留了必要的机械连接作为安全冗余备份。对于加速部件，大多数汽车的油门驱动是采用线控方式实现的，即 2.2.1 节介绍的线控节气门技术；对于转向部件，大多数汽车采用了 2.1.3 节介绍的电子助力转向装置；对于减速部件，车辆的制动助力系统也正在向 2.1.4 节介绍的电子机械式发展。执行器应具有很高的安全性要求：当发生系统故障或者误操作时，需要让汽车及时恢复到安全状态；需要达到与传统的人工驾驶系统同等的可靠性；需要采取冗余或者多样化的手段实现对安全性的保障。

2.3.2　自动驾驶系统框架

微课视频 25

自动驾驶系统的目的是替代驾驶员，如果要使一个自动化系统能够替代驾驶员的操作，那么这个系统也必须具备驾驶员的能力。自动驾驶系统用传感器感知外部的环境特征，通过摄像头拍摄到前方以及周边的环境，通过 ECU 直接读取车内的状态参数，这些功能替代了驾驶员的感知能力，而自动驾驶系统对驾驶员手和脚功能的替代路径也比较明确。自动驾驶系统虽然能够比较轻易地完成数据的信息输入以及对车辆的操控，然而所面临的重要挑战是：自动驾驶系统如何替代驾驶员理解和分析车辆所处的行驶环境并做出"正确"的决策。

从功能替代的角度，自动驾驶系统可以分为感知、决策和执行三部分，其中决策还可以细分为预测和规划两个环节。如图 2.13 所示，系统要做出"正确"决策并实现自动驾驶功能的流程如下：首先需要及时感知到环境的信息（例如其他车辆、交通标志、道路、行人和障碍物等）；然后需要做出准确的预测（例如判断行人前进的方向、速度，其他车辆的实时路线等），并做出恰当的规划（规划自身行进的方向、速度和路径等）；最后还需要控制车辆执行既定的规划。自动驾驶系统操控车辆做出的"正确"决策应该尽量模拟人类驾驶员的习惯，只有这样才符合社会的交通规则，才能最大程度地融入现实生活。

在图 2.13 中，整个自动驾驶系统的核心可以看作一个"黑盒子"，也就是把它作为一个端到端模型，一端是摄像头等传感器的数据输入，另一端则是对于转向、加速、减速的操控输出。这个端到端路径中的"黑盒子"理论上可以与图中的分模块路径中的"软件栈"进行完全的功能替换，其实现也可以利用一个非常复杂的深度学习神经网络模型作为载体，然而在实际应用中,这样做的风险却很大。驾驶员在操控车辆时也会犯错误,但如果出现了事故,却可以在事故中查找分析原因:是没有"看清楚"的感知失误,还是没有做出正确判断的决策失误? 是没有及时做出恰当操作的问题,还是车辆自身控制器的问题? 等等。这些问题都是可以通过驾驶员的回顾反思和车载记录进行剖析的。通过每次对事故的剖析能够提高驾驶员的驾驶能力,改进车辆的性能,但如果使用的是一个端到端的"黑盒子",则很难分析清楚中间的过程,无法确切查找到其中的原因,从而也无法进一步改善系统功能。

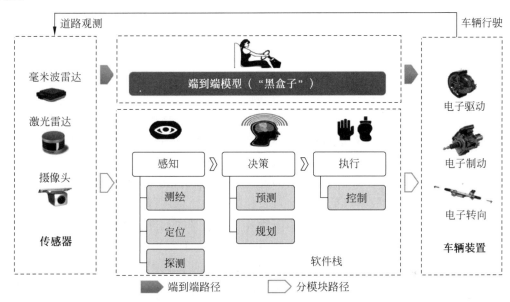

图 2.13 实现自动驾驶功能的流程

车辆安全行驶是至关重要的交通原则,自动驾驶系统也不允许反复出现一些未知因素导致的交通事故。为了使自动控制的过程清晰明确,让决策过程符合人类的逻辑判断,及时查明并分析出事故原因,现实中的自动驾驶系统通常不会采用端到端的流程框架,而是采用如图 2.13 下部所示的流程,将其分解成感知(测绘、定位和探测)、决策(预测和规划)、执行(控制)三个主要部分。

自动驾驶系统中的感知可以实现车辆对自身定位和自身姿态及周围环境的判断。定位是让车辆知道自身所处的位置,这是实现车辆驾驶的基础。通过使用高精度地图,感知模块可以将自身位置通过全球定位或者环境特征相对定位等方法在地图上标定,在车辆运动过程中,需要连续标定自身的位置,这些连续变化的位置是车辆移动路径的参考依据。全球卫星导航系统可以帮助车辆实现全球定位,但它的定位精度有限,而且容易受到天气和地理环境的影响而中断,因此要实现不受干扰的连续定位,就要考虑综合使用多种定位方法。利用环境感知形成的本地相对定位是一种较好的替代方案。环境感知可以通过传感器发现环境中的一些特征(例如标志物)来确定车辆自身的位置,不但要确定自身位置所处的点坐标,还要判断车辆自身的姿态(例如车头方、移动速度等),环境感知需要使用多种传感器融合的信息,以避免传感器自身的一些缺陷并提高定位精度。环境感知还能探测交通路况的实际情况,不必完全依赖高精度地图上的信息,因为道路及周边环境可能时常会发生一些改变(例如道路施工、突发泥石流等),而高精度地图的更新相对较慢,因此要求车辆能够自主识别道路上的特征(例如落石阻挡、路面断裂等)。环境感知还要对道路环境中的信息进行语义分析,例如识别交通标志,自动驾驶系统也必须遵守交通规则,当检测前方有红灯,车辆必须在停车线前停车,当绿灯亮起时,车辆必须起步通行等。这些语义特征通常是固定的标识物或先验的知识信息,但对于环境感知更高的要求是:是否能够及时感知并准确识别异常突发的情况(例如突然有人或动物横穿马路),这尤为重要。

如果对环境进行了有效感知,感知到一些物体是静止的,例如行道两边的树、路边建筑物、桥梁等,这些物体本身不会运动,车辆只是从旁边经过,总体上对正常行驶没有影响,但在感知到一些会移动的目标时,例如行人、车辆或者动物等,一旦发现这些移动目标会对车辆行驶产生影响,车辆就需要对它们的运动方向和轨迹做出预测。一般来讲,要根据它们的移动意图以及将要到达的位置进行预测,然而这种预测具有不确定性,所以只能做到尽量准确并及时进行信息的迭代。当这些目标的运动轨迹与系统预测产生偏差的时候,要及时修正预测算法和结果,尽最大可能避免事故的发生。然而也不能因目标正在移动,车辆就完全停止不动,使自动驾驶的效率降低。如何对目标的运动信息进行响应?如何操控车辆行进?这些则属于规划的问题。有了预测之后,车辆要规划自身的行进轨迹路线,规划又分为全局规划、本地规划和行为规划。全局规划相对简单,当车辆确定出发点和目的地时,在地图上找出一条最"合理"的路径,在车辆行驶过程中,不断根据全局路况信息修正和优化路径选择,就形成了全局规划。全局规划更加依赖地图和全局路况信息。本地规划是一种对车辆局部行为的决策判断,例如行驶车道上,车辆需要知道有哪些车道?是否需要进入转向车道或者还是保持在直行车道上?如果有两条可通行车道,是保持在现有车道上还是变换到另一条不拥堵的空闲车道上?行为规划涉及对车辆运动的精细控制,例如遇到一个转弯,需要如何转向才能顺利通过?如果前方有障碍,车辆控制到底是减速还是避让?这些都属于行驶中对于车辆局部姿态微小控制的决策。预测和规划构成了自动驾驶系统对车辆控制的决策功能。

系统决策的结果通过车辆控制落实到行驶状态的改变上,即执行环节的体现,对车辆的控制原本是驾驶员的职责,在自动驾驶车辆中,这属于自动驾驶系统的功能范畴。执行装置的性能(响应时间、稳定度、精确度等)直接影响车辆行驶的结果,同样影响自动驾驶系统中环境感知、操控决策等环节的下一步行动(迭代)。车辆驾驶是一类闭环控制系统,在行驶过程中,车辆的每一步行为都会经过不断调整,自动驾驶系统或驾驶员都要通过感知进行新一轮的判断,这个过程始终循环,通过不断的信息迭代和优化调节,最终完成对车辆的驾驶。

2.3.3 自动驾驶系统研发

1. 自动驾驶系统研发基础

自动驾驶系统的研发非常复杂,涉及硬件开发集成、软件开发集成、软硬件系统集成等,还需要经过反复迭代开发和验证。如果从信息处理的角度进行概括,自动驾驶系统研发流程分为四个主要阶段:①数据收集阶段,包括路采规划、测试车改装、裸数据采集、数据上传和存储等;②数据处理阶段,包括数据清洗、数据标注、数据增强等;③模型训练和测试阶段,包括产品功能规划、模型设计、模型训练、仿真场景训练模型、真实道路测试等;④量产阶段,包括开发完成、产品交付、大规模部署等。量产并交付也是产品后续生命周期的开始,作为软件化、网络化的自动驾驶汽车,上路的量产车也可以继续进行数据路采的工作,继续通过软件升级不断提高自动驾驶的能力,不断完善自身功能,这也可以视为另一个开发迭代的开始。

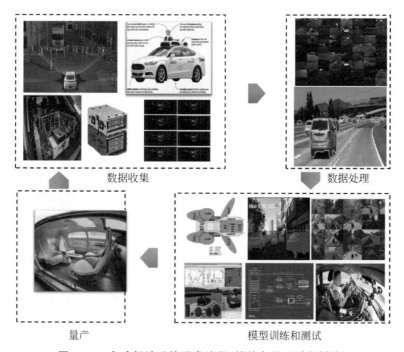

图 2.14 自动驾驶系统研发流程(按信息处理过程划分)

在数据收集阶段中测试车辆的传感器包括摄像头、超声波传感器、雷达、激光雷达、GPS/北斗等,传感器能够收集信息并产生数据,有些传感器产生的数据量很小,而有些传感器每时每刻都在产生大量的数据,特别是摄像头。传统车载摄像头的分辨率通常在480~1080P,但随着高分辨率摄像头的普及,当前已有4K甚至12K高分辨率的视频摄像头。4K高分辨率摄像头每秒钟产生的数据量通常是普通摄像头的几十倍,数据量的急剧增加使得数据收集任务变得更加艰巨。由于测试车辆通常使用车载可移动存储器实时存储数据,随着捕获数据量的急剧增加,存储器的更换频率也随之提升,每天甚至每个班次都需要更换。换下来存储器会运送到数据中心,接入服务器上传数据,这些数据像河流一样汇入数据湖。数据湖中存储着海量的训练数据为自动驾驶模型的训练提供支撑。

在数据处理阶段中海量的裸数据(原始数据)需要被预处理,以便在开发和验证阶段之前对其进行转换和验证。根据数据的不同用途,数据预处理的要求有所不同,包括审查、标记和添加元数据(例如天气和交通状况)等。数据预处理包括解压缩原始数据并验证相应的记录传感器输入值;将记录的数据按雷达、摄像机等不同传感器分类以适合模拟器的要求;将所有数据进行组合或打包以适应不同的工具要求,并供其使用。在对数据进行标注时,需要把来自测试车辆的传感器数据注释出来,以便自动驾驶系统能够识别该数据。数据标注大多是半手工完成,为了加快速度,可能需要多任务、高并发的重新播放视频完成数据标注工作。用于深度学习的图像数据,送入深度学习网络之前,需要对原始图像数据进行预处理转换,通常需要经过文件解析、JPEG 解码、裁剪、旋转和调整大小、调整颜色等处理过程。与数据收集和预处理相关的内容将在本书第 3 章中进行详细介绍。

模型训练和测试阶段中的模型结构设计和训练方法是自动驾驶技术研发的重点内容,相关厂商的研发各具特色,本书不一一介绍,但其中的基本知识将在第 4 章和第 5 章进行介绍。对模型有效测试是加快自动驾驶技术落地的关键,本阶段中的软件在环仿真系统能利用仿真输入数据(可以通过模拟工具生成或通过收集的实际数据产生)测试系统或子系统模型,这种方法不受限于物理硬件的模拟速度,可通过加速运行缩短开发周期,而且软件在环仿真使用软件模拟各种昂贵的设备,还可以节约成本。硬件在环仿真系统是一种对复杂实时嵌入式系统(例如车辆的 ECU、DCU 和车载中央计算机等)进行开发和测试的系统,能够对被测硬件进行闭环测试,可以大幅度地提高硬件测试的效率。为了能对实时性很高的汽车功能部件进行真实有效的测试,硬件在环仿真系统必须提供高性能的信号处理能力,包括实时模型较短的执行时间、硬件与实时模型之间的低信号延迟等。尽管如此,其测试的速度仍然还会受到被测设备实际速度和仿真设备性能的限制。

测试工作多见于正在尝试落地自动驾驶技术并希望量产的厂商,量产阶段的相关内容涉及各厂商不同的产品部署策略和商业模式,本书对量产相关内容不过多介绍。

2. 自动驾驶系统的仿真测试

仿真测试技术关系到自动驾驶算法模型的训练和质量评价,对于自动驾驶技术的落地非常重要,好的仿真测试系统能够大幅度地降低研发成本,加快研发进度。在各大汽车厂商的相互竞争和相互学习中,较为成熟的自动驾驶仿真测试系统已经逐步被行业认可。

图 2.15 为软件在环仿真测试系统架构,多台高性能计算机(high performance computing,HPC)组成高性能计算机群建立起训练和模拟器仿真环境,ECU 在模拟器中运行,模拟器可以同时支持多组并行测试,模拟过程还可以不受物理设备的限制而加速执行(例如不受限于摄像头帧速上限,不受限于ECU 的真实性能等)。软件在环仿真使系

统在硬件设备到位之前就能够开展软件仿真测试工作,极大提高了研发效率并降低了研发成本。

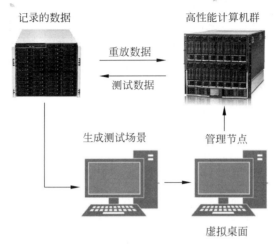

图 2.15　软件在环(SiL)仿真测试系统架构
(信息来源:戴尔科技集团)

图 2.16 为硬件在环(HiL)仿真测试系统架构,硬件在环仿真有下面两种。①对车辆和交通信息的仿真。用安装了应用程序的计算机主机从存储器上读取传感器或 CAN 总线传出的信息文件,应用程序根据文件生成测试用例,并将测试用例输入给系统模拟器进行实时的模拟测试。模拟测试信息通过 CAN 总线传回给被测试的 ECU 以验证结果是否正确。②视觉模拟仿真。计算机主机从存储器上预先读取视频流文件并进行回放,视频流通过显示器被车载摄像头捕获,车载处理器分析视频流并发送灯光指令给灯光 ECU,由 ECU 根据指令对车头大灯进行模拟控制,测试软件根据场景验证 ECU 的反应是否正确。

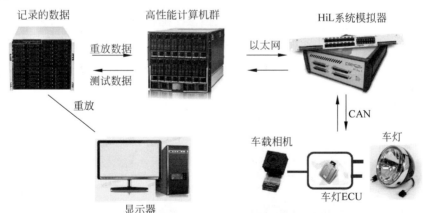

图 2.16　硬件在环(HiL)仿真测试系统架构
(信息来源:戴尔科技集团)

硬件在环仿真测试系统要求重新播放来自存储器的所有数据,进行模拟测试并用实体ECU进行验证,因此各个模块通常需要以实际速度运行,无法进行快进模式的播放,其测试效率低于软件在环仿真测试系统。即使以硬件运行的实际速度进行测试,在并行多个测试任务时,硬件在环仿真测试所需的实时数据流带宽也会对系统形成巨大的压力。除此之外,IT(information technology,信息技术)基础架构所面临的挑战还有很多。

3. 自动驾驶技术研发对IT基础架构的挑战

自动驾驶的AI算法模型训练时需要使用大量数据,对数据存储的需求是海量的,同时训练时对算力的需求也非常大,自动驾驶的仿真测试对系统的IT基础架构提出了新的挑战。测试里程随着各个厂商的研发进程不断积累,与这些巨大的里程数对应的是传感器收集的海量数据。以几种常见的传感器为例,其每秒产生的数据量就有上百兆字节。随着越来越多厂商的研发进程迈向自动驾驶的L3甚至L4级,其所需的数据量将是EB(exabyte,10^{18}字节)量级的,而需要的算力更是达到了10万核的量级。

如表2.2所示,尽管不同传感器常见速率不同,但每秒的数据量都在100MB(兆字节)及以上。

表2.2 传感器的常见速率

传感器	常见速率
毫米波雷达	~100MB/s
激光雷达	~250MB/s
摄像头	4K分辨率:~450MB/s 高分辨率:~100MB/s 普通分辨率:~10MB/s

注:~100MB/s表示速率上限是100MB/s,下限不确定。

如表2.3所示,自动驾驶的算力需求和数据量会随自动驾驶级别的提升而快速增加,对于完全的自动驾驶(L5级)所需的算力和数据量,学界和业界至今还尚未有严格的定论。

表2.3 自动驾驶的算力需求和数据量

自动驾驶级别	L2	L3	L4	L5
需要的路测里程(km)	~200 000+	~1 000 000+	~20 000 000+	~1 000 000 000+
需要的算力及数据量	1K~5K核 ~4~10PB	5K~25K核 ~50~100PB	~100K核 ~1~2EB	未知

注:TB(Terabyte,1024GB);PB(Petabyte,1024TB);EB(Exabyte,1024PB)。

如图2.17所示,从工程角度看,自动驾驶汽车的研发过程对软件工具链和IT基础架构的设备、功能、性能及标准都提出了新的需求和挑战。自动驾驶汽车是继计算机、智能手机之后的第三大计算终端。自动驾驶技术的研发和实现不仅仅对社会交通和人们的生活产生了巨大的影响,也对 IT 产业产生了巨大的影响,自动驾驶是一个疯狂消耗算力、消耗带宽、消耗存储的主流计算终端,未来可期的巨大市场规模将为交通产业和 IT 产业的发展注入一剂强心剂。

图 2.17　自动驾驶汽车研发工程示意图

4. 自动驾驶的研发进展

自动驾驶技术经过多年的发展,不断有新的汽车厂商陆续加入日益庞大的研发队伍,整体加速了研发的进展。在感知层,从摄像头、毫米波雷达、激光雷达、超声波雷达到卫星导航定位系统,众多的厂商提供了丰富的硬件,使自动驾驶汽车在机器视觉、距离检测、定位等方面有充分的支持。在决策层,可以分为系统算法支持和计算平台支持两个方向。国内的百度、小鹏、蔚来、理想等造车新力量与传统 IT 基础设备公司华为等已在这两个方向上积累了多年经验,而国际上传统汽车巨头特斯拉等新势力也在积极投入,争取先行的机遇。

各厂商提供的自动驾驶方案各有不同,又各有相似的地方。一个比较有名的关于自动驾驶解决方案的争论是:特斯拉坚持以视觉为主研发自动驾驶系统,而其他一些厂商则采用以激光雷达为中心的研发方案。但更多的厂商认为自动驾驶技术方案应采用多个和多种传感器,利用多传感器信息融合(Multi-sensor Information Fusion,MSIF)技术,把自动驾驶过程中的摄像头、激光雷达、毫米波雷达、超声波雷达等传感器收集到的数据进行融合,然后利用计算机技术将来自多传感器的数据在一定的准则下自动进行分析和综合,以便更加准确、全面地描述外部环境,利用多方面输入的综合信息提高系统决策的准确度。

表 2.4 是目前市场上部分厂商已上市汽车中用于自动驾驶的传感器主要配置信息,可以看出自动驾驶汽车中的传感器不但种类多,而且数量也多。

表 2.4　部分汽车中与自动驾驶相关的传感器配置

车　型	传感器数量/个	传感器配置
极狐 αS 华为 HI 版	34	激光雷达 3 个、毫米波雷达 6 个、高清摄像头 13 个、超声波雷达 12 个
极氪 001	28	高清摄像头 15 个、250m 长距毫米波雷达 1 个、超声波雷达 12 个
智己 L7	29	高清摄像头 12 个、毫米波雷达 5 个、超声波雷达 12 个(兼容激光雷达软硬件架构冗余方案)
蔚来 ET7	29	激光雷达 1 个、高清摄像头 11 个、毫米波雷达 5 个、超声波雷达 12 个
小鹏 P5	32	高清摄像头 13 个、毫米波雷达 5 个、超声波雷达 12 个、激光雷达 2 个
上汽 R ES33	33	超声波雷达 12 个、高清摄像头 12 个、4D 成像雷达 2 个、长距点云雷达 6 个、激光雷达 1 个

续表

车 型	传感器数量/个	传感器配置
零跑 S01	21	双目摄像头1个、环视摄像头4个、盲区摄像头2个、人脸识别摄像头1个、超声波雷达12个、77G毫米波雷达1个
特斯拉 Model S	20	三目摄像头1个、盲区摄像头2个、B柱摄像头2个、倒车摄像头1个、超声波雷达12个、77G毫米波雷达1个、车内摄像头1个
奥迪 A8	23	激光雷达1个、前视摄像头1个、环视摄像头4个、长距雷达1个、中距雷达4个、超声波雷达12个
宝马 iX	28	激光雷达1个、毫米波雷达5个、超声波雷达12个、高清摄像头10个
福特 Mustang Mach-E	23	高清摄像头6个、超声波雷达12个、毫米波雷达5个

数据来源：根据车企官网、亿欧智库网公开资料整理。

如图2.18所示，在计算平台方向，国内的地平线、黑芝麻、华为和国外的英伟达、英特尔等公司在主控芯片方面很有影响力，在汽车电子零部件方面，国内国外也都有很多著名的供应商。

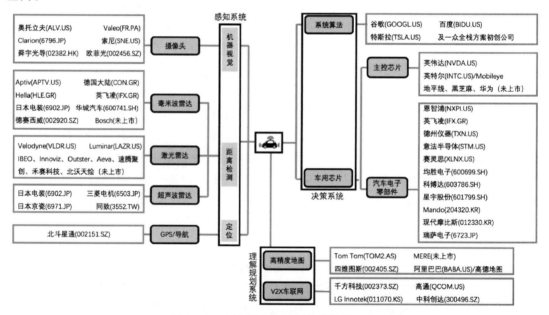

图 2.18　自动驾驶汽车部件主要供应商

（图片来源：Gartner、中信证券研究部公开信息）

汽车的快速智能化，特别是自动驾驶技术的蓬勃发展让汽车的电子电气架构发生了变化，从小计算量的分布式计算向更强大、更通用的集中式计算逐步演化。集中式计算使用一台车载中央计算机控制汽车上的各种功能，包括收集多个传感器数据、进行数据的融合处理、完成人工智能的计算、实现路径规划和决策操控等。集中式计算架构对汽车处理器的算力需求大幅度提高，处理器芯片在自动驾驶汽车中变得举足轻重。如表2.5所示，自动驾驶汽车芯片的峰值算力已成为比较自动驾驶汽车硬件能力的一个重要指标。

表 2.5　部分汽车芯片算力配置参数

芯片(SoC)	算力/TOPS	功耗/W	制程/nm	搭载代表车型
Xavier	30	30	12	智己 L7
Orin	256	65	8	蔚来 ET7
EyeQ4	2.5	3	28	广汽 Aion V
EyeQ5	24	10	7	极氪 001
FSD	72	72	14	特斯拉 Model Y
麒麟 990A	3.5	—	28	极狐 αS 华为 HI 版
凌芯	4.2	4	28	零跑 C11
征程 3	5	2.5	12	岚图 FREE
Snapdragon Ride	700	130	5	WEY 摩卡
A1000	70	8	16	暂无
R-CAR V3U	60	—	12	暂无

数据来源：根据车企官网、亿欧智库网公开资料整理。

由于各种新技术的加持及迅速发展的市场，自动驾驶汽车厂商已经推出了具有很多功能，例如自适应巡航、前向碰撞预警、自动紧急制动、红绿灯识别、车道偏离预警、自动车道保持、自动变道、全自动泊车、导航辅助驾驶、智能召回等产品，这些产品的功能级别处在自动驾驶 L2＋甚至更高的级别。

自动驾驶汽车是这些年 IT 产业上游科技革命略显疲态之后的一剂强心针，是少见的集 ABCDE5G——即人工智能(AI)、区块链(Block)、云计算(Cloud)、大数据(Data)、边缘计算(Edge)、5G 为一体的科技载体，是未来计算的主场景，是"能源＋通信＋交通"的新一代要素组合，是下一轮经济大繁荣的抓手。

2.4　智能小车系统

微课视频 27

Dell Technologies ADAS 智能小车(以下简称"智能小车")项目起源于戴尔科技集团中国研发中心在 ADAS 行业的研发需求。全球 ADAS 行业的参与者主要有整车厂商(例如宝马、奔驰、奥迪等)、部件厂商(例如博世等)、自动驾驶软件厂商(例如 Znuity 等)，这些厂商的底层 IT 基础架构全部采用戴尔科技集团的产品搭建完成，主要包括服务器集群用来做软件在环仿真(SiL)和硬件在环仿真(HiL)；VxRail 虚拟化集群用来做标注；Isilon 集群服务器和弹性计算云服务器用来做核心数据存储等。为了更好地服务于这些厂商，戴尔科技集团从这些厂商的应用入手，模拟客户需求，将自动驾驶汽车进行小规模复现。"Dell Technologies ADAS 智能小车"项目因此诞生。智能小车系统的背后体现了海量数据的处理、模型训练、算法实现及优化等颇具技术难度的步骤。

如图 2.19 所示，智能小车系统是一个具有人工智能教学实践和科研功能的综合系统，由智能小车、存储服务器与 AI 算力服务器、模拟的车道沙盘等组成，三者的有机结合很好地模拟了汽车自动驾驶研发的环境。

智能小车　　存储服务器与AI算力服务器　　模拟车道沙盘

图 2.19　Dell Technologies ADAS 智能小车系统

2.4.1　智能小车整体架构

如图 2.20 所示，智能小车软硬件系统可以分为硬件平台层、系统软件层、开发框架层和应用程序层，智能小车采用了与自动驾驶汽车几乎完全相同的系统架构，但是在具体实现上做了大量的功能简化。

智能小车的硬件采用了类似图 2.9 架构模式的简化版：①以 AI 主控处理器为车载中央计算机处理大量图像数据和自动驾驶算法模型的相关计算；②以高频多核的微处理器（MCU）为 DCU 实现对智能小车运动的总体控制；③以内嵌在每台步进电动机驱动电路中的 MCU 为 ECU，响应 DCU 对智能小车四个车轮的转动控制；④以内嵌在摄像头模组中的 USB 控制器为 ECU，响应中央计算机输入图像数据的需求。

智能小车同样采用了现代智能汽车的设计思路，将软件功能与硬件系统部件相结合，内含了智能汽车架构模式，按功能要求对软硬件架构重新进行分层整理，其所形成的架构则十分接近嵌入式系统的软硬件架构。如图 2.20 所示，为了在智能小车上实现感知整合、决策与规划和人机交互等应用功能，需要在开发框架下调用系统软件层的相应工具，而嵌入式系统的软件层能够非常好地实现对底层硬件的封装，以避免底层硬件的多样性或即插即用等特性所引起的调用方式的频繁变化。

从整体上看，智能小车的软硬件系统主要有如下特点：

（1）可以实现在封闭场地上的高等级自动驾驶，并且可以和交通基础设施，例如红绿灯进行智能交互，可以完美地展示自动驾驶车辆的正常行驶、障碍物的规避、突发事件的处理等情景。

（2）AI 主控使用英伟达（NVIDIA）的 Jetson 系列的处理器芯片（Jetson Nano/NX 等），借助该系列芯片，可以在车载端实现强大的推演运算能力，从而使智能小车具有真正的视觉识别能力。

（3）运动和传感器控制部分使用高频多核 MCU 实现，通过定制的底层控制系统，实现对车辆运动部分的实时精确控制，配合 AI 主控实现车辆的行驶、避障等功能。

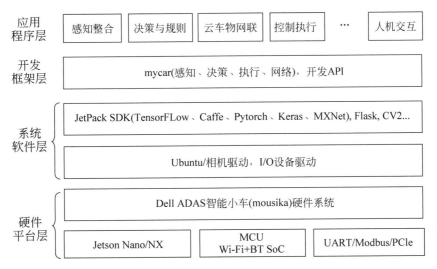

图 2.20 智能小车软硬件系统架构

（4）采用步进电动机驱动技术及差速转向技术实现运行速度、转向角度的精确控制，使车辆在场地上非常稳定地运行，灵活地避让各种障碍物，做出各种精确的动作。

（5）可以外接多种传感器，包括摄像头、激光传感器、激光雷达等，从而丰富了车辆的功能，为更多物体的识别、更加稳定的运行以及更多的可编程性提供了可能。

（6）作为教学用车，车辆可拼装，部件可模块化，最大化车辆的耐用度。车辆安装了麦克纳姆轮，可实现全方位转向，提升学习的趣味性。

智能小车系统用于教学实践，能够参照业界开发自动驾驶的几乎全部环节，系统运用了模拟车道沙盘提供的简化版路采数据并通过智能小车而不是测试汽车来完成对自动驾驶系统感知、决策和执行等功能的仿真，使得教学实践成本大幅降低，为人工智能相关专业的教学实践活动提供了性价比较佳的方案。

2.4.2 智能小车硬件系统

智能小车具备自动驾驶汽车所需的三大核心功能层，即感知层、决策层和执行层。

（1）感知层：由单目、双目、三目、景深摄像头，激光雷达（LiDAR）传感器，ToF（time of flight，飞行时间）激光测距传感器，Wi-Fi，蓝牙等感知"器官"解决"我处在什么位置？前方是否有障碍物？周围路况是什么？"等问题。

（2）决策层：由NVIDIA的Jetson Nano/NX嵌入式系统提供4~6核的CPU算力、128~384核的GPU算力，由NVIDIA的软件堆栈Jetpack SDK提供支持，囊括几乎所有主流的机器学习框架TensorFlow、Caffe、PyTorch、Keras和MXNet等，开发者可以基于这些框架开发AI/ML算法，接收和处理感知层输入的环境信息（行人、车辆的行为），形成对全局的理解并做出决策判断，发出车辆执行的信号指令（加速、超车、减速、刹车等）；决策层还配置了微控制器(MCU)ESP32芯片对蓝牙、Wi-Fi、电动机、ToF激光测距传感器等进行控制，配合NVIDIA的Jetson Nano/NX嵌入式系统形成既有复杂计算能力的"上位神经系统大脑"，又有快速反应的"下位神经系统中枢"。

（3）执行层：巧妙地使用步进电动机和麦克纳姆轮的组合，将决策层的信号转换为智能小车的行为，实现了车辆转向、刹车、加速等行为。

1. 传感器模块

与实际自动驾驶汽车相对应，智能小车也配置了丰富的传感器，并且随着开发的进度以及需求的变化，会有越来越多的传感器加入进来。

摄像头：摄像头有单目、双目、三目、四目以及景深等多个类型供使用。单目、双目和多目摄像头采用广角相机镜头、USB2.0协议，最高支持1920×1080分辨率与30FPS的采样率，可以看清前方较为详细的视觉图像，配合摄像头支架形成对地面25°的倾角，能够匹配实际环境中模型训练所遇到的路况。摄像头通过USB Type-C接口与主机连接。

激光测距传感器：主要提供ToF激光测距传感器，采用高精度ToF激光测距传感器进行前方障碍物距离的辅助判定，最大测距距离为2m，工作光强范围为室内光强。与主机连接采用USB Type-C接口。

激光雷达传感器：是其中最昂贵复杂也是功能最强大的传感器。通过它可以方便地获取四周的障碍物位置信息，完整绘制周边障碍物3D图像。量程10m以上，扫描频率可调，与主机连接采用USB Type-C接口。

2. 计算模块

智能小车采用NVIDIA Jetson系列AI处理器(Jetson Nano/NX)作为核心控制器，全面支持CUDA(compute unified device architecture，计算统一设备架构)加速边缘计算功能，拥有多核并发计算能力。智能小车采用高频多核的MCU作为辅助控制器，辅助控制器除了控制车体运动之外，还同时具备Wi-Fi和蓝牙连接通信的能力。

核心控制器与辅助控制器组成的核心模组支持最高4S/14.8V动力电池供电输入，设计为常规3S/11.1V动力电池输入。核心模组拥有4路动力模组供电USB Type-C接口、3路摄像头USB Type-C接口、4路传感器扩展USB Type-C接口、2路2.0 HUB USB-A接口、1路1000Mb/s全双工RJ45以太网接口、1路TF(T-Flash，快闪存储卡)读卡器扩展接口、1路电源输入接口。此外，还包括Jetson Debug USB Host Type-C接口和Jetson Debug UART Type-C接口。

基于核心模组，智能小车支持1000Mb/s Base RJ45以太网接口和Wi-Fi连接及蓝牙连接。以太网接口一般在开发调试过程或者初始化设置时使用，而Wi-Fi连接需要通过以太网接口连接后登录智能小车并设置路由器Wi-Fi连接口令后才能使用，一旦设置完成，智能小车将自行记录Wi-Fi连接参数，后续使用就可以使用Wi-Fi连接登录智能小车，无须再使用有线以太网接口。利用蓝牙功能既可以在手动模式下对智能小车进行遥控操作，也可以与智能车道进行信息交互，为"车-车互联"提供数据连接交互通道。

3. 执行控制器

智能小车采用 4 台步进电动机和麦克纳姆轮组成的动力系统，提供电子驱动功能、电子转向功能和电子制动功能。使用步进电动机可以准确控制速度，也可以通过程序控制对汽车不同挡位的驱动和制动进行模拟。使用麦克纳姆轮则简化了转向机构，便于通过程序控制完成对汽车各方向转向动作的模拟。此外还能实现一些有趣味性的独特操作方式，例如平行横移、原地调头等操作。

执行控制器的步进电动机驱动模组使用最多分成 128 份的驱动芯片 THB6128 提供驱动，支持最高 3A 电流的持续输出，并且能够支持数字细分、数字电流控制等特性，其驱动模组内含的单片机可以使用数字总线协议进行通信，最高支持 256 级驱动级联。模组使用 USB Type-C 接口进行连接，同时支持"单线供电＋总线数据传输"模式与计算模块进行通信和控制操作。不同电动机可以通过拨挡开关设定数字地址，从而确定电动机在车身所属的位置（左前、右前、左后、右后）。

麦克纳姆轮由主轮以及附着在主轮上的多个可以自由转动的轮轴组成。轮轴转动方向与主轮转动方向有 45°夹角。如图 2.21 所示，在主轮转动的过程中，轮轴随着主轮转动时与地面摩擦产生自旋，借此可把主轮转动方向的力分解为前向和侧向两个分量。

单个麦克纳姆轮无法正常使用，因为轮轴向前的转动会转变为斜向 45°的运动。但是如果把两个麦克纳姆轮连接到车体上，并注意让它们的轮轴的倾斜方向相交。这时，两个麦克纳姆轮同时向前转动，如图 2.21 所示，轮轴分解的侧向力将相互抵消，车体将向前运动。

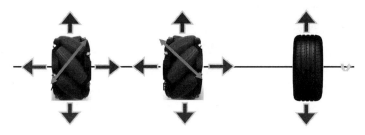

图 2.21 麦克纳姆轮工作原理

智能小车前后安装有 4 个麦克纳姆轮，如图 2.22 所示，只需正确放置不同轮轴方向的麦克纳姆轮，通过分别控制每个轮子的转向和速度，就能产生不同的前向力和侧向力组合，可以实现四麦克纳姆轮智能小车的全方位机动。

4. 能源系统

智能小车采用 3S 动力电池模组作为动力来源，使用 18650 电芯保证电池组的安全性能以及放电性能，推荐放电电流最大为 5A（电压为 12V 时），推荐充电电流最大为 1A，模组有输出开关和 3S 平衡充电接口，可进行电池的平衡充电及维护。

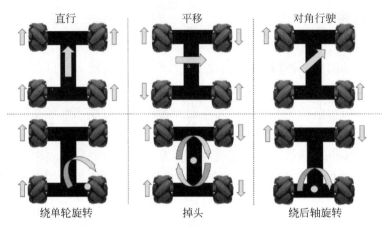

图 2.22　智能小车麦克纳姆轮工作示意图

2.4.3　智能小车软件系统

智能小车以 NVIDIA Jetson 系列的 AI 处理器作为核心控制器,该控制器类似一个通用的计算机系统,其上可安装运行 Ubuntu(一种 Linux 操作系统)。使用者可以通过常见开发方式在智能小车的软件操作系统上开发自动驾驶软件,例如通过 SSH 登录智能小车的 Ubuntu 系统,进行软件安装、数据下载与上传以及系统管理配置等开发工作。

为了便于使用,智能小车为使用者搭建了一个基本的工具软件库 mycar,这个软件库作为一个较为完备的参考,使用者既可以直接用其进行自动驾驶过程的数据收集、模型测试,也可以在其上修改、增加相应的功能。使用者还可以在 Ubuntu 和 NVIDIA 的软件堆栈 Jetpack SDK 上完全自行实现自动驾驶软件。

mycar 具备了较完备的自动驾驶智能小车的软件功能,提供了基于面向对象技术构建的自动驾驶软件系统框架、基于 Web 的 GUI 界面、基于命令行的控制方式、相关传感器的基本交互程序以及封装好的 API,还提供了基于 CNN(卷积神经网络)的图片分类和目标检测算法模块、麦克纳姆轮的控制算法模块、遥控手柄交互程序等。

1. 软件系统框架

智能小车的软件系统构建在 Ubuntu 系统上,其框架如图 2.23 所示。摄像头(相机)等各种传感器通过 Linux 底层 I/O 设备驱动的支持,可以利用 Linux 系统工具进行管理,例如蓝牙管理、Wi-Fi 管理、网络传输等。此外,智能小车软件开发还可以运用框架中 Linux 系统自带的开发工具、文本工具以及第三方软件库工具等。第三方软件库工具包括 Python 语言与开发库、专用的处理视频图片的工具库 CV2、支持 GPU 的 CUDA 软件工具以及在此之上自主开发的 mycar 软件库等。

mycar 以面向对象的设计方法把智能小车的各种功能统一成接口兼容的部件对象,是实现车体对象、操作控制等很多涉及自动驾驶功能的核心工具软件库。mycar 软件库包含了两个比较核心的对象:

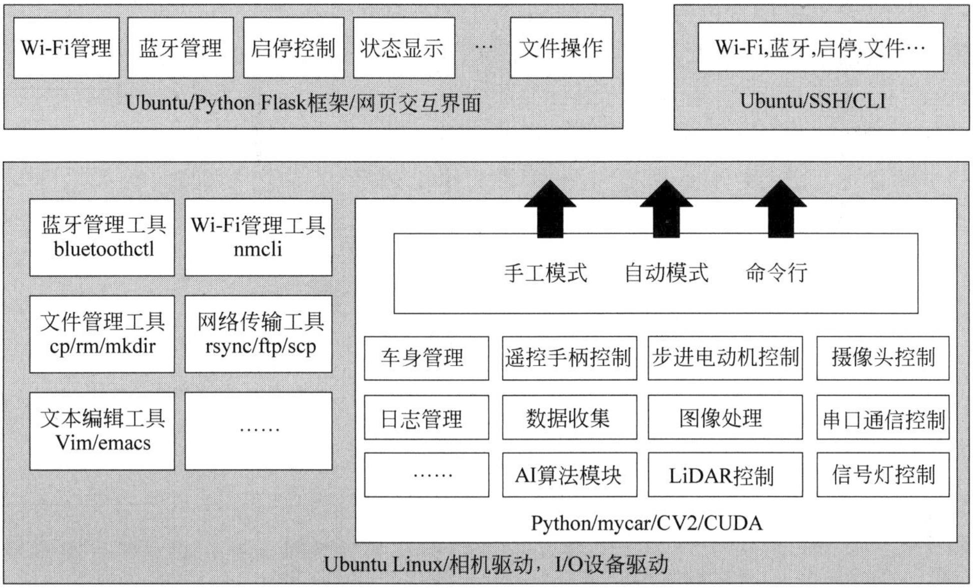

```
┌─────────────────────────────────────────────┐  ┌──────────────────────┐
│ Wi-Fi管理 │ 蓝牙管理 │ 启停控制 │ 状态显示 │ … │ 文件操作 │  │ Wi-Fi,蓝牙,启停,文件… │
│         Ubuntu/Python Flask框架/网页交互界面         │  │    Ubuntu/SSH/CLI    │
└─────────────────────────────────────────────┘  └──────────────────────┘
```

图示（智能小车的软件系统框架）：

- 蓝牙管理工具 bluetoothctl
- Wi-Fi管理工具 nmcli
- 文件管理工具 cp/rm/mkdir
- 网络传输工具 rsync/ftp/scp
- 文本编辑工具 Vim/emacs
- ……

模式：手工模式　自动模式　命令行

功能模块：车身管理、遥控手柄控制、步进电动机控制、摄像头控制、日志管理、数据收集、图像处理、串口通信控制、AI算法模块、LiDAR控制、信号灯控制

Python/mycar/CV2/CUDA

Ubuntu Linux/相机驱动，I/O设备驱动

图 2.23　智能小车的软件系统框架

（1）车体对象 vehicle。它是装载其他各个模块和部件对象的容器，通过加载车身管理、遥控手柄控制、步进电动机管理、传感器控制以及图像处理等功能代码实现了对智能小车整体功能的代码封装。以面向对象的程序设计视角，vehicle 对象就是一辆具备自动驾驶功能的"汽车"，其内部拥有"自动驾驶汽车"所需的各个功能部件（代码），这些部件使用统一的接口调用，协同完成相应的功能。

（2）开车对象 drive。它是实现和表达开车流程的功能模块。启动 drive 对象就能启动整个智能小车的运行，例如 drive 对象中有调用 vehicle 对象步进电动机的控制命令，能够控制小车完成行进、转向等行为。drive 对象中有手动驾驶模式和自动驾驶模式两种模式，可以分别调用并整合 vehicle 对象中的不同部件和功能以实现驾驶功能。

软件系统框架中的交互界面是使用者与智能小车系统进行交互的通道，例如使用者可以从两种不同的入口，即命令行（CLI，Command Line Interface）或者图形用户界面（GUI，Graphic User Interface）启动 drive 对象。其中命令行的启动比较简单，使用者可以通过 SSH 登录到智能小车~/mycar 目录下，通过输入命令启动智能小车。GUI 基于 Flask 框架开发，能够对应实现大量命令行相关的功能，操作更为友好方便，用户可以免学习直接上手。同时 GUI 上还设计有一些有趣的功能，例如用 GUI 上的虚拟按键手动遥控智能小车，在 GUI 上实时显示智能小车摄像头视角的路况景象等。如果借助高带宽、低时延的网络，还可以实现对智能小车的远程遥控路采等操作。

2. 代码位置及组织

通过 SSH 登录智能小车的 Linux 系统，智能小车 mycar 软件库位于"~/mycar"/文件夹（软件库主目录）下，其代码文件如图 2.24 所示。主目录下的 drive.py 文件是"开车对象"的主程序(开车程序),包含手动驾驶和自动驾驶两种模式。config.py 文件内可自定义配置智能小车的运行参数(配置程序)。主目录下的 dellcar 文件夹为智能小车的库文件所在地,包含了"车体对象"的主程序 vehicle.py 以及运行智能小车各个组件的相应配置文件,这些文件中的代码提供统一格式的接口便于调用。加载在"车体对象"中的各个功能对象(程序)被放置在 parts 文件夹中,包括了摄像头图像处理、蓝牙连接管理、数据采集与保存等与自动驾驶功能相关的文件。

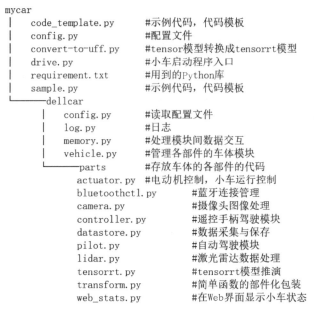

图 2.24 智能车内部的代码文件

(信息来源:Dell Technologies 智能小车组件包使用指南)

这些 Python 文件的数量约为 50 个,实现了从局部的人工智能探测器 YOLO 算法到整体的智能小车自动驾驶控制,使用者可以在充分理解这些代码文件的基础上对代码进行调整和替换,实现智能小车性能的更新和改善。

3. 驾驶流程

智能小车开车程序可以通过 GUI 启动,也可以通过命令行启动。运行模式有手动驾驶模式或者自动驾驶模式。如果以手动驾驶模式启动智能小车,需要先建立遥控手柄与智能小车的蓝牙连接。如果以 GUI 启动智能小车,则需要等待随系统上电启动而自启动 GUI 初始化的完成,然后单击 GUI 中的"启动"按钮。

如图 2.25 所示,智能小车开车程序启动过程中,配置程序会根据预设参数、实际安装的硬件以及启动时指定的运行模式创建并调用运行相应的对象。在调用车体对象时,vehicle.py 程序会对摄像头对象(包括单目、多目和景深摄像头等)、激光雷达对象、信号灯对象进行初始化和调用运行;在调用开车程序对象时,drive.py 程序会调用运行电动机对象(步进电动机控制)、自动驾驶算法模型、数据收集对象等。

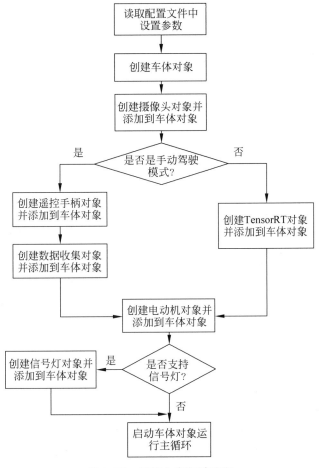

图 2.25 智能小车驾驶流程

1) 手动驾驶流程

如图 2.26 所示，通过 GUI 以手动驾驶模式启动或者通过命令行（默认为手动驾驶模式）启动智能小车开车程序 drive.py 时，drive.py 会调用车体对象 vehicle。vehicle.py 依次初始化配置的各个部件对象，如果有异步运行的功能部件，则启动它们的工作线程并等待 1s 以确保所有异步对象的设备都完全启动起来，然后进入开车程序的主循环。

在开车程序主循环的每一个循环周期中，drive.py 都会依次调用：①摄像头对象，获取摄像头输入的路况图片；②遥控手柄对象，获取输入的操作按键码，运算生成油门信息和转向信息；③电动机对象，根据遥控手柄对象产生的油门信息和转向信息通过串口发送指令，控制四个电动机的转速和旋转方向；④数据收集对象，将本循环内收集到的路况图片，遥控手柄生成的油门信息和转向信息，以及时间戳等信息以 json 文件和 jpg 图片的格式分别保存在磁盘中。

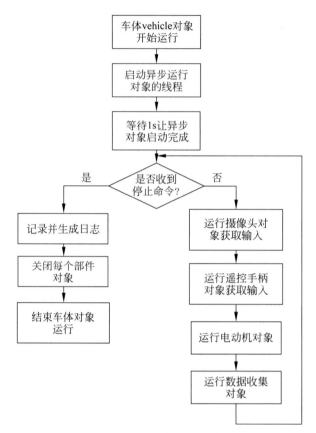

图 2.26　智能小车手动驾驶流程

生成的数据文件将会保存在 mycar/tub 目录中。可以登录智能小车 Ubuntu 系统把这些数据复制到服务器进行后续的数据处理和模型训练。

2）自动驾驶流程

在 GUI 上，先选定要使用的训练好的自动驾驶模型，再以自动驾驶模式启动智能小车开车程序。通过命令行启动智能小车开车程序，则需要给启动命令指定自动驾驶模型的路径和文件名。这些自动驾驶模型必须匹配 vehicle 对象内部的算法模型，并且需要提前下载保存在智能小车系统软件目录中。

如图 2.27 所示，开车程序将会从车体对象中依次取初始化过程中所添加的各个部件对象，如果存在异步对象，在启动它们的线程后还需要等待 1s，以确保所有异步对象对应的设备都完全启动起来，然后再进入开车程序的主循环。

在开车程序主循环的每一个循环周期中 drive.py 都会依次调用：①摄像头对象，获取摄像头输入的路况图片；②自动驾驶算法模型对象，根据路况图片计算生成油门信息和转向信息；③电动机对象，根据遥控手柄对象产生的油门信息和转向信息通过串口发送指令，控制四个电动机的转速和旋转方向。

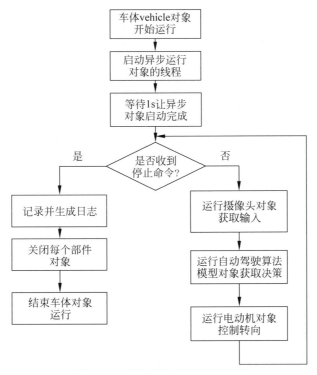

图 2.27 智能小车自动驾驶流程

2.4.4 智能小车自动驾驶

实现自动驾驶功能是智能小车系统的核心任务,但仅利用智能小车自身的软硬件系统完成自动驾驶任务是不够的。如同业界中汽车自动驾驶的研发流程,智能小车实现自动驾驶也同样需要完成数据收集、数据预处理、模型训练与测试和自动驾驶部署这 4 个环节,同样需要借助训练服务器等外部设备。

如图 2.28 所示,从信号传递和信息数据处理的视角,智能小车自动驾驶的功能实现过程主要包括:

(1) 数据收集。通过遥控手柄,操作智能小车在车道系统上正确行驶,智能小车内部软件将在手动模式驾驶过程中收集路况和相对应的操控信号,数据存储在智能小车的存储器(TransFlash 卡,TF 卡)中。

(2) 数据预处理与模型训练。使用者可以把收集到的数据上传到后台的训练服务器,在服务器上完成数据清洗、标注等数据预处理,然后利用服务器进行模型训练。

(3) 模型部署并启动自动驾驶。把训练出来的模型下载到智能小车上进行测试检验,完成一次模型的生成与检验周期。通常算法与数据都需要多次反复调试和训练才能获得一个好的自动驾驶模型。

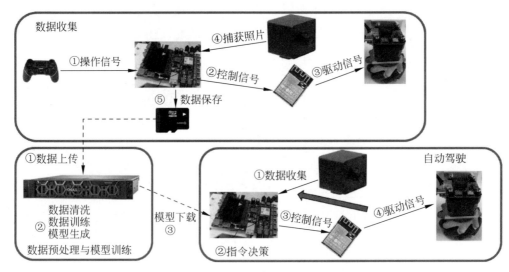

图 2.28 智能小车数据处理流程

1. 数据收集

在智能小车的 GUI 中选择进入手动驾驶模式,通过操作遥控手柄正常操作遥控智能小车,控制器将控制信号转换为驱动信号控制步进电动机转动令智能小车行驶。在行驶中,控制器将摄像头捕获的路况图片转换为待保存的路况数据,同时也会将当前遥控操作指令转换为待保存的数据。智能小车在行进过程中会按照设定好的频率将待保存的数据存入随车存储器中进行数据收集,当智能小车停止行进时,数据收集自动停止。

2. 数据预处理与模型训练

智能小车的数据预处理与模型训练过程将使用后台训练服务器完成,训练服务器有强大的计算能力(算力),配置有多片 GPU 加速器,可以大幅缩短处理和训练的时间。

手动驾驶过程中收集到的数据存储在 TF 卡中,使用者可以登录到智能小车的 Ubuntu 系统,通过 rsync、FTP 等方式把数据上传到训练服务器上。在服务器的 ~/mycar_server 目录里,存有与智能小车 mycar 软件库中相同的自动驾驶算法模型,利用机器学习的传统方法可以使用训练服务器中的工具软件完成对数据的预处理。

数据处理好后,可以执行 ~/mycar_server/train.py 启动软件服务器端的训练程序,同时在启动的命令行上指定训练数据的路径,生成模型的路径和名称。如果是对已有模型的叠加训练,还需要指定已有模型的路径和名称。如果操作正确,可以看到类似图 2.29 的输出信息,这表示训练已经开始。

3. 部署模型并启动自动驾驶

在模型训练成功后,把自动驾驶算法模型文件从训练服务器中复制下载到智能小车的文件夹 ~/mycar/models 子目录中。

```
0.0 12198.0
leftMemory:  0 TotalMemory:  12198
2020-08-05 11:07:01.591191: I tensorflow/core/platform/cpu_feature_guard.cc:141] Your CPU supports instructions that this TensorFlow binary was not compiled t
o use: AVX2 AVX512F FMA
2020-08-05 11:07:03.093966: I tensorflow/compiler/xla/service/service.cc:150] XLA service 0x1d95fe0 executing computations on platform CUDA. Devices:
2020-08-05 11:07:03.094081: I tensorflow/compiler/xla/service/service.cc:158]   StreamExecutor device (0): Tesla P100-PCIE-12GB, Compute Capability 6.0
2020-08-05 11:07:03.120180: I tensorflow/core/platform/profile_utils/cpu_utils.cc:94] CPU Frequency: 1800000000 Hz
2020-08-05 11:07:03.124631: I tensorflow/compiler/xla/service/service.cc:150] XLA service 0x1d8c290 executing computations on platform Host. Devices:
2020-08-05 11:07:03.124692: I tensorflow/compiler/xla/service/service.cc:158]   StreamExecutor device (0): <undefined>, <undefined>
2020-08-05 11:07:03.125065: I tensorflow/core/common_runtime/gpu/gpu_device.cc:1433] Found device 0 with properties:
name: Tesla P100-PCIE-12GB major: 6 minor: 0 memoryClockRate(GHz): 1.3285
pciBusID: 0000:3b:00.0
totalMemory: 11.91GiB freeMemory: 11.65GiB
2020-08-05 11:07:03.125122: I tensorflow/core/common_runtime/gpu/gpu_device.cc:1512] Adding visible gpu devices: 0
2020-08-05 11:07:03.127412: I tensorflow/core/common_runtime/gpu/gpu_device.cc:984] Device interconnect StreamExecutor with strength 1 edge matrix:
2020-08-05 11:07:03.127449: I tensorflow/core/common_runtime/gpu/gpu_device.cc:990]      0
2020-08-05 11:07:03.127469: I tensorflow/core/common_runtime/gpu/gpu_device.cc:1003] 0:   N
2020-08-05 11:07:03.127627: I tensorflow/core/common_runtime/gpu/gpu_device.cc:1115] Created TensorFlow device (/job:localhost/replica:0/task:0/device:GPU:0 w
ith 5489 MB memory) -> physical GPU (device: 0, name: Tesla P100-PCIE-12GB, pci bus id: 0000:3b:00.0, compute capability: 6.0)
WARNING:tensorflow:From /usr/local/lib/python3.6/dist-packages/tensorflow/python/ops/resource_variable_ops.py:435: colocate_with (from tensorflow.python.frame
work.ops) is deprecated and will be removed in a future version.
Instructions for updating:
Colocations handled automatically by placer.
WARNING:tensorflow:From /usr/local/lib/python3.6/dist-packages/tensorflow/python/keras/layers/core.py:143: calling dropout (from tensorflow.python.ops.nn_ops)
 with keep_prob is deprecated and will be removed in a future version.
Instructions for updating:
Please use `rate` instead of `keep_prob`. Rate should be set to `rate = 1 - keep_prob`.
2020-08-05 11:07:03.702938: I tensorflow/core/common_runtime/gpu/gpu_device.cc:1512] Adding visible gpu devices: 0
2020-08-05 11:07:03.702996: I tensorflow/core/common_runtime/gpu/gpu_device.cc:984] Device interconnect StreamExecutor with strength 1 edge matrix:
2020-08-05 11:07:03.703006: I tensorflow/core/common_runtime/gpu/gpu_device.cc:990]      0
2020-08-05 11:07:03.703014: I tensorflow/core/common_runtime/gpu/gpu_device.cc:1003] 0:   N
2020-08-05 11:07:03.703100: I tensorflow/core/common_runtime/gpu/gpu_device.cc:1115] Created TensorFlow device (/job:localhost/replica:0/task:0/device:GPU:0 w
ith 5489 MB memory) -> physical GPU (device: 0, name: Tesla P100-PCIE-12GB, pci bus id: 0000:3b:00.0, compute capability: 6.0)
WARNING:tensorflow:From /usr/local/lib/python3.6/dist-packages/tensorflow/python/ops/math_ops.py:3066: to_int32 (from tensorflow.python.ops.math_ops) is depre
cated and will be removed in a future version.
Instructions for updating:
Use tf.cast instead.
tub_names None
train: 82953, validation: 20739
steps_per_epoch 648
Epoch 1/100
2020-08-05 11:07:12.495080: I tensorflow/stream_executor/dso_loader.cc:152] successfully opened CUDA library libcublas.so.10.0 locally
  6/648 [.............................] - ETA: 8:36 - loss: 1.2122 - angle_out_loss: 1.3460 - throttle_out_loss: 0.0078
```

图 2.29　数据训练反馈窗口信息

模型复制到智能小车的相应目录中后，可以通过命令行方式或者在智能小车的 GUI 中指定复制下载的模型文件，并启动智能小车的自动驾驶程序。智能小车自动驾驶模式运行过程中，控制器会将摄像头实时收集的路况图片数据输入自动驾驶算法模型中，并将模型输出的结果作为决策指令转换为控制信号，驱动步进电动机令智能小车行进。

2.4.5　智能小车开发环境

开发智能小车自动驾驶功能所需的软件环境包括主机开发环境和智能小车本地开发环境。

1. 主机开发环境

如图 2.30 所示，主机开发环境可以由 Windows＋Python＋SSH＋Visual Studio Code(VSC)＋浏览器等软件工具组成。

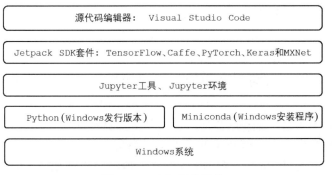

图 2.30　主机开发环境

基于 Windows 的主机上安装 Python 开发环境,用于智能小车的驾驶软件开发语言平台;主机上需要安装 SSH 作为主机登录智能小车 Ubuntu 的主要工具;推荐采用 Visual Studio Code(简称 VSC 或 VSCode)作为软件开发的集成开发环境(IDE);使用浏览器从 Windows 主机登录智能小车的 GUI。主机的作用比较灵活,可以用于开发算法软件以及智能小车的软件系统。在初始开发阶段,通常直接使用工作效率高的主机 IDE 进行代码编写调试,代码编写完成后进行单元测试,通过后再部署到智能小车中,后期调试可以登录到智能小车的 Ubuntu 系统上,直接在智能小车系统中修改代码。在智能小车系统中快速修改代码、修正 Bug 常见于智能小车的集成测试阶段。

主机上还可以配置算力服务器,其系统中通常安装有 Windows(Linux)+Python+Jetpack SDK 等软件工具和训练所需的环境,训练环境配置多块 GPU 加速器,所需 CUDA 的开发库和驱动也是必不可少的。

2. 智能小车本地开发环境

如图 2.31 所示,智能小车本地开发环境由 Ubuntu+Python+vi+Jetpack SDK 组成。

图 2.31　智能小车本地开发环境

智能小车的操作系统采用 Ubuntu 系统,安装 Python 以及 Jetpack SDK;智能小车 Ubuntu 系统上需要安装 rsync 等工具,以便把收集到的训练数据上传到训练服务器,并复制下载训练好的自动驾驶算法模型;智能小车上主要采用 vi 作为源代码编辑器。

3. 主要软件工具介绍

在主机开发环境和智能小车本地开发环境中有很多软件工具,其中最主要的软件工具包括 Python、TensorFlow、PyTorch、VSC 等。Python 是当前机器学习和人工智能研究的主要语言,使用受众相对广泛,这里不再展开介绍。

TensorFlow 是一个用于机器学习的端到端开源平台。它有一个由工具、库和社区资源组成的全面、灵活的生态系统,使研究人员能够使用先进的机器学习技术,令开发人员可以轻松地构建和部署基于机器学习的应用程序。借助 TensorFlow,初学者和专家可以轻松创建适用于桌面、移动、网络和云端环境的机器学习模型。

PyTorch 是 Torch 的 Python 版本,是开源的神经网络框架,适用于针对 GPU 加速的深度神经网络(DNN)编程。Torch 是一个经典的对多维矩阵数据进行操作的张量(tensor)库,在机器学习和其他数学密集型应用有广泛应用。

VSC 是微软于 2015 年发布的一款免费开源的现代化轻量级源代码编辑器,它功能强大,运行在 Windows、macOS 和 Linux 操作系统上,内置了 JavaScript、TypeScript 和 Node.js,有丰富的扩展语言,可用于其他语言(如 C++、C、Java、Python、PHP、Go 等)和运行时(runtimes,如.NET 和 Unity 等)。

2.5 开放性思考

本章介绍自动驾驶领域的基础知识,为了帮助读者思考和更深入的学习,下面提出部分开放性思考问题。

(1) 汽车网络化。

如图 2.32 所示,自动驾驶带来的技术升级不只限于汽车本身,也关乎整个交通基础设施的方方面面。车联网——"车到万物(V2X)"提出了对整个社会新基建的升级改造和创新的需求。

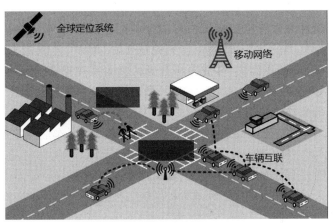

图 2.32 汽车网络化示意图

作为车联网、物联网中的重要节点,车辆本身实现低时延、高带宽、随时在线、多协议互联互通等通信功能将是自动驾驶汽车不可或缺的重要功能。

汽车网络化对于自动驾驶至关重要,具体体现在以下多个方面:

① 信息获取功能。自动驾驶汽车除了依赖自身的传感器了解周围路况,也需要通过网络了解自身感知范围之外的信息,例如交通调度信息、天气信息、街道视野死角内的信息等。

② 信息处理功能。通过使用云计算,自动驾驶汽车可以把一些计算交给云端去处理,汽车只需要直接使用计算的结果。

③ 信息存储功能。自动驾驶汽车可以将云端作为后备存储,除了即时反复存取的信

息，其他大量信息可以上传到云端，例如行车记录视频、照片和日志等。这将极大扩充汽车的存储能力和存储使用效率。

④ 信息平台功能。汽车作为移动的办公室，甚至移动的家，信息平台功能会令其更加名副其实。

强大的网络化功能是物联网应用，例如视频会议、办公邮件、云端办公App、网络购物、远程沟通等的基石。

未来的自动驾驶汽车除了作为"五官"的感知层、作为"大脑"的决策层、作为载具的执行层，用于获取信息和交换信息的网络功能也必不可少，读者可以自行思考如何才能将网络层功能有机融合到现有自动驾驶技术的框架中？

(2) 车联网与边缘计算。

自动驾驶不只是车的智能化，也是整体交通网络的智能化，自动驾驶需要在高速行驶下进行高速通信，所以高带宽、低时延非常关键。自动驾驶的智能化需要大量的算力，这些计算不只在车上完成，也需要整个网络共同参与。这不仅关系到智能车辆的成本优化，也是未来整个智能交通的必然要求。自动驾驶需要输入大量数据，并同时产生大量的数据，依据数据的不同，有的需要存储在车上，有的需要存储到云端，所以数据的存储也需要整个网络的共同参与。

自动驾驶汽车需要在数据获取、计算、存储上与网络深度融合、实时交互。若把这些数据和计算放到主干网络上的数据中心进行，无论从带宽、时延、计算能力的可扩展性等方面都将面临极大的挑战，而且不经济，因此边缘计算的必要性和重要性就不言而喻了。汽车算力的规模以百万、千万量级计，如此规模的需求是否能通过新一代的边缘通信、边缘计算、边缘存储形成更完美的解决方案？

近年来许多IT基础设备巨头发力边缘计算和存储，助力车联网和智能驾驶时代的来临。如图2.33所示，让计算发生在数据生成位置的附近，以产生即时的、重要的价值，可以完美地解决自动驾驶过程中的信息获取、计算和存储的需求。

读者可自行思考如何将边缘计算系统有机融入未来的自动驾驶系统和智能交通系统中？

(3) 软件定义汽车。

正如2.2节所述，汽车系统从纯机械架构发展到电子电气架构，对汽车的定义也从机械定义到现在智能化定义。在未来自动驾驶时代，汽车的电子电气架构升级到具有强大算力的智能平台，网络的时延不断降低，带宽不断提高，云计算、云存储的发展不断完善，汽车的价值将不再只是代步的机械工具，也不再只是舒适娱乐的电器终端，它可以是移动的办公室、移动的家、带轮子的手机或者另一个生活空间，它既是实际的空间，也是网络虚拟的空间。所有在实际空间和网络虚拟空间中可以做的事，都将在智能汽车中实现，这似乎有无穷的可能性和功能需求，无疑需要大量的软件功能和海量的数据来支撑。

大量应用软件在5G网络技术和空中下载技术（Over-the-Air Technology，OTA）的支持下，不断升级优化，增加新的功能。一辆汽车售出后，它仍可以通过不断的付费升级已有功能或者增加新功能，软件成为定义汽车使用价值的重要因素。

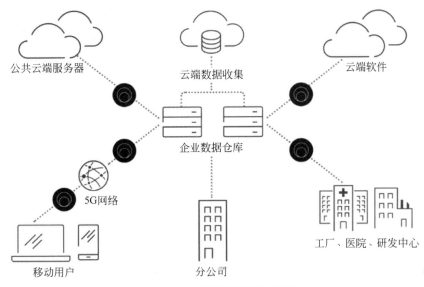

图 2.33 边缘计算框架示意图

据有关数据分析,在汽车制造的成本中,软件研发的成本已经占到了大头(超过50%),并且将来这一比例还会更高,这即是情理之中,也是意料之外的结果。同时汽车软件具备万亿的市场规模,有巨大发展空间,将成为国民经济的重要产业之一。软件定义汽车已经不是一个概念,而是实实在在发生的事实。智能化令自动驾驶的未来具有无限可能的新功能,随着汽车软件的发展,这些新功能会逐渐被开发出来,从某种程度上说开发汽车软件就是造汽车。

读者可自行思考未来汽车软件的开发需要什么样的专业基础?需要什么样的开发环境?如何将人工智能技术的发展与汽车软件的开发相结合?

2.6 本章小结

微课视频29

汽车本身是一个复杂的机电系统,在道路上行驶时,需要对其进行精细的控制。控制的精细程度不但与驾驶者的操控水平相关,也与车自身的性能紧密相关。作为一个复杂的机电系统,汽车自身由很多部件构成,其中负责实现行驶功能的中枢部件是底盘系统。

底盘系统连接车辆的发动机系统、操作控制系统和车轮,是承载和安装车轿体和所有车载系统的基础部件。底盘技术作为传统汽车工业发展的重要技术之一,很多研发成果已经相当成熟。具有自动驾驶功能的汽车目前仍然以传统汽车为根基,融合了人工智能技术、自动化技术,因此在学习自动驾驶的过程中,对汽车底盘功能的了解是必不可少的。

自动驾驶系统的最终目标是成为人类驾驶员的替代品,虽然目前只能实现部分的替代,但发展的方向始终未曾改变。自动驾驶系统显然是控制车自动行驶的核心组成,其功能的实现仍然需要依赖车的底盘等基础部件。对于车行驶这类精细控制的过程,需要感知、决策和执行等多个环节之间形成绝佳的配合,因此系统的软硬件整体架构设计非常重要。以传统汽车的软硬件架构为基础,进一步对自动驾驶系统的功能架构进行融合,是目前主要的研发思路。

如图 2.34 虚线框所示,本章以自动驾驶智能小车为例,向读者介绍了汽车架构和目前业界普遍采用的汽车基本软硬件框架和自动驾驶系统研发的基本过程,帮助人工智能等专业的读者了解和掌握与汽车基础架构相关的知识和自动驾驶相关的研发过程。

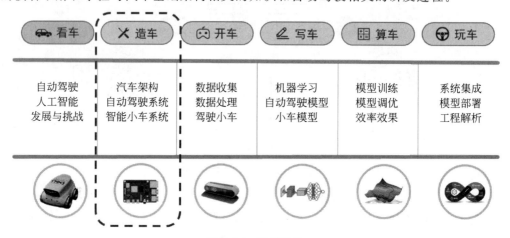

图 2.34 章节编排

第 3 章　开车：自动驾驶数据收集与预处理

CHAPTER 3

3.0　本章导读

本质上讲,自动驾驶系统仍属于一类自动控制系统。对于控制系统,完成闭环是实现系统稳定的重要条件之一。在传统的车辆驾驶中,驾驶员是整个闭环系统的控制核心。自动驾驶系统的功能是替代人类驾驶员成为系统的控制核心,借此实现对车辆行驶的闭环控制。自动控制系统中的控制器可以有多种实现路径,而人工智能只是其中一种。在人工智能技术获得长足发展之前,人们利用经典控制理论来设计传统控制器,特别是在一些比较简单的工况环境中,传统控制器具备更高的效率。然而在自动驾驶应用场景中,车辆所处的道路交通路况相对更加复杂,传统控制器无法胜任。目前最优的解决方案是利用人工智能技术,通过建立基于深度学习的复杂神经网络模型,利用机器学习的方法对模型进行训练和优化,在车辆控制系统中实现模型的实时推理,借此实现车辆的自动驾驶功能。

类似于对人类驾驶员的要求(必须成年才能独立驾驶汽车上路行驶),自动驾驶系统的学习模型也需要达到必要的成熟度才能逐步替代人类驾驶员操控车辆。由于车辆驾驶所面临的复杂路况需要驾驶员具有成年人的心智和能力,而所对应的自动驾驶成熟度模型同样需要进行机器学习生命周期的大量迭代与积累。通过机器学习路径建立的模型需要使用大量的训练数据,如同人类的学习需要大量的阅读和练习一样。因此,在如图 3.1 所示自动驾驶汽车研发过程的 4 个阶段中,数据采集和数据预处理是非常重要的基础和前提。

自动驾驶系统的训练数据主要来源于各种传感器,自动驾驶汽车借助各种传感器感知周围环境,传感器包括雷达、激光雷达、摄像头、声呐和 GPS 等。这些传感器捕获对周围环境的感知信息以识别导航路径、避开障碍物并读取相关标记(例如道路中的各种交通标志)以遵守交通规则。在全球多个城市,不同的自动驾驶汽车开发团队收集数千小时的试驾数据以进行测试。持续 8 小时的测试可以创建超过 100TB 的数据,必须高效地收集、存储、分析和解释这些海量数据,以进行学习算法训练,最终生成车辆的驾驶决策。

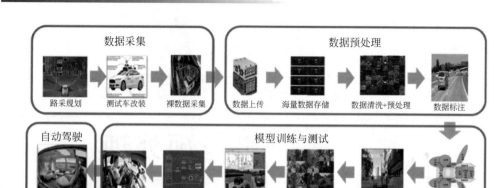

图 3.1 自动驾驶汽车研发过程

通常来说,对于自动驾驶数据集中大量存在的视频数据,会使用基于深度学习模型的计算机视觉技术实现对视频画面内容的分类、目标识别、全景分割等任务,从而实现对驾驶环境的精确感知。在这个"数据—模型—感知"的过程中,模型只能通过学习其"所见内容"(路采的图像数据)获取对环境的感知,因此高质量的图像数据对于深度学习模型应用的成功至关重要。

3.1 机器学习与数据集

3.1.1 人工智能与机器学习

微课视频32

人工智能这一概念最初是在 1956 年被提出的,伴随着电子计算机技术的发展和应用而产生的。由于其功能的实现多依赖于计算,以计算机作为载体运行,因此人们将其归入计算机科学类中。然而,随着研究的不断深入,人工智能涉及自然科学、社会科学和技术科学等更多的领域,被重新定义为一门典型的边缘学科。人工智能在对人的思维模拟上一直存在着两种路径:一种是对人脑的结构模拟;另一种是对人脑的功能模拟。结构模拟仿照人脑的构造和思考机制,以制造"类人脑"机器为目标;功能模拟是抛开人脑结构的特征,仅模仿人脑功能的运行过程。

功能模拟建立在计算机应用的基础上,通过编制指令程序,让计算机完成运算处理的功能,生成人们所期望的结果。功能模拟的优点在于能够运用计算机远超人脑的强大运算能力高效地完成计算功能,但局限性也很明显,其无法达到人脑所能达到的智力水平。然而,人类的智能从何而来?大脑作为智能的容器,其内部结构和功能机理已经成为研究的热点。对人类大脑结构进行模拟,随着现代技术的发展而不断提高,以结构模拟作为技术路径实现人工智能的优势也日趋凸显。

功能模拟路径利用计算机程序指令直接实现预期功能,而结构模拟路径则是通过建立"类人脑"模型,并且用机器学习的方法使模型具备预期功能。机器学习是模式识别领域中的研究热点,随着深度学习技术的发展,也成为目前实现人工智能的重要途径。机器学习相关理论和方法在解决工程应用类和科学领域的复杂问题中得到了广泛的应用。机器学习有两个研究方向：一个是传统的机器学习方向，注重研究模拟人的学习机制；另一个是侧重对大数据的分析和学习方向，主要研究从海量的数据中获取知识，提高对数据信息的利用率。

从不同的角度出发，机器学习还有不同的分类。例如，从学习策略的角度，机器学习可以分为模拟人脑的机器学习（包括符号学习和连接学习等）和数学统计的机器学习（基于模型和算法的机器学习等）；从学习方法的角度，机器学习可以分为归纳学习、演绎性学习等；从学习方式的角度，机器学习可以分为有监督学习、无监督学习和强化学习等；从数据形式的角度，机器学习可以分为结构化学习和非结构化学习；从学习目标的角度，机器学习可以分为概念学习、规则学习、函数学习、类别学习、贝叶斯网络学习等。

机器学习常见的算法包括决策树算法、朴素贝叶斯算法、支持向量机算法、随机森林算法等。深度学习是机器学习领域中一个新的研究方向，是目前人工智能实现的重要途径，在语音和图像识别方面取得了显著成效，正在被广泛应用于多种实用场景中，例如人脸识别、智能音箱、人机交互等。在自动驾驶领域，采用深度学习方式进行研究是目前常见的研究路径，系统对环境目标进行识别和感知，以此作为决策判断的基础，借鉴人类驾驶员操控车辆的经验和判断，实现车辆驾驶的闭环控制。

3.1.2 机器学习数据集

微课视频33

机器学习所需的数据集是学习模型最终所蕴含的"知识"的来源。机器学习数据集被定义为训练模型和进行预测所需的数据集合。这些数据集分为结构化数据集和非结构化数据集，其中结构化数据集采用表格格式，数据集的"行"对应记录，"列"对应特征；非结构化数据集对应图像、文本、语音、音频等。

数据集通常以人工观察方式进行创建，有时也可能是在某些应用程序或算法的帮助下创建的。数据集中可用的数据可以是数字、类别、文本或时间序列。例如在预测汽车价格时，这些数据会是数字。在数据集中，每一行数据对应一个观察值或样本。

1. 数据类型

从机器学习的角度理解数据集中可用的数据，数据类型分为：

（1）数值数据：任何作为数字的数据都称为数值数据。数值数据可以是离散的或连续的。连续数据具有给定范围内的任何值，而离散数据则具有不同的值。例如：汽车门的数量是离散的，即 2 个、4 个、6 个等；而汽车价格是连续的，如在 100 000～150 000 元，可能是 100 000 元或 125 000.5 元；数值数据可能为 int64（64 位整型数据）或 float64（64 位浮点型数据）等。

（2）类别数据：类别数据用于表示特征，例如汽车颜色、制造日期等。它也可以是一个数值，前提是该数值表示一个类别，例如用 1 表示汽油车，用 0 表示柴油车。这里可以使用类别数据形成组，但不能对它们执行任何数学运算，例如可以将汽油车与柴油车归类于机动车,但是这种类别数据下的 1 和 0 数据并不具有实际的计算意义。它的数据类型是一个对象。

(3) 时间序列数据:时间序列数据是在一定时间段内以固定间隔收集的一系列数值的集合。时间序列数据类型附加有一个时间字段,以便可以轻松查询数据对应的时间戳。

(4) 文本数据:文本数据就是文字,可以为机器学习模型提供某种单词、句子或段落。由于模型难以自行解释这些文字,因此通常需要借助其他自然语言处理技术(例如词频统计、文本分类或情感分析等)进行分析。

2. 数据集划分

在机器学习和深度学习中训练模型时,经常会遇到过拟合与欠拟合的经典问题。为了克服这种情况,更加真实有效地训练与衡量模型的准确性,会将数据集划分为三个不同的部分:训练数据集、验证数据集与测试数据集。每个数据集都在系统中扮演不同的角色,通常按照 60:20:20 的比例进行划分。具体如下:

(1) 训练数据集:该数据集用于训练模型,例如在神经网络模型中,这些数据集用于更新模型的权重。

(2) 验证数据集:用于防止训练过程中可能发生的过拟合,提高模型的泛化能力。使用训练中未使用的验证数据集测试模型,基于训练数据集的模型随着训练过程在准确性上的增加可以认为是模型实际性能的提高。如果基于训练数据集的模型在训练过程中表现出准确度增加而在验证数据集上准确度却在下降,这会导致基于训练数据集的高方差情形,即模型训练的过拟合。

(3) 测试数据集:大多数情况下,当尝试根据验证集的输出对模型进行更改时,会无意中让模型能够窥视到验证数据集,因此,模型有可能会在验证数据集上形成过拟合。为了克服这个问题,通常会使用一个特定的测试数据集,这个数据集在训练过程中对模型来说是不可见的,其仅用于测试模型的最终输出,以确保模型的准确性。

3. 数据质量

数据对于机器学习至关重要,不仅仅关乎数据量,也同样关乎数据质量。对于机器学习模型而言,训练结果好与坏的区别并不在于学习算法或者模型本身的好坏,而往往取决于拥有多少、多好的数据来训练模型。

数据质量有多种定义,其中最主要的两个是:①如果数据符合预期的使用目的,则数据具有高质量;②如果数据正确地代表了数据所描述的真实世界结构,那么数据就是高质量的。

数据质量取决于标注的一致性和准确率。标注的一致性指的是某个标注员的标注和其他标注员的标注一样。标注的一致性通过确保标注员的标注具有相同的准确性或者错误性防止数据标注中的随机噪声。标注的一致性是通过共识算法来衡量的。利用自动化方法与工具可以避免一致性衡量过程采用手动方式的执行,手动方式耗时且会存在安全隐患。但是需要注意的是,由于标注可能始终正确或错误,因此仅靠高一致性并不足以完全保证数据质量。

标注的准确性衡量的是标签与真实值(或"真值",ground truth)的接近程度。真值数据是由知识专家或数据科学家标记的用来测试标注员准确性的训练数据子集。准确性是通过基准测试(benchmark)衡量的。基准测试使数据科学家能够监视数据的整体质量,然后通过深入了解标注员工作的准确性调查和解决可能引起数据质量方面任何导致标注准确性下降的潜在因素。

复查是确保标注准确性的另一种方法。标注完成后,有经验的专家会抽样检查标签的准确性。复查通常通过抽查某些标签来进行,但是某些项目有时也会审查所有标签。复查通常用于识别标注过程中的低准确性与不一致,而基准测试通常用于感知标注员的表现。

基准测试往往是成本最低的质量保证选项,因为它涉及的重叠工作量最少。但是它的局限性在于仅仅能够捕获训练数据集的子集。共识和复查的成本则取决于共识设置和审查比例(两者都可以设置为数据集0~100%的任意值,并且同时分配给多个标注员)。

3.1.3 多种数据类型的数据标注

数据标注也称为数据标记,是用类别标签标注数据集的过程[2]。数据标注是对未处理的初级数据,包括语音、图片、文本、视频等进行加工处理,并转换为机器可识别信息的过程。此过程的质量对于监督机器学习算法至关重要,监督学习算法在尝试通过识别未标记数据集中的相同模式预测标签之前,需要先从大量已标记数据中学习模式。常见的数据标注类型有文本标注、音频标注和图像标注。这些经标注的训练数据集可用于训练自动驾驶、聊天机器人、翻译系统、智能客服和搜索引擎等。

2007年,斯坦福大学教授李飞飞等启动ImageNet项目,该项目主要借助亚马逊劳务众包平台(Amazon Mechanical Turk,AMT)来完成图像的分类和标注,以便为机器学习算法提供更好的数据集。截至2010年,已有来自167个国家的4万多名工作者提供了14 197 122张标记过的图像,共分成21 841种类别。从2010年到2017年,ImageNet项目每年举办一次大规模的计算机视觉识别挑战赛,各参赛团队通过编写算法正确分类、检测和定位物体及场景。ImageNet项目的成功,促使大众理解了数据对于人工智能研究的核心作用。

不同的数据标注类型适用于不同的标注场景,不同的标注场景也针对的是不同的AI应用场景。

1. 文本标注

文本数据是最常用的数据类型。根据2020年度《AI和机器学习全景报告》,70%的公司进行数据标注时离不开文本标注。文本标注包括情绪标注、意图标注等,具体如下:

(1) 情绪标注:情绪分析包括评估态度、情绪和观点,因此拥有正确的训练数据非常重要。为了获得这些数据,经常需要人工标注者,因为他们可以评估所有网络平台(包括社交媒体和电子商务网站)上用户的情绪和评论内容,并能够标记和报告亵渎、敏感的关键字或新词。

(2) 意图标注：随着人们越来越多地进行人机交互，机器必须能够理解人类自然语言和用户意图。根据多种意图数据收集，可将意图划分为若干关键类别，包括请求、命令、预订、推荐和确认。

(3) 语义标注：语义标注既可以改进产品列表，又可以确保客户找到想要的产品。这有助于把浏览者转化为买家。语义标注服务通过标记产品标题和搜索查询中的各个组件，帮助训练算法，以识别各组成部分，提高总体搜索相关性。

(4) 命名实体标注：命名实体识别（NER）系统需要大量手工标注的训练数据。一些企业在用例中会应用命名实体标注功能，例如帮助电子商务客户识别和标记一系列关键描述符，或帮助社交媒体公司标记实体，例如人员、地点、公司、组织和标题，以帮助他们更好地定位广告内容。

2. 音频标注

音频标注是对语音数据的转录和加时间戳，包括特定语音和语调的转录，以及语言、方言和说话者人口统计数据的识别。各用例都各不相同，有些用例需要一个非常具体的方法，例如攻击性的语音指示器以及安全和紧急热线技术应用中标记玻璃破碎等非语音声音等。

3. 图像标注

图像标注在应用中至关重要，包括计算机视觉、机器人视觉、面部识别以及依赖机器学习来解释图像的解决方案。要训练这些方案，必须以标识符、标题或关键字的形式为图像分配元数据。图像标注除了标注图像外，也包括标注视频，因为视频也是由连续播放的图像所组成的。图像标注一般要求标注人员使用不同颜色来对不同的目标标记物进行轮廓识别，然后给相应的轮廓打上标签，用标签来概述轮廓内的内容，以便让算法模型能够识别图像中的不同标记物。

常见的数据标注方式则包括分类标注、拉框标注、区域标注、锚点标注等，具体说明如下：

(1) 分类标注：分类标注是从给定的标签集中选择合适的标签分配给被标注的对象。通常一张图可以有很多分类标签，例如运动、读书、购物、旅行等。对于文字，又可以标注出主语、谓语、宾语，或者标注出名词和动词等。此项任务适用于文本、图像、语音、视频等不同的标注对象。

(2) 拉框标注：拉框标注就是从图像中框选出要检测的对象，此方法仅适用于图像标注。拉框标注一般为多边形拉框。多边形拉框是将被标注元素的轮廓以多边形的方式勾勒出来，不同的被标注元素有不同的轮廓，除了同样需要添加单级或多级标签以外，多边形标注还有可能涉及物体遮挡的逻辑关系，从而实现细线条的种类识别。其中四边形拉框主要是用特定软件对图像中需要处理的元素（例如人、车、动物等）进行一个拉框处理，同时用一个或多个独立的标签来代表一个或多个需要处理的元素。

(3) 区域标注：与拉框标注相比，区域标注的要求更加精确，而且边缘可以是柔性的，并仅限于图像标注，其主要的应用场景包括自动驾驶中的道路识别和地图识别等。

（4）锚点标注：锚点标注是指将需要标注的元素（例如人脸、肢体）按照需求位置进行点位标识，从而实现特定部位关键点的识别。例如，采用锚点标注的方法对图示人物的骨骼关节进行标识。锚点标注的适用场景包括姿态识别、人脸识别、手势识别等。

3.1.4 高维数据可视化技术

微课视频35

高维数据是一种十分常见的数据类型。其数据样本拥有多个属性，如何高效地分析这类数据，对分析人员来说始终是一个巨大的挑战。其中的关键在于，如何同时展示多个属性并挖掘它们之间的联系，这在数据拥有成百上千维度时会变得尤为困难。

过去的数十年中，在可视化领域已经产生了大量优秀的技术，如数据降维、散点图矩阵、平行坐标等，以帮助用户分析这类数据。但这些技术都还有很大的完善空间，而且研究和应用领域中也存在着尚未发掘的潜力与空缺。

1. 数据降维

数据降维（dimensionality reduction）是把高维数据转化为二维或三维数据，从而可以通过散点图等展示方法对数据进行分析。降维的目标是尽可能多地在低维空间保留高维数据的关键结构。传统降维方法如 PCA（principal component analysis，主成分分析）算法是线性方法，在降维过程中主要保证了不相似的点尽量远离的结构特征。但是当高维数据处于低维非线性流形上时，保证相似的点尽量接近则变得更为重要。流形数据是像绳结一样的数据，虽然在高维空间中可分，但是在人眼所看到的低维空间中，绳结中的绳子是互相重叠的，是不可分的。

随机近邻嵌入（stochastic neighbor embedding，SNE）算法把高维数据点之间的欧几里得距离转化为表示相似度的条件概率。SNE 算法是通过仿射变换（affine transformation）将数据点映射到概率分布上，主要包括两个步骤：

（1）通过 SNE 算法构建一个高维对象之间的概率分布，使得相似的对象有更高的概率被选择，而不相似的对象有较低的概率被选择。

（2）通过 SNE 算法在低维空间里构建这些点的概率分布，使得这两个概率分布之间尽可能相似。

尽管 SNE 已经可以给出较好的数据可视化，但它仍然受限于优化问题自身的难度和"拥挤问题"（crowding problem）。拥挤问题是指各个簇聚集在一起，无法区分。例如存在这样一种情形，高维度数据降维到十维时，可以有很好的表达，但是降维到二维后却无法得到可信映射，例如降维到十维中有 11 个点之间两两等距离，在二维下就无法得到可信的映射结果（最多 3 个点）。

t-SNE（t-distributed stochastic neighbor embedding，t 分布随机近邻嵌入）算法是对 SNE 算法的改进，由 Laurens van der Maaten 和 Geoffrey Hinton 在 2008 年提出，在低维空间下使用更偏重长尾分布的 t 分布来避免拥挤问题和优化问题。t-SNE 算法与 SNE 算法的不同点主要在于：

（1）使用对称版的 SNE 算法，简化梯度公式。

(2) 低维空间下，使用 t 分布替代高斯分布表达两点之间的相似度。

t-SNE 算法将样本点间的相似度关系转化为概率：在原始空间(高维空间)中转化为基于高斯分布的概率；在嵌入空间(二维空间)中转化为基于 t 分布的概率。这使 t-SNE 算法不仅可以关注局部(SNE 算法只关注相邻点之间的相似度映射而忽略了全局之间的相似度映射，可视化后的边界不明显)，还可以关注全局，可视化效果更好(簇内不会过于集中，簇间边界明显)。

如图 3.2 所示，t-SNE 算法非常适用于高维数据降维到二维或者三维，进行可视化。当想要对高维数据进行分类，又不清楚这个数据集有没有很好的可分性(即同类之间间隔小，异类之间间隔大)时，可以通过 t-SNE 算法投影到二维或者三维空间中进行观察。如果在低维空间中具有可分性，则数据是可分的；如果在高维空间中不具有可分性，可能是数据不可分，也可能仅仅是因为不能投影到低维空间。

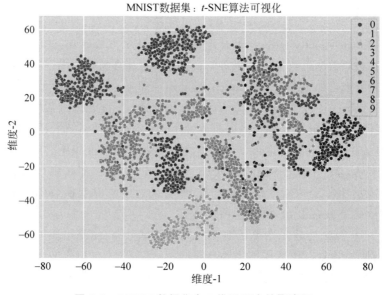

图 3.2 MNIST 数据集在二维平面中的聚类图

通过原始空间和嵌入空间的联合概率的 K-L 散度(Kullback-Leibler Divergence)评估可视化效果的好坏，也就是说用有关 K-L 散度的函数作为损失函数，然后通过梯度下降最小化损失函数，最终获得收敛结果。需要注意的是，该损失函数不是凸函数，即具有不同初始值的多次运行将收敛于 K-L 散度函数的局部最小值中，以获得不同的结果。因此，可尝试不同的随机数种子(在 Python 中通过设置种子获得不同的随机分布)，并选择具有最低 K-L 散度值的结果。

K-L 散度是一种量化两种概率分布 P 和 Q 之间差异的方法，也被称为相对熵。在概率学和统计学上，经常会使用一种更简单的、近似的分布替代观察数据或太复杂的分布。K-L 散度能帮助度量使用一个分布来近似另一个分布时所损失的信息量。

对称 SNE 算法实际上是在高维度中的另一种减轻"拥挤问题"的方法：在高维空间中

使用高斯分布将距离转换为概率分布，在低维空间中使用长尾分布将距离转换为概率分布，使得高维度中的距离在映射后能够有一个较大的距离。

t-SNE 算法的梯度更新有两大优势：

（1）对于不相似的点，用一个较小的距离会产生较大的梯度让这些点排斥。

（2）这种排斥又不会无限大，避免不相似的点距离太远。

值得注意的是：未能在二维空间中用 t-SNE 显示良好分离的均匀标记的组不一定意味着数据不能被监督模型正确分类，还可能是因为二维空间不足以准确地表示数据的内部结构。

t-SNE 算法的不足之处包括：

（1）主要用于可视化，很难用于其他目的。例如测试集合降维，因为没有显式的预估部分，不能在测试集合直接降维；又例如降维到十维，因为 t 分布偏重长尾分布，1 个自由度的 t 分布很难保存好局部特征，可能需要设置成更高的自由度。

（2）t-SNE 算法倾向于保存局部特征，对于本征维数（intrinsic dimensionality）本身就很高的数据集，不可能完整地映射到二维或者三维空间。

（3）t-SNE 算法没有唯一最优解，且没有预估部分。如果想要做预估，可以考虑降维之后，再构建一个回归方程之类的模型去做。但是要注意，t-SNE 中的距离本身是没有意义的，都是概率分布问题。

（4）t-SNE 算法的计算复杂度很高，在数百万个样本数据集中可能需要几小时，而 PCA 算法可以在几秒钟或几分钟内完成。

（5）算法是随机的，具有不同种子的多次实验可以产生不同的结果。虽然通常倾向于选择损失最小的结果，但可能需要多次实验以选择合适的超参数设置。

（6）全局结构未明确保留。

2. 散点图矩阵

如图 3.3 所示，散点图矩阵是对散点图的扩展。对于 N 维数据，采用 N^2 个散点图逐一表示 N 个属性之间的两两关系。这些散点图根据它们所表示的属性，沿横轴和纵轴按一定的顺序排列，从而组成一个 $N \times N$ 的矩阵。关于散点图矩阵的对角线位置，可以替换为对应属性的直方图或相关形式表示。

散点图矩阵方法存在的问题是：当维度较多时，散点图矩阵数量呈几何级数增长，难以有效发现其中的规律或模式。有限展示重要的散点图可以在一定程度上缓解空间的局限，目前已经有致力于自动化识别有价值散点图的研究，例如采用分类模式、相关模式将散点图进行针对性的高亮展示。

3. 平行坐标

如图 3.4 所示，平行坐标是一种经典的高维数据可视化技术。它将多个维度的坐标轴并列摆放，并利用穿过各轴的折线来表示数据点的取值。因其形式的紧凑性和表达的高效性，平行坐标被广泛应用在各学科、各行业的数据分析中。然而，这种形式也存在缺陷，如容易产生视图遮挡、交互不方便等问题。

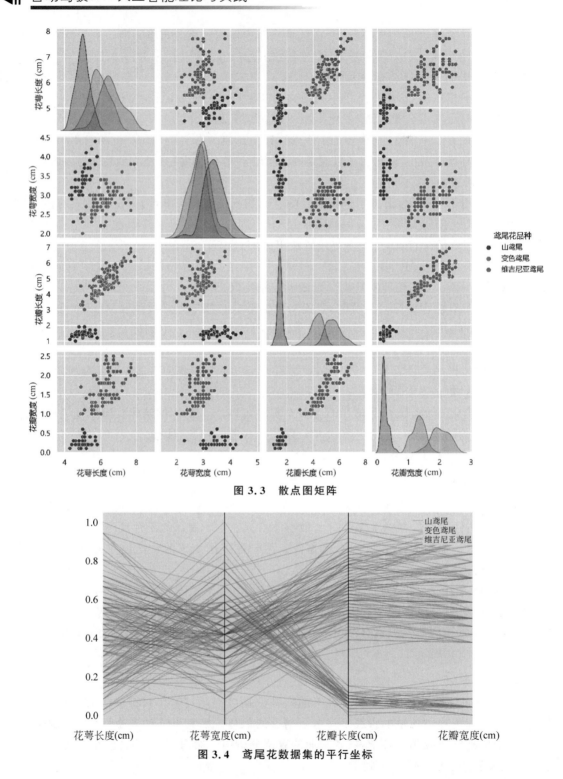

图 3.3 散点图矩阵

图 3.4 鸢尾花数据集的平行坐标

4. 子空间分析

在高维数据中,一部分数据称作一个子集,而一部分维度称作一个子空间。很多数据特征(例如数据结构、维度相关性等)会在不同的子空间里呈现不同的面貌。然而,这些子空间的特征往往隐藏很深,无法通过全局的数据分析发现。用户需要深入探索各个子空间来发掘其中隐含的信息。

5. 交互式的数据可视化

可视化在数据分析中起着重要的作用。设计良好的交互式的数据可视化定制工具可以帮助用户无须编程,即可通过单击、拖曳等简单的交互手段,快速地构建数据的可视化。此外,用户还可以创造各种新颖的可视化形式,并与其他用户分享、交流。

3.2 自动驾驶数据收集与处理

预测能力是人类智能的重要组成部分。人们在开车时,总是会观察周围环境的动向,以识别潜在风险并做出更安全的决策。从数据的角度来说,人类的感知系统将驾驶环境视为连续的以视觉为主的信息流。

自动驾驶技术也需要解决"感知"和"决策"两方面的问题。感知是使用多种技术融合的传感器,通常包括摄像头、激光雷达、毫米波雷达、GPS/IMU等设备感知路面、车辆和行人;决策则是使用感知到的信息判断应该如何行动。所以有效的感知是做出可靠决策的前提。

目前解决感知问题的主要方式就是"利用海量数据训练深度学习模型",通过监督学习的方法将大量各种情况的训练数据提供给深度学习算法,让生成的模型具备感知能力。基于自动驾驶技术需求对海量原始数据进行框选、提取、分类等一系列处理,将异构数据转化为监督学习算法可识别的机器学习数据集,帮助自动驾驶系统更好地感知实际道路、车辆位置和障碍物等信息,实时感知在途风险,实现智能行车、自动泊车等预定目标。

那么,如何训练自动驾驶汽车更深入、清晰和精准地感知与理解周围的世界?机器学习模型能否从过去的经验中学习以识别帮助它们安全地应对新的和不可预测的情况的未来模式?要想回答这样的问题,自动驾驶领域的开放数据集必然是推进未来解决方案的核心要素之一。

迄今为止,学术界与工业界提供的自动驾驶数据主要由大量静态单一图像组成,通过使用"边界框",这些图像可用于识别和跟踪道路上和道路周围发现的常见物体,例如自行车、行人或交通灯。

相比之下,大量关于驾驶场景的连续视频数据也正在开放出来,这些数据中包含许多常见道路对象的更精确的像素级表示,为基于视频的驾驶场景感知提供了动态、真实驾驶情况的数据流。基于这种连续数据类型的全场景分割对于识别更多无定形对象(例如道路建设和植被)特别有帮助,因为这些对象并不总是具有明确和统一的形状。它还允许研究人员探索随时间推移的数据模式,这可能会带来潜在的机器学习、场景理解和行为预测的进步。

3.2.1 自动驾驶数据特征

微课视频36

在执行自动驾驶的方案中,无论是测试阶段还是实际运行阶段都会产生并使用大量的多种类型的复杂数据。在测试阶段,需要使用大量的测试数据验证自动驾驶的功能,并对自动驾驶未来的功能进行预研。在对数据进行标注后,感知和决策模型开始利用数据进行训练,同时提取自动驾驶场景数据构建虚拟仿真模型以提升车辆的自动驾驶能力,保证自动驾驶车辆的安全性和鲁棒性。在实际运行阶段,自动驾驶车辆的正常运行不仅依赖于车端传感器采集的大量数据,同时也依赖于高精度地图数据、实时交通数据、天气数据等,而自动驾驶车辆在运行过程中也会产生或接收大量的有关车辆的数据、控制数据、用户驾驶数据等。

自动驾驶数据集一般需要满足几方面的要求:规模性、多样性、在道路上获取并包含时间信息。其中数据的多样性对于验证感知算法的鲁棒性十分关键。自动驾驶在测试和实际运行过程中产生的数据具有多样性,包括感知数据、决策与控制数据、测试与仿真数据以及用户个人数据等。数据集的多样性也涵盖了不同的天气状况(晴天、阴天、雨天)、一天中不同的时间段的光照状况。在感知数据中主要包含自动驾驶传感器原始数据、动态交通数据、自动驾驶地图数据和车联网数据。

自动驾驶数据高度还原真实世界。自动驾驶数据不仅包含道路及其两旁的静态信息,还包括道路上动态信息,如车辆、行人、交通信号等,以及部分敏感的地理信息,诸如军事设施、核设施、港口、电力设施等。

自动驾驶数据包含用户个人数据。例如用户操作习惯数据和驾驶习惯数据(包括行程轨迹,用户导航、历史及即时地理位置等),此外还可能包括用户虹膜、指纹、声纹等生物特征数据。

自动驾驶数据与车联网数据存在众多差异,因此需要针对自动驾驶数据的特点进行分级分类以全面考量其安全性及保障手段,综合考虑自动驾驶的人工智能属性以及自动驾驶数据的多样性、规模性、非结构性、流动性、涉密性的特点。除此之外,自动驾驶车辆还具有车本身的安全属性和智能网联下跨产业技术融合的特点[3]:

(1) 数据的多样性:根据不同自动驾驶级别,数据来源的不同,数据不仅包括汽车基础数据(车牌号、车辆品牌和型号、车辆识别码、车辆颜色、车身长度和宽度、外观等相关数据),也包括基础设施数据、交通数据、地理信息数据(红绿灯信息、道路相关基础设施、道路行人的具体位置、行驶和运动的方向、车外街景、交通标志、建筑外观等真实交通数据),以及车主的用户身份类数据(姓名、手机号码、驾照、证件号码、支付信息、家庭住址、用户的指纹、面部等生物特征信息等)、用户状态数据(语音、手势、眼球位置变化等)、行为类数据(登录、浏览、搜索、交易等操作信息等)等。

(2) 数据的规模性:自动驾驶车辆作为跨产业技术的融合载体,融合了来自汽车、道路、天气、用户、智能计算系统等多方面的海量数据,涉及数据类型多,需要统计分析的数据总量大。

(3) 数据的非结构性：数据多样性决定了不同来源的数据格式不同，数据的非结构性和非标准性对数据聚合或拆分技术以及权限管理和安全存储都带来了巨大的挑战。

(4) 数据的流动性：大量自动驾驶数据在用户端、车端、云端等多场景的交互使得数据的流动性增大。除此之外，自动驾驶数据还具有跨行业共享交换的特点。因此，如何确保交互数据的安全性，是一个亟待解决的问题。

(5) 数据的涉密性：自动驾驶汽车在公开道路驾驶过程中，会采集大量地理信息数据，根据中国法律法规要求，采集地理信息数据可能涉及涉密测绘成果，因此需要按照《中华人民共和国保守国家秘密法》中的相关规定要求进行分级管理。

3.2.2 自动驾驶传感器数据

微课视频37

为了实现技术方案的可靠性与鲁棒性，自动驾驶汽车通常使用多种类型的传感器。这些传感器有多种分类方法，按照测量数据的来源可以分为两大类：外感受传感器（proprioceptive sensor）和本体感受传感器（exteroceptive sensor）。

在自动驾驶的技术场景中，外感受传感器是用来观察环境的，包括道路、建筑物、汽车、行人等。自动驾驶汽车最常见的外感受传感器是摄像头和传感器。如图3.5所示，为了观察和感知自身周围的一切，自动驾驶汽车通常使用三种类型的外感受传感器：摄像头、雷达和激光雷达。这些传感器的原始数据类型包括点云、视频、照片、高精度定位坐标等。

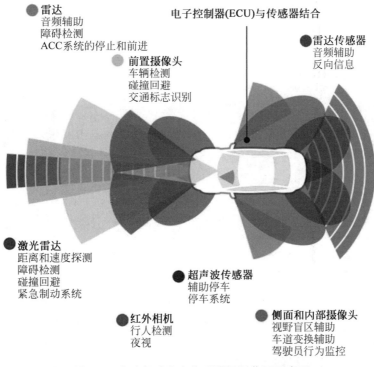

图 3.5 自动驾驶汽车传感器探测范围示意图

本体感受传感器测量给定系统的内部值。大多数现代汽车已经配备了非常多的本体感受传感器,例如车轮编码器用于里程测量,转速计用于监测加速度变化。这些传感器通常可以通过车辆 CAN 总线访问。

1. 摄像头数据

摄像头可帮助车辆获得周围环境的 360°全景影像。不仅如此,如图 3.6 所示,现代摄像头还可以提供逼真的 3D(三维)图像,识别物体和人,并确定他们之间的距离。由于车辆行驶时,摄像头一直都会进行拍摄,其实就相当于在录制高清电影。根据该高清电影数据,可以基于位置、颜色等识别对象,或者使用来自多个摄像机的视角差异计算出距离并识别障碍物、他车、行人等。

图 3.6　KITTI 数据集中的单目摄像头图像示例

(图片来源:KITTI 数据集官方网站 http://www.cvlibs.net/datasets/kitti/index.php)

摄像头属于被动传感器,这意味着它们不需要发出信号捕捉信息,从而限制了与其他传感器的可能干扰。由于被动性质,它们会受到光照和天气条件的负面影响。如图 3.7 所示,为了弥补夜间或低照度下糟糕的摄像性能,红外相机常被用于行人检测等任务。

图 3.7　KAIST 数据集中的红外相机图像示例

(图片来源:KAIST 数据集官方网站 http://multispectral.kaist.ac.kr/pedestrian/data-kaist/images/set00.zip)

另一种令人感兴趣的相机是事件相机,如图 3.8 所示,它输出像素级别的亮度变化,而不是标准的亮度帧。它们提供了出色的动态范围和非常低的时延,这在高度动态的场景中非常有用。然而,大多数已经开发的视觉算法并不容易应用到这些相机上,因为它们输出的是异步事件序列,而不是传统的光亮强度图像。

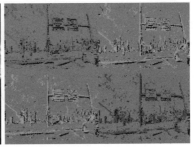

图 3.8　DAVIS 数据集中的事件相机图像示例

(图片来源：DAVIS 数据集 https://davischallenge.org/)

极化传感器图像示例如图 3.9 所示。极化传感器——索尼 Pregius 5.0 MP IMX250 传感器也达到了更好的性能，可以提供更多的细节。极化传感器的偏振通道受光照变化和天气的影响较小。它们对表面粗糙度也很敏感，这有助于车辆的检测。然而，目前暂时还没有发布使用偏振相机的公共自动驾驶数据集。

图 3.9　极化传感器图像示例

(图片来源：DAVIS 数据集 https://davischallenge.org/)

2. 激光雷达数据

激光雷达使用激光代替无线电波，并且可以创建周围环境的 3D 图像并绘制地图，具有很强的空间覆盖能力，能在汽车周围创建 360°的视图。激光雷达擅长距离测量，通过照射激光束并测量其从物体返回所需的时间来测量到物体的距离和方向等。

一个激光束会带回一个"点"数据，通过发射无数个激光束会返回无数个点，从而形成一组"点云"数据。对于每个点，根据激光发射和返回所花费的时间测量到物体的距离，确定距离和物体的形状。

通过不断实时生成数据，激光雷达除了测量识别到周围障碍物的距离和道路形状外，也可以通过计算表面的反射率来识别道路上的白线等。

激光雷达比雷达准确得多，但由于雾、雨或雪等天气条件的影响，它们的性能会下降。它们有时在近距离探测物体时也有困难。

3. 雷达数据

雷达旨在检测移动物体,实时测量距离和速度。天气条件不会影响短程和远程雷达。短程波有助于消除盲点,并有助于车道保持和停车。远程雷达可以测量汽车与其他行驶中车辆之间的距离,并有助于制动。

为了减轻激光雷达在恶劣天气或近距离传感方面的局限性,雷达也被用作距离传感技术。作为一种比激光雷达更成熟的传感器,雷达通常更便宜、更轻,同时也能确定目标的速度。然而,它们的空间分辨率很低,难以解释接收到的信号,而且精度比激光雷达差得多。

4. 位置信息数据

位置信息数据包括卫星定位系统数据和每秒更新的动态地图数据。卫星定位数据是通过由诸如GPS之类的全球卫星导航系统(GNSS)获得的,全球卫星导航系统依靠从人造卫星发射的信号测量自动驾驶车辆的位置信息。

与卫星系统配合使用的高精度地图也在不断发展。在汽车导航系统上显示的常规地图是2D平面地图,主要用于为驾驶员提供参考。而当前正在开发的3D高精度地图则覆盖了诸如各个车道的曲率和坡度之类的道路形状等许多信息,还包含各种动态信息,例如道路结构、车道信息、路面信息、交规信息、下落的物体、故障车辆和信号显示信息等。

5. 定位数据

自动驾驶一般用组合定位技术。首先本体感受传感器,如里程计(odometer)、陀螺仪(gyroscope)等,通过给定初始位姿测量相对于初始位姿的距离和方向,确定当前车辆的位姿,也称为航迹推测。然后用激光雷达或视觉感知环境,用主动或被动标识、地图匹配、GPS或导航信标进行定位修正。位置的计算方法包括三角测量法、三边测量法和模型匹配法等。从这个角度而言,惯性测量单元(IMU)也是自动驾驶必备的传感器。

3.2.3 数据融合与车辆定位

微课视频38

在自动驾驶中,车辆自身所处的位置是首先需要解决的问题。通过各类传感器观测环境、感知环境,通过测量数据来获得自身的定位,是自动驾驶系统操控车辆的基础。

1. 传感器数据处理与车辆定位

车辆利用不同类别的传感器获得测量数据,例如可以利用车辆自身的状态传感器部分测量数据,包括用惯性测量单元获取车辆的运动加速度和转动角度;用车轮传感器获取车轮转速;用助力系统传感器获取方向盘角度、油门力度、制动力度等数据。这类传感器提供的是车辆内部测量数据,相关信息容易获得,能够帮助车辆实现自身定位,然而会有比较大的定位误差。为了减小这种误差,车辆还可以利用外感知传感器测量外部数据,通过摄像头、激光雷达和毫米波雷达、超声波等传感器对外部环境进行感知,通过标定环境中的特征点,对照地图等参照数据标定自身的位置,这是一类采用相对位置进行感知定位的方法。另外一种常见的方法是全球卫星定位。在全球导航卫星构建的坐标系中,定位系统接收导航卫星提供的电信号，通过三边测量法或三角测量法确定自身的绝对位置。

车辆自身的位置可以通过其在世界坐标系中定义坐标向量的数值确定，车辆自身的姿态可以在世界坐标系中定义车体本身的方向角，由于车辆的局部移动基本属于二维运动问题，因此用坐标和方向角就可以将定位问题转化为对数学问题的求解。对车辆位置与姿态的估算相当于在世界坐标系里求解坐标数值和方向角度。利用多种传感器估计车辆的位置与方向角，可以采用贝叶斯滤波器、卡尔曼滤波器（扩展卡尔曼滤波器、无迹卡尔曼滤波器）和粒子滤波器等相关算法。

这些算法解决的是在估算车辆自身位置时精确度的问题。当车辆从起始点出发并在行进过程中，位置随时间不断变化，在每一时刻车辆自身位置的估算是否准确？是否会有测量和计算误差？这些都是自动驾驶可能会遇到的问题。造成位置估算错误的原因有很多，例如车辆自身驱动模型不精准、行驶环境干扰、传感器测量误差等。驱动模型中对于油门踏板、方向盘和制动器的建模是否准确，将直接影响车辆移动位置估算的结果。环境条件中遇到风向变化和风力大小、道路路面结冰的不同摩擦力等也会干扰位置估算结果。

例如让车辆从起始点出发，直线行驶 100 米后停住。有如下几个问题要考虑：一是需要给车辆提供多少燃油，在行进过程中的油门如何控制？二是方向盘是否能够保证车辆完全沿直线行驶，方向转动是否存在误差？三是行进过程中对风阻变化的判断是否准确？四是行进过程中路面是否会积水或结冰，路面摩擦力是否恒定？这些问题都必须解决才能完成让车辆直行 100 米后停止的任务。然而当由驾驶员操控车辆时，则根本无须特别关注上述问题，这是因为驾驶员能够主动观测道路环境（知道是否直线行进了 100 米）并调整车辆行进姿态，但是对于自动驾驶的车辆，观测环境的任务却并无驾驶员参与，而是由传感器承担。

任何传感器都有测量误差（可以把传感器测量的数据看成一个有均值的高斯分布），测量误差会随着时间的推移出现结果偏差。尤其是 IMU 传感器，它所测量的物理量并不是位置和角度，而是高阶物理量（加速度、角速度等），用这些高阶物理量需要对时间进行积分后才能够转换成位移距离和转动角度等信息。对时间积分将使传感器自身很微小的误差会随着时间的推移而急剧增大。因此对于传感器数据需要进行一定的处理才能避免估算结果出现偏差过大。

提高车辆定位的精度，可以从三方面着手处理：一是改善汽车驱动模型，通过建立更精准的汽车驱动模型估算车辆位移距离，在这一点上电动汽车控制的精度是优于燃油车的；二是可以提高传感器的测量精度，但对于惯性测量元件等传感器，仍然无法完全克服其误差随时间推移的问题；三是融合更多种类传感器的数据，例如融合全球卫星导航系统提供的定位数据，其定位测量精度（民用）可达到分米量级。对于车辆定位，有些环境因素会成为必然的干扰而无法克服，例如风力风向、路面摩擦力不均匀等，目前通过使用路网协同等技术能够尽量提前预知部分环境因素的变化，对车辆的位置估算进行补偿修正。

通过算法处理，可以将车辆驱动模型输出的结果与传感器测量的数据进行融合，来获得位置估算的最优解。贝叶斯滤波器运用贝叶斯条件概率方程,提高位置估算的准确度;卡尔曼滤波器通过观察方程和状态方程动态权衡测量值与状态输出值,从而得出最(次)优解。由于卡尔曼滤波器的使用范围是针对线性模型,其分布假设符合高斯分布,虽然其计算成本比较低,但是由于车辆行驶中以非线性因素为主,因此卡尔曼滤波器会出现较大的误差。为此,可以采用扩展卡尔曼滤波器和无迹卡尔曼滤波器进行改善,对于非高斯分布的模型还可以采用粒子滤波器进行计算。

除了上述处理方法之外,利用环境感知的定位方式也能有效改善因车辆内部传感器精度所带来的定位准确度的问题。环境感知的定位需要融合处理多种感知传感器的数据,例如可以利用激光雷达的点云阵建立车辆周边的局部环境结构,融合摄像头等视觉传感器对环境的语义分析理解局域环境中标志信息的含义以及识别道路、判定目标及障碍物等,再对照高精度地图寻找到匹配的坐标位置,借此提高车辆自身的定位准确度。

2. 地图表示与多传感器数据融合

车辆定位需要对自身位置进行估算并确定与环境特征的相对关系(方位和距离)。环境信息无法直接使用,需要通过地图进行表达,地图表示法是实现自动驾驶的重要基础之一。地图信息包含多种传感器的数据和这些数据的融合。地图表示分为全局地图和局部地图:全局地图主要用于做全局规划,确定车辆出发位置和目的地位置,关注的是路径和距离;局部地图关注的是通行环境和行驶安全。

地图表示法包括格栅占用地图、特征地图、语义地图以及高精度地图表示法等。格栅占用地图表示法比较简单,常见的是激光雷达所形成的二维点云图。格栅占用地图表示法的优点是:较直观易懂,能够直接用于路径规划,创建比较容易。它的缺点是:无法进行三维显示,定位精度很有限,离散分辨率固定等。如果需要生成三维地图,可以使用三维激光雷达,但三维激光雷达成本较高,定位精度有限,测量的数据量很大,会包含很多无关的信息。

特征地图可以通过摄像头建立,通过在图像当中提取目标的特征信息,并将其保存在三维地图中。特征地图表示法的优点是:适合用于二维地图和三维地图,不需要进行离散化,兼容不同传感器的数据,计算时消耗的内存比较少。其缺点也同样明显:地图信息人类无法直观理解,地图上的特征含义,人类很难直观解读,缺少位置占据信息,无法判断哪些是可通行的路径。

语义地图表示法通常与其他地图表示法结合使用,包含对环境中路径、障碍物、交通标识等的语义信息。语义地图的优点是:包含语义信息,能够用不同的对象分类来替代抽象的特征,并且能够附加路径规划的相关信息。其缺点是:需要保留更多关于周围环境的信息,语义信息判断依赖于对目标的识别和检测,需要占用大量的计算资源,需要有足够的计算处理时间。

高精度地图是离线生成的可用于在线定位的复杂地图,它是由多种不同信息组合而成的,包含了大量传感器的探测数据和环境先验信息,例如道路和路径的详情、限速标识、交通灯等交通标识信息,限号等交通政策法规的附加信息。高精度地图表示法的优点是:代表了多传感器的数据融合,有很高信息含量,针对各种应用可以进行完美的调整。其缺点是:创建高精度地图的成本高,针对路况变化实时更新比较困难,使用时对所占用的内存和带宽要求较高。

在地图中,特别是高精度地图中会包含多种传感器的数据融合。例如用激光雷达形成点云图结合摄像头通过目标检测识别形成的特征信息,可以为车辆的行驶提供精细的微观环境感知;通过融合路网协同传感器探测的道路信息与带有卫星导航系统坐标信息的全局地图,可以为车辆的行驶提供宏观的决策规划指引。在行驶过程中,自动驾驶系统以地图中的信息数据为参照,结合自身姿态的测量数据和现场道路的感知数据综合决策,为最终实现车辆的自动驾驶奠定基础。

3.2.4 自动驾驶数据标注

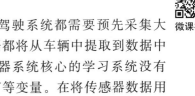

微课视频39

无论建立地图数据还是驾驶现场对道路环境的感知,自动驾驶系统都需要预先采集大量的道路实景数据。一般而言,道路采集数据结束后,所有数据都将从车辆中提取到数据中心,并对有益的数据进行分析和标记。原始数据本身对于处理器系统核心的学习系统没有多大价值,数据对象包括行人、骑自行车的人、动物、交通信号灯等变量。在将传感器数据用于训练或测试学习模型之前,所有这些目标都需要进行手工标记和注释,以便系统可以理解其"所见"。

研究人员根据传感器的读数操作生成地图和行人姿态数据,包括 3D 地面反射率地图、3D 点云地图、六自由度地面真实姿态和局部姿态传感器信息。这些数据要能够反映天气差异(例如晴天、下雪和多云的情况),并且涵盖多种驾驶环境(例如高速公路、立交桥、桥梁、隧道、建筑区域和植被覆盖区等)。

如今,大多数感知系统都严重依赖机器学习或深度学习算法,感知系统需要处理传感器的信号信息并尝试对车辆周围的物体进行分类。为了能够完成此任务,必须使用经过彻底标记和注释了所有道路的相关数据才能更好地发挥出数据的价值。值得注意的是:标记过程可能比原始数据收集还要耗时。

自动驾驶场景中的数据标注包括:

(1) 点云标注(激光雷达、雷达获取的数据):通过识别和跟踪场景中的对象,了解汽车前方和周围的场景。将点云数据和视频流合并到要标注的场景中,点云数据可帮助模型了解汽车周围的世界。

(2) 2D 标注(包括语义分割):帮助模型精确理解来自可见光摄像头图像的信息。该信息能够在创建用于自定义本体的可扩展边界框时,或进行高清像素掩膜时为数据处理提供帮助。

(3) 视频对象和事件跟踪标注:帮助自动驾驶算法模型了解关注的对象如何随时间移动并清楚获得相应事件的时间标注。其难点在于:在多帧视频和激光雷达场景中需要保持跟踪进入或离开视线区域的对象(例如其他汽车、行人等),更困难的是需要在整个视频中无论对象进入和离开视线区域的频率如何,都要保持对其特性的一致性理解(不能发生混淆)。

为了保证驾驶安全,自动驾驶训练数据的要求非常严格,需要达到高质量、高量级、高效率等要求。在标注过程中,人工智能辅助的标注平台往往扮演了更为核心的角色,辅助平台进行人工智能的预标注,大大降低了人工的耗时,并且可以进行高质量快速的质检,这是纯人工标注所无法达成的。

3.2.5 自动驾驶公开数据集

微课视频40

虽然由自动驾驶测试(路采)生成的所有数据对于车辆感知其周围环境都是非常有价值的,但实际上只有其中的特定部分对研发和改进自动驾驶系统有用。例如在典型城市街道上一天的测试中,重复经过的道路所采集的数据对于整体改善自动驾驶系统性能并没有很大的帮助,所以车辆中的工程师和技术人员会有选择性地记录发生细微变化或重新寻找具有挑战性的场景。这说明自动驾驶数据的采集需要更加多样化和精细化,这样形成的数据集对相关从业人员来说才更有使用的价值[4]。本节将为读者介绍一些比较有价值的典型公开数据集。

1. KITTI 数据集

KITTI 数据集是一个用于自动驾驶场景的计算机视觉算法测评数据集,由德国卡尔斯鲁厄理工学院(KIT)和丰田工业大学芝加哥分校(TTIC)共同创立。数据集包括:

(1) 立体图像和光流图:389 对。

(2) 视觉测距序列:39.2km。

(3) 3D 标注物体的图像:超过 20 万个。

(4) 采样频率:10Hz。

如图 3.10 所示,KITTI 数据集的数据采集平台装配有 1 个惯性导航系统、1 个 64 线 3D 激光雷达、2 个灰度摄像机、2 个彩色摄像机以及 4 个光学镜头。具体的传感器参数如下:

(1) 全球定位及惯性导航系统(GPS/IMU):OXTS RT 3003×1(开阔环境下定位误差小于 5 cm)。

(2) 3D 64 线激光雷达:Velodyne HDL-64E ×1(10Hz,64 个激光束,范围为 100m)。

(3) 灰度摄像机:Point Grey Flea 2(FL2-14S3M-C)×2(10Hz,分辨率为 1392×512 像素,opening:90×35)。

(4) 彩色摄像机:Point Grey Flea 2(FL2-14S3C-C)×2(10Hz,分辨率为 1392×512 像素,opening:90×35)。

(5) 光学镜头(4~8mm):Edmund Optics NT59-917×4。

KITTI 数据集主要包括以下基准数据集:

(1) 立体评估(stereo evaluation):基于图像的立体视觉和 3D 重建,从一个图像中恢复物体的 3D 结构,只能得到模糊的结果,此时通常需要从不同角度的多张图片恢复图像中物体的 3D 结构。这对自动驾驶的场景应用是非常有帮助的,例如可以得到汽车的形状和周围环境的形状等信息。

(2) 光流(flow):光流是关于视域中的物体运动检测有关的概念,用来描述相对于观察者的运动所造成的观测目标表面或边缘的运动情况。其应用领域包括运动检测、对象分割、接触时间信息、扩展计算焦点、亮度、运动补偿编码和立体视差测量等。

(3) 场景流(scene flow):场景流表现的是场景密集或半密集的 3D 运动场,是光流的

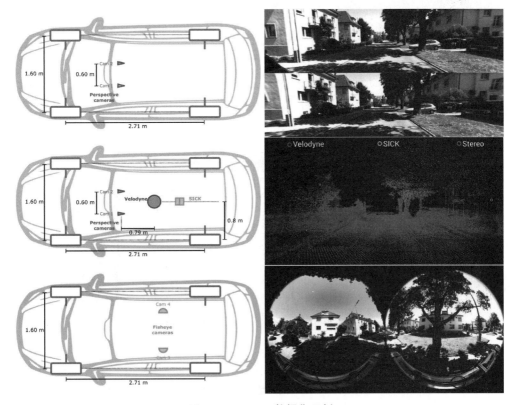

图 3.10　KITTI 数据集示例

(数据来源：http://www.cvlibs.net/datasets/kitti-360/)

三维版本。场景流的潜在应用很多：在机器人技术中可以用于预测周围物体的运动，在动态环境中进行自主导航或遥控；可以补充和改进最先进的视觉测距和 SLAM(simultaneous Localization and Mapping，即时定位与地图创建)算法，这些算法通常假设在刚性或准刚性环境中工作；可以用于机器人或人机交互以及虚拟和增强现实等技术。

(4) 深度评估(depth evaluation)：视觉深度在视觉 SLAM 和里程计方面应用广泛，如果是基于视觉的里程计，那么就需要用到视觉深度评估技术，其中包括 2 项基准数据，即深度补全(depth completion)和深度预测(depth prediction)。

(5) 目标识别(object recognition)：目标识别包括 2D 场景、3D 场景和鸟瞰视角 3 种方式的基准数据，其中 2D 场景不仅要能正确标注坐标，还要能在鸟瞰视图中标注出相应的位置。2D 场景除了有汽车、行人和自行车等分类，还有对它们的目标检测与方向估计。3D 场景主要是对激光雷达点云的标注，有汽车、行人、自行车等分类。

(6) 语义分割(semantic segmentation)与实例分割(instance segmentation)：语义分割对自动驾驶的信息处理非常关键，例如人会根据语义分割区分车道与周围的环境以及其他汽车，然后针对不同的场景进行决策。如果没有语义分割，系统会将所有的像素同等对待，对识别和决策都会引入不必要的干扰。实例分割侧重于检测、分割和分类对象实例，包括像素级别的分割和实例级别的分割。

2. nuScenes 数据集

nuScenes 数据集是由 Motional 团队开发的用于无人驾驶的公共大型数据集。为了支持公众对计算机视觉和自动驾驶的研究，Motional 公开了 nuScenes 的部分数据，其摄像头布局如图 3.11 所示。

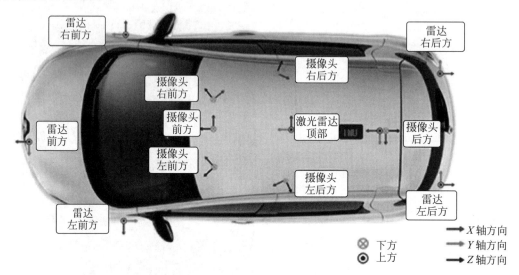

图 3.11　nuScenes 数据集的摄像头布局

（原始图片来源：https://www.nuscenes.org/）

nuScenes 数据集在波士顿和新加坡这两个城市收集了 1000 个驾驶场景，这两个城市交通繁忙而且驾驶状况极具挑战性。nuScenes 手动选择 20 秒长的场景，以显示各种驾驶操作、交通状况和意外行为。nuScenes 收集不同的数据进一步研究计算机视觉算法在不同位置、天气状况、车辆类型、植被、道路标记以及左右手交通之间的通用性。

Motional 于 2019 年 3 月发布了完整数据集，包括约 40 万个关键帧中的 140 万个摄像头图像、39 万个 LiDAR 扫描数据、140 万个雷达扫描数据和 1.4 万个对象边界框。创建 nuScenes 数据集的灵感来自于 KITTI 数据集。nuScenes 是第一个大规模数据集，该数据集使用的自动驾驶车辆的传感器套件包括 6 个摄像头、1 个激光雷达、5 个雷达、GPS 和 IMU，nuScenes 包含的对象注释信息是 KITTI 的 7 倍。之前发布的大多数数据集（例如 Cityscapes, Mapillary Vistas, Apolloscapes, Berkeley Deep Drive）都是基于摄像头的对象检测，而 nuScenes 是研究整个传感器套件。

为了在激光雷达（LiDAR）和摄像头之间实现良好的跨模态数据对齐，当顶部 LiDAR 扫过摄像头视野中心时会触发摄像头的曝光。图像的时间戳为曝光触发时间，LiDAR 扫描的时间戳是当前 LiDAR 帧完成旋转的时间。鉴于摄像头的曝光时间几乎是瞬时的，因此这种方法通常会产生良好的数据对齐效果。但是摄像头的曝光频次为 12Hz（降低到 12Hz 是为了降低对计算带宽和存储的要求），而 LiDAR 的扫描频率是 20Hz，12 次的摄像头曝光需要尽可能均匀地分布在20次LiDAR扫描中,因此并非所有LiDAR扫描都有相应的相机帧。

收集驾驶数据后,nuScenes以2Hz的帧率采样同步良好的关键帧(同时包含图像、激光雷达、雷达数据的图像帧),发送给合作伙伴Scale进行标注。使用专家注释器和多个验证步骤实现了高度准确的标注。nuScenes数据集中的所有对象都带有语义类别以及它们出现的每一帧的3D边界框和属性等。与2D边界框相比,3D边界框更能够准确推断对象在空间中的位置和方向。

2020年7月,Motional发布了nuScenes-lidarseg。其中使用了语义标签(激光雷达语义分割)对nuScenes中关键帧的每个激光雷达点进行注释。因此nuScenes-lidarseg包含40 000个点云中的14亿个带标注的点和1000个场景(用于训练和验证的850个场景以及用于测试的150个场景)。

3. Waymo数据集

如图3.12所示,Waymo开放数据集是[5]由Waymo公司自动驾驶汽车在各种条件下收集的高分辨率传感器数据组成。在与KITTI、nuScenes等数据集的对比中,其传感器配置、数据集的大小都有很大的提升。

图3.12　Waymo数据集示例

(图片来源:Waymo官方网站 https://waymo.com/open/)

Waymo数据集的传感器包含5个激光雷达和5个摄像头,激光雷达和摄像头的同步效果也更好。更重要的是,Waymo数据集包含3000段驾驶记录,时长共16.7小时,平均每段长度约为20秒。整个数据集一共包含60万帧素材,共有大约2500万个3D边界框、2200万2D边界框。

此外,在数据集的多样性上,Waymo Open Dataset(开放数据集)也有很大的提升,该数据集涵盖不同的天气条件,白天、夜晚不同的时间段,市中心、郊区不同地点,行人、自行车等不同道路对象等,例如:

(1)规模和覆盖范围:数据集包含3000个驾驶片段,每一片段包含20秒的连续驾驶画面。连续镜头内容可以使研究人员能够开发模型,跟踪和预测其他道路使用者的行为。

(2) 多样化的驾驶环境：数据采集的范围涵盖凤凰城、柯克兰、山景城、旧金山等地区以及各种驾驶条件下的数据，包括白天、黑夜、黎明、黄昏、雨天和晴天。

(3) 高分辨率的特点和360°的视图：每个分段涵盖5个高分辨率Waymo激光雷达和5个前置和侧面摄像头的数据，这些数据可以构成360°的环视视角图像。

(4) 密集的标签信息：车辆、行人、自行车、标识牌等图像都经过精心标注，一共有2500万个3D标签和2200万个2D标签。

(5) 摄像头与激光雷达同步：Waymo团队致力于融合多个摄像头和激光雷达的数据生成3D感知模型，为此Waymo设计了全套的自动驾驶系统（包含硬件和软件），用以无缝地协同工作（包括选择传感器的位置和高质量的时间同步等）。

4. 毫米波雷达数据

图3.13为Oxford数据集传感器安装示意图，图3.14为Oxford雷达测量数据样例，Oxford发布的雷达数据集Oxford Radar Dataset[6]收集了城市环境中所采集的多段车辆行驶数据，每段数据采集车辆行驶里程约9km。Oxford使用的雷达是Navtech开发的一款76~77GHz毫米波雷达，这款毫米波雷达不同于目前车载市场常用的宽波束雷达，而是采用天线阵列组成了具有波到达方向（direction of arrival，DOA）特性的窄波束雷达。雷达通过窄波束进行机械扫描可以达到类似机械式激光雷达的效果，只是相对机械式激光雷达，其分辨率较低。毫米波雷达的波束宽度仅为1.8度，机械扫描每次间隔0.9度，即每旋转一圈可以获得400个角度方向的测量值，机械旋转速度约4Hz，毫米波雷达的距离分辨率为4.32cm，最大测距为163m。

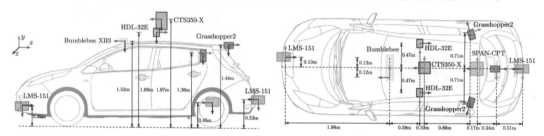

图3.13 Oxford数据集传感器安装示意图

（图片来源：网址 https://oxford-robotics-institute.github.io/radar-robotcar-dataset/documentation）

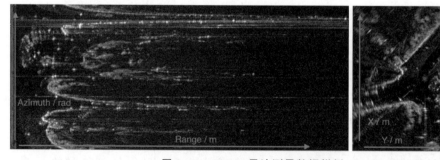

图3.14 Oxford雷达测量数据样例

3.3 智能小车数据收集与处理

为了收集数据,智能小车系统包括仿真的车道沙盘,它是对实际道路系统的模拟。如图 3.15 所示的车道沙盘可以灵活组装成不同大小、不同道路、不同网络情况的交通环境。车道系统设计有专用的交通标志、道路标线,转角和直道由特殊颜色的部件组成,此举能够简化智能小车的图像分类或识别算法。车道周围可设有黑色挡板,挡板可以屏蔽周围环境的干扰,便于生成更为精简的数据,能够减少数据预处理的时间,这些措施可以加快实验开发周期,令使用者的精力集中在人工智能算法的设计和训练优化上。智能小车使用的仿真车道沙盘较为简单,也省略了前期为实验建立地图的时间成本。

图 3.15 车道沙盘

在搭建好的车道环境中,使用者通过手动遥控智能小车在车道上行驶的方式完成数据路采。如图 3.16 所示,需要先将遥控器与智能小车进行蓝牙连接,在智能小车的 GUI(图形用户界面)或者命令行下,用手动模式启动智能小车,此时便可通过操作遥控器上的按键操作智能小车的前进、后退、停止、左转和右转。根据实际需要,使用者还可以进一步开发出智能小车其他的操作功能,例如横移、加速、减速和原地掉头等。

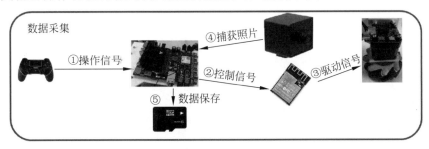

图 3.16 智能小车数据收集框图

在智能小车 mycar 软件库框架内的程序控制下,摄像头能以 20Hz 的帧率收集路况图片和操作信息,收集的信息数据将存储在智能小车的存储卡中。

微课视频41

3.3.1 操控智能小车行驶

1. 启动数据收集

在 mycar 软件命令行方式中，智能小车的启动程序是～/mycar/drive.py，但需要先打开遥控手柄，成功建立蓝牙连接后，方可使用下面的命令启动智能小车的开车程序：

```
cd ~/mycar
sudo python3 drive.py - models js
```

或者是用默认参数启动：

```
cd ~/mycar
sudo python3 drive.py
```

2. 手柄按键映射

开车程序启动后，可以通过遥控器方向摇杆控制智能小车行驶，只有在前行或转向时，道路图像数据才会被持续保存，如果停止或者倒车，道路数据将不会被保存。

如果需要修改默认手柄的功能映射，可以编辑智能小车软件系统中的～/mycar/dellcar/parts/controller.py 文件进行修改（参见 2.4.3 节）。如果需要增加更多遥控功能，只需通过简单的代码修改就可以实现，例如使用 R2 按钮控制智能小车横移，则只需将配置文件中的 SMOOTH 值改为 True 即可，在重新启动开车程序之后按下 R2 按钮后，再使用遥控器方向摇杆就能令智能小车进行左右横移。

微课视频42

3.3.2 智能小车行驶数据收集

1. 数据收集

智能小车只要行驶的速度不为 0，数据收集程序就会不断地以 20Hz 的帧率收集路况图片和智能小车的遥控操作指令。如图 3.17 所示，路况图片在智能小车内保存为 jpg 格式，操作指令保存为 json 文件。默认情况下收集的数据将会存储在智能小车的～/mycar/tub 目录中。

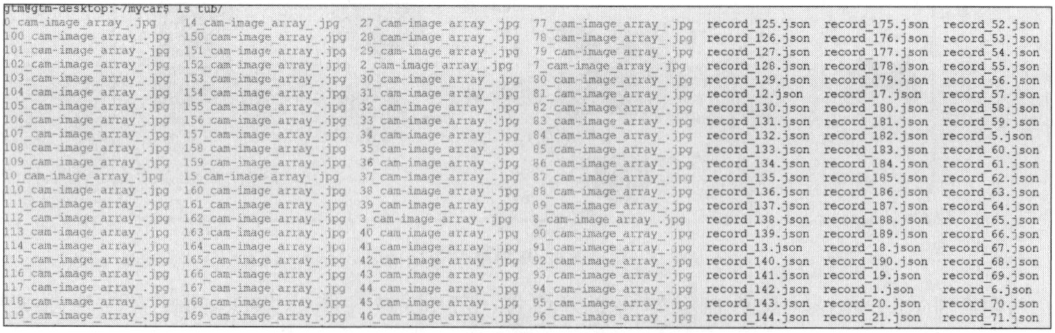

```
gtm@gtm-desktop:~/mycar$ ls tub/
0_cam-image_array_.jpg    14_cam-image_array_.jpg   27_cam-image_array_.jpg   77_cam-image_array_.jpg   record_125.json   record_175.json   record_52.json
100_cam-image_array_.jpg  150_cam-image_array_.jpg  28_cam-image_array_.jpg   78_cam-image_array_.jpg   record_126.json   record_176.json   record_53.json
101_cam-image_array_.jpg  151_cam-image_array_.jpg  29_cam-image_array_.jpg   79_cam-image_array_.jpg   record_127.json   record_177.json   record_54.json
102_cam-image_array_.jpg  152_cam-image_array_.jpg  2_cam-image_array_.jpg    7_cam-image_array_.jpg    record_128.json   record_178.json   record_55.json
103_cam-image_array_.jpg  153_cam-image_array_.jpg  30_cam-image_array_.jpg   80_cam-image_array_.jpg   record_129.json   record_179.json   record_56.json
104_cam-image_array_.jpg  154_cam-image_array_.jpg  31_cam-image_array_.jpg   81_cam-image_array_.jpg   record_12.json    record_17.json    record_57.json
105_cam-image_array_.jpg  155_cam-image_array_.jpg  32_cam-image_array_.jpg   82_cam-image_array_.jpg   record_130.json   record_180.json   record_58.json
106_cam-image_array_.jpg  156_cam-image_array_.jpg  33_cam-image_array_:jpg   83_cam-image_array_.jpg   record_131.json   record_181.json   record_59.json
107_cam-image_array_.jpg  157_cam-image_array_.jpg  34_cam-image_array_.jpg   84_cam-image_array_.jpg   record_132.json   record_182.json   record_5.json
108_cam-image_array_.jpg  158_cam-image_array_.jpg  35_cam-image_array_.jpg   85_cam-image_array_.jpg   record_133.json   record_183.json   record_60.json
109_cam-image_array_.jpg  159_cam-image_array_.jpg  36_cam-image_array_.jpg   86_cam-image_array_.jpg   record_134.json   record_184.json   record_61.json
10_cam-image_array_.jpg   15_cam-image_array_.jpg   37_cam-image_array_.jpg   87_cam-image_array_.jpg   record_135.json   record_185.json   record_62.json
110_cam-image_array_.jpg  160_cam-image_array_.jpg  38_cam-image_array_.jpg   88_cam-image_array_.jpg   record_136.json   record_186.json   record_63.json
111_cam-image_array_.jpg  161_cam-image_array_.jpg  39_cam-image_array_.jpg   89_cam-image_array_.jpg   record_137.json   record_187.json   record_64.json
112_cam-image_array_.jpg  162_cam-image_array_.jpg  3_cam-image_array_.jpg    8_cam-image_array_.jpg    record_138.json   record_188.json   record_65.json
113_cam-image_array_.jpg  163_cam-image_array_.jpg  40_cam-image_array_.jpg   90_cam-image_array_.jpg   record_139.json   record_189.json   record_66.json
114_cam-image_array_.jpg  164_cam-image_array_.jpg  41_cam-image_array_.jpg   91_cam-image_array_.jpg   record_13.json    record_18.json    record_67.json
115_cam-image_array_.jpg  165_cam-image_array_.jpg  42_cam-image_array_.jpg   92_cam-image_array_.jpg   record_140.json   record_190.json   record_68.json
116_cam-image_array_.jpg  166_cam-image_array_.jpg  43_cam-image_array_.jpg   93_cam-image_array_.jpg   record_141.json   record_19.json    record_69.json
117_cam-image_array_.jpg  167_cam-image_array_.jpg  44_cam-image_array_.jpg   94_cam-image_array_.jpg   record_142.json   record_1.json     record_6.json
118_cam-image_array_.jpg  168_cam-image_array_.jpg  45_cam-image_array_.jpg   95_cam-image_array_.jpg   record_143.json   record_20.json    record_70.json
119_cam-image_array_.jpg  169_cam-image_array_.jpg  46_cam-image_array_.jpg   96_cam-image_array_.jpg   record_144.json   record_21.json    record_71.json
```

图 3.17 智能小车数据集图片文件

由于数据质量对于机器学习至关重要，在数据收集阶段要考虑数据集的多样性，因此对于如何收集数据应该进行充分的设计和思考。如图 3.18 所示，收集数据时需要充分考虑不同的光线条件、智能小车与车道上标线的不同相对位置、障碍物的不同位置、与交通标志的不同接近方式等路况的图像，并对它们进行收集。

(a) 正常光线　　　　　　　　(b) 光线直照

(c) 光线充足　　　　　　　　(d) 光线昏暗

(e) 大雾天气　　　　　　　　(f) 摄像头水雾

图 3.18　智能小车数据集图片

2. 数据传输

当数据收集完成，需要将智能小车收集的数据传输到后台服务器进行预处理和训练。模型训练完成后还需要将后台服务器中的模型文件传输回智能小车中进行推理。数据文件的传输方法有很多种，下面是一个简单的示例：

```
1    rsync -aP ~/mycar/tub/gpu@192.168.x.x:mycar_server/tub
2    rsync -aP gpu@192.168.x.x:mycar_server/models/mymodel ~/mycar/models/
```

3.3.3　智能小车数据标注

把数据上传到服务器后需要根据算法要求对路况图片进行标注。如图 3.19 所示，可以使用软件库自带的 LabelImg 工具标注数据并导出标记文件。

图 3.19 对路况中的交通标志进行标注

  与数据收集相当,数据的标注过程也是非常重要,而且都是耗费人力的过程。在标注前,先要对数据图片进行清洗,清洗的过程就是将不合格(例如智能小车压线、过界、碰触障碍物等)的路况图片删除。这是数据预处理的一部分工作,数据预处理还包括对路况图片的修饰、编辑和校正等工作,这些都需要人工完成,其处理的效果会对后续的模型训练产生很大影响。

  清洗后的图片数据可以划分为训练数据集、验证数据集和测试数据集。对于这些数据需要认真地进行高质量标注。默认情况下,智能小车以摄像头图像为主,所以一般是对图片类型的数据进行标注,而随着智能小车选用不同的传感器,需要标注的数据类型也会不一样。这些标注工作会由 mycar 软件库中的工具自动完成,当完成标注后,将自动形成如图 3.20 所示的数据集。

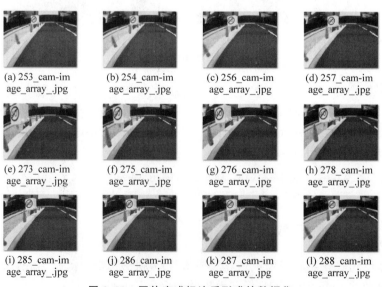

图 3.20 图片完成标注后形成的数据集

3.3.4 智能小车数据分析

如果智能小车只配置了摄像头,其所产生的数据就会相对简单。主要为 jpg 格式的路况图片和记录驾驶操作的 json 文件。如图 3.21 所示,在默认配置下,智能小车的驾驶操作有前进、后退、停止、左转、右转等,这些操作将作为标注自动记录在数据集中。

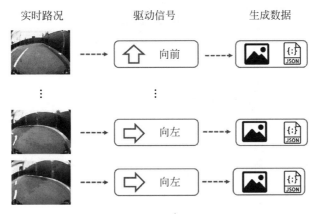

图 3.21 智能小车数据分析

智能小车收集的驾驶操作信息将包含如下内容:
(1) user/angle(用户/转向角):1 左转,0 直行,-1 右转。
(2) user/throttle(用户/油门):1 前进,-1 后退。
(3) cam/image_array(相机/图像陈列):对应的路况图片。

具体代码如下:

```
1   {
2       "cam/image_array":"100_cam-image_array_.jpg",
3       "user/angle": -1,
4       "user/throttle": 1,
5       "user/mode":"user"
6   }
```

3.3.5 智能小车数据清洗

如图 3.22 所示,通过智能小车的路况图片可以直接查看图片和其文件的时间戳,如果存在不合格图片数据则需要进行手工清洗(删除)。例如在手动遥控过程中产生了操作失误,此时产生的路况图片和操作信息是不正确的,不应该用作训练数据,因此可以把这个对应时间段的数据完全删除。

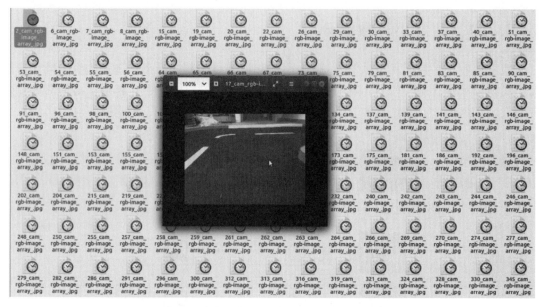

图 3.22　在数据集中挑选并清洗不良图片数据

3.3.6　智能小车数据可视化

数据可视化可以帮助使用者更好地分析数据、理解数据,从而更好地运用数据训练出高质量的模型。智能小车默认配置以摄像头为主,驾驶操控动作主要是前进、左转、右转,数据比较简单,因此可以采用比较简单的方法进行数据分析。

如图 3.23 所示,从这个智能小车路采数据的标签分布可以直观看出,相对于右转信息,左转信息相对较少,应该再多收集一些左转的路况信息。更明显的是,直行信息远比转向信息多得多,这从车道沙盘的实际环境来看是合理的,但是从训练的角度来看,这种不平衡的数据会带来模型训练的偏差。根据数据分析,使用者可以采取一些措施弥补这种数据不平衡的问题,例如:

(1) 补充更多的左转、右转路采数据;

(2) 对左转、右转数据进行数据增强处理,以扩展其数量;

(3) 选择让每个训练的数据集中的左转、右转、直行的数据量相当,即不同迭代中重复使用转向数据与不同的直行数据组成当前训练集进行本轮迭代的训练。

随着引入更多的传感器、更复杂的控制参数,数据的维度将不断上升。复杂数据的分析可以使用前面提到的降维可视化工具进行数据可视化分析。

图 3.24 是通过 t-SNE 工具分析了 3000 张智能小车路况图片的结果,其中左转、右转、直行分别有 1000 张。通过降维到二维平面来观察(其中标注的 0、1、2 三种标签分别代表了左转、右转和直行三类图片)可以看到每种不同的数据具有一定聚合分类的特征,因此可以预测用这些数据去训练的分类模型,应该能取得较好的结果。

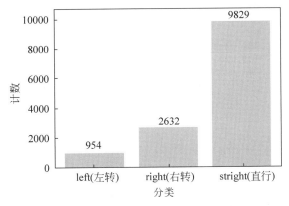

图 3.23 智能小车数据集标签分布

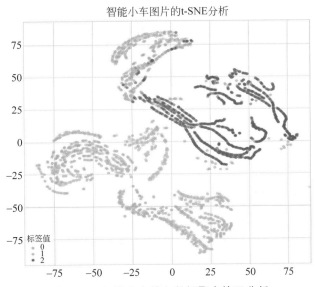

图 3.24 智能小车转向数据聚合情况分析

3.3.7 智能小车数据处理工具

由于数据量大,采用不同的读取方法将数据输入训练算法中对训练速度的影响会有非常大的不同。如图 3.25 所示,采用不同的软件工具处理 json 文件的效率存在明显的差别。

除了选择正确的软件工具,数据处理的流程也是优化的重点。例如若训练的每一个循环迭代中都从磁盘读入原始数据进行训练计算,存储原始数据的磁盘 I/O 操作则会消耗大量的时间,加上 json 文件解析所消耗的时间,会让训练过程变得非常漫长。因此在通常情况下,需要提前处理相关数据,例如将数据都转化成 TFRecord 格式保存,在训练过程中使用预读技术提前读入内存中,可以极大减少每个训练循环的时间,提高训练效率,如图 3.26 所示。

彩图

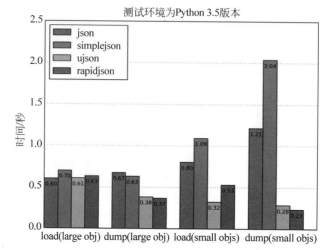

图 3.25 采用不同的软件工具处理 json 文件的效率对比

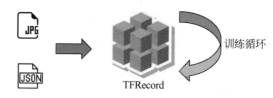

图 3.26 通过 TFRecord 工具加快数据集读取效率示意图

3.4 开放性思考

微课视频 45

从自动驾驶数据的角度考虑，各种传感器的优势和局限性都很明显。激光雷达因为成本问题，目前仍然未能实现大规模商用，因此基于视觉的自动驾驶解决方案成为部分自动驾驶厂商探索的主要方向。基于视觉的自动驾驶方案的背后有这样一个假设：认为驾驶员就是通过视觉感知驾驶环境的信息，做出驾驶行为的决策，故自动驾驶在技术上应该可以同样仅依据视觉传感器数据实现准确的环境感知，为自动驾驶系统提供决策支持。请读者思考自己是否支持这样的观点？

但也有厂商和研究者认为这个假设事实上并不完整，因为对于驾驶员而言，驾驶环境中人类大脑的感知和决策会利用到自身多年积累的各种常识和驾驶经验，这些经验能够有效帮助驾驶员理解道路环境中正在发生的场景，预测场景中人和车辆将要发生的行为。而这些通过多年学习获得的常识和经验恰是单纯的视觉数据所不可能具有的。目前的机器学习和深度学习模型都是学习数据中已经具有的隐含模式，因此如何有效利用传感器数据形成对驾驶环境的感知，以人类大脑的方式或者机器智能的方式理解驾驶环境并做出决策，仍然是极具挑战性的开放性问题。也许人工智能的价值就在于形成类似人类的常识和经验积累。这些问题有待于读者进一步思考和分析。

传感器是汽车感知周围环境的硬件基础,而自动驾驶离不开感知层、控制层和执行层的相互配合。摄像头、雷达等传感器获取图像、距离、速度等信息,扮演人类"眼睛"和"耳朵"的角色。目前自动驾驶的事故原因绝大多数出现在传感器这个环节,<u>将各类传感器融合在一起,能否起到 1+1>2 的效果呢?</u>

激光雷达获取信息时会遇到很多现实环境中的具体问题,包括:①极端环境的干扰(例如雨点打到地面溅起水雾就可能会产生误判);②远距离感知;③特殊钢铁物体的感知;④多激光点云拼接等。特别是<u>如何对拼接部位的变形进行正确覆盖?</u> 这也是一个极大的挑战。

通过增加传感器的数量,并让多个传感器融合来提高汽车自动驾驶能力。多个同类或不同类传感器分别获得不同的局部和类别信息,这些信息之间可能相互补充,也可能存在冗余和矛盾,而控制中心最终只能下达唯一正确的指令,这就要求控制中心必须对多个传感器所得到的信息进行融合,综合判断。在使用多个传感器的情况下,要想保证安全性,就必须对传感器进行信息融合。多传感器融合可显著提高系统的冗余度和容错性,从而保证决策的快速性和正确性,多传感器融合已成为自动驾驶的必然趋势。

实现传感器融合是有前提条件的,例如数据对准的问题,随着传感器越来越多,时间同步是最大的难题,如何进行多传感器同步和效率同步,是未来的挑战之一。又例如异构传感器多目标跟踪问题,包括虚假目标和不感兴趣目标的剔除问题,<u>这些都需要在融合过程中进行处理</u>。还有自动驾驶车辆在环境感知中的个体局限性,包含自动驾驶车辆自身搭载传感器的固有局限,也有复杂交通状况下普遍存在的各种障碍物与遮挡问题等,如何寻找有效的算法以应对感知数据中隐藏的固有局限? 这些都是需要读者思考的开放问题。

3.5 本章小结

微课视频 46

在哲学范畴内,形式逻辑主要有归纳逻辑和演绎逻辑两种。人类本身具有学习能力,因此能够对于客观世界进行观察和分析,并在学习中归纳总结出一些基本的运行规律,这是归纳逻辑的体现。人类可以制造工具,人类将自身所认识到的运行规律纳入高级工具中,这些工具就能够代替人类高效率地生产或改造自然环境,这是演绎逻辑的体现。而机器学习是人类将学习的能力赋予机器,让机器具备类似于人类观察和分析世界并归纳内在规律的能力。机器学习的出现是人类制造工具水平的一个质的飞跃。

机器学习是让机器模仿人类具有学习的能力,人类的学习需要有学习对象或者学习资料。对于机器学习,其需要的学习资料就是数据。机器学习的优势在于能够充分利用计算机大量并行计算的能力,能同时处理大量的数据信息,而其劣势在于目前尚无法像人类那样建立起全社会通用的机器学习知识体系和资料库,对问题理解的深度和关联解决问题的能力也有不足,缺乏创造力和适应能力等。

然而在自动驾驶领域中,机器学习所涉及的问题虽然十分复杂,但是仍然有希望在充分利用计算机庞大并行处理计算能力的基础上进行求解。而机器学习庞大算力的运用基础是要为其提供庞大的有效数据,也就是机器学习所需的学习资料。因此对数据的收集、处理是自动驾驶系统机器学习的必要前提。

如图 3.27 虚线框所示,本章在介绍现有数据处理技术的基础上,以智能小车为例向读者介绍了如何收集自动驾驶训练所需的数据及对数据集的处理方法。应当指出,为引导读者逐步熟悉并进入自动驾驶人工智能领域,这些案例所展示的都是最简单的处理过程,而业界实际的处理远比本书中所介绍的复杂,建议愿意深入了解相关内容的读者自行查阅最新的自动驾驶行业报告,在进行开放性思考的过程中完成学习的提升。

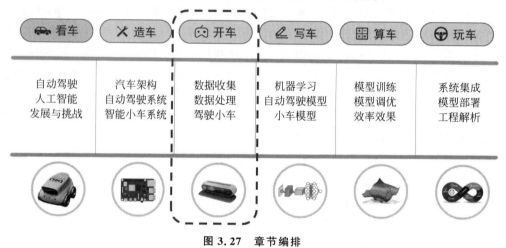

图 3.27　章节编排

第 4 章 写车：自动驾驶神经网络模型
CHAPTER 4

微课视频 47

4.0 本章导读

微课视频 48

自动驾驶系统的核心是感知和决策，相当于人类驾驶员的大脑，是系统"智能"的主要体现。本章所谓的"写车"，其目标就是要写出一个具有"智能"的自动驾驶程序，它能够像人类大脑一样，处理并理解从各种"感官"输入的信息并在对周边环境充分理解的基础上做出即时的决策。

从驾驶员感知与决策的角度来看，驾驶时大脑中会有大量的思维活动。例如，在出发前常常需要借助地图导航帮助规划驾驶路线；而在行驶过程中需要持续更新具体的行进路线，例如需要在下一个出口驶出高速，在距离出口还有 500 米时应尽快切换到最右侧车道，逐渐减速准备进入匝道。在绝大多数时间中，驾驶员的主要精力会集中在"微观"的驾驶操作上，即通过眼睛观察路面情况，然后做出相应的加速、减速和转向动作。

(1) 眼睛看到的路面情况包含很丰富的视觉信息，需要大脑处理并理解。例如：车道线和车道在哪里？有没有转弯？前方有没有车辆或障碍物？车辆是否打了转向灯？红绿灯现在是什么状态？

(2) 驾驶时还需要做到"眼观六路，耳听八方"，通过后视镜了解后方车辆的距离，通过中控台了解车辆当前的时速，通过声音判断周边车辆的动态等。大脑需要综合这些多维度的信息，决定当前的具体操作。

(3) 具体的执行操作需要综合考虑很多因素，例如前方 100 米有红灯，车辆需要从当前 50 公里/小时的速度减速并停止在停车线前，此时大脑应该判断要以怎样的力度踩下刹车，一方面能使车上的乘客足够舒适、动力回收的效率较高，另一方面还要保持有足够的安全余量。

以上这些思考对于经验丰富的驾驶员来说是操作的自然反应，然而其中每一条似乎都很难用计算机程序直接实现。但通过参照新手学习的过程还是能够为编写自动驾驶算法找到可行的路径。新手学习驾驶，通常从理论学习入手，学习各种场景下的操作原则，但尽管很多驾驶员已经掌握了操作原则,在最初上手开车时仍然会手足无措,既不能在该换挡时做出正确的动作,也无法在转向时找到合适的时机。若要真正成为有经验的驾驶员,多数人还需要经过大量的实地驾驶训练,在很多不同的场景下进行多次适应性练习,一定时间的积累后才能训练形成驾驶员的自然反应。

编写一个自动驾驶程序(算法)也是类似的逻辑,可以理解为教一台机器学会驾驶的技能。首先可以定义一些基本规则,例如红灯时要停车,根据车道线的弯曲控制车的行驶方向等。但正如新手仅靠学习这些规则很难真正学会驾驶一样,仅凭一系列规则也很难让自动驾驶程序应对现实的驾驶场景,况且规则也很难被穷举。更有效的途径是:让人类驾驶员做自动驾驶程序的教练,让程序自己逐步学会在不同场景下的应对方法,通过不断积累经验,最终像人一样将驾驶内化为自身的经验,在陌生道路环境中也有从容应对的本领。学习过程中,自动驾驶程序所要学习的就是第3章中介绍的路采数据,即大量的"环境与操作指令"的数据组合,这些数据组合是由驾驶员(教练)在各种道路场景中所提供的"范例"。而"内化"的过程就需要用程序编写一个具有学习能力的"大脑",不断地用数据刺激大脑中的神经系统,使之逐渐学会在不同道路环境下的应对操作方法。这个过程就是机器学习的基本路径。

本章在介绍机器学习和深度学习的基础上,重点讲述卷积神经网络及其在视觉图像分类中的应用,结合智能小车的实际案例,为读者逐步展开自动驾驶系统如何实现感知和决策等功能的具体过程。

4.1 机器学习与神经网络

4.1.1 数据驱动的学习过程

微课视频49

本节介绍解决自动驾驶模型开发所采用的数据驱动的方法,大体的流程如图4.1所示,包含4个主要的环节。

(1) 收集数据,也就是大量的"环境-动作"的对应组合,这些数据相当于如何正确驾驶的范例。

(2) 编写自动驾驶模型,即编写具有学习能力的自动驾驶模型,里面包含很多可调节参数。

(3) 定义算法优化目标,也就是衡量目前自动驾驶算法好坏的指标,例如对加速、减速判断正确的比率。

(4) 应用优化算法,即借助合适的优化算法,以自动驾驶模型中的可调节参数为优化变量,对上述优化目标进行最优化求解。

如果上述4个环节都进行了适当的准备,即:收集到足够的具有代表性的数据,编写了具有足够学习和表达能力的模型,定义了恰当的优化目标,采用了合适的优化方法,那么在优化完成后,理论上将得到一个准确率足够高的自动驾驶算法。

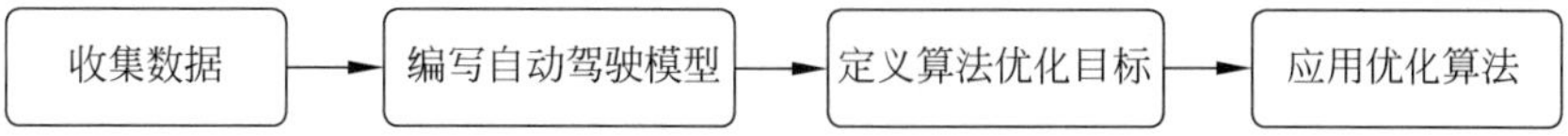

收集数据
编写自动驾驶模型
定义算法优化目标
应用优化算法

图 4.1　自动驾驶模型开发流程

如果对这个流程进行更一般化的表述，就可以得到适用于多数机器学习[7-8]任务的一般流程。它包括数据、模型、损失、优化 4 个环节(见图 4.2)。与图 4.1 稍有不同的是：

(1) 将自动驾驶模型替换成更一般性的条件“假设”，就能得到代表对数据或这个任务的一般性假设。例如假设油门大小与车的加速度成正比，就可以引入线性回归模型的假设。

(2) 在机器学习或深度学习的语境下，一般将算法的优化目标称为损失函数或代价函数，或者在很多情况下，直接简称为“损失”(loss)。

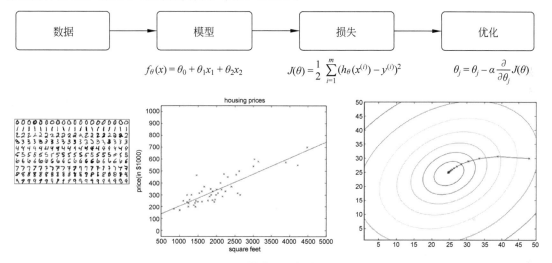

数据
模型
损失
优化
$f_\theta(x)=\theta_0+\theta_1x_1+\theta_2x_2$
$J(\theta)=\frac{1}{2}\sum_{i=1}^{m}(h_\theta(x^{(i)})-y^{(i)})^2$
$\theta_j=\theta_j-\alpha\frac{\partial}{\partial\theta_j}J(\theta)$
housing prices
price(in $1000)
square feet

图 4.2　机器学习任务的一般流程

在如图 4.2 所示场景下，一个自动驾驶算法(图 4.2 中的模型部分)也可以理解成如图 4.3 所示的形式，从左侧输入端接收不同信息的输入，在中间经过一个复杂的函数变换，最终在右侧输出端给出期望的输出。中间的复杂函数变换可以作为一个黑盒函数。

当然一个真实的自动驾驶系统非常复杂，需要拆解成多个不同的模块，不太可能用单一的模型实现由原始传感器的输入信号直接得到最终的控制输出。从感知的角度，自动驾驶系统可能包含如下功能模块：

(1) 图像信息的理解：识别物体是什么。

(2) 多来源信息的综合：传感器信息的融合。

(3) 未来趋势的预测：预测周边车辆的行动轨迹等。

那么如何构造这样的一个具有足够强的学习能力和表达能力的函数映射关系，使其能够完成上述自动驾驶的功能呢？换言之，有没有一些系统性的方法可以按照不同的需求，依据特定的规则构造出相应的函数映射关系？

这个问题的答案是部分肯定的，人工神经网络提供了这样的一种系统性方法，可以实现：

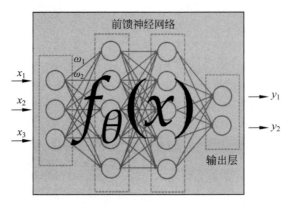

图 4.3　深度学习模型可视为具有强大非线性拟合能力的黑盒函数

（1）对于一类问题（例如后面介绍的手写数字识别问题），可以轻松地依据特定的规则写出这样的函数（或称为模型）。

（2）对于另一类问题（例如行人识别问题），神经网络的框架中有特定的基本函数（或者称作算子），按照特定的规则组合（例如后面介绍的构造残差连接），可以比较高效地解决这些问题。其中有些问题（例如围棋、蛋白质折叠问题）过去不知道怎样求解，但最近也找到了有效的解决办法。

（3）其他一些问题目前仍然没有找到有效的办法，将来可能解决或者需要跳出人工神经网络的框架，寻求其他解决方法。

自动驾驶中的感知和决策问题绝大部分属于第（2）类，少部分属于第（1）类或第（3）类。当前相关的研究非常多，自动驾驶这类问题的求解涉及大量人工神经网络和机器学习的基本概念，后面将对此展开介绍。

4.1.2　人工神经网络

微课视频50

本章导读中提到，在驾驶时驾驶员需要做到"眼观六路、耳听八方"，同时处理多个来源信息的输入，然后进行综合处理，做出具体的驾驶动作。把这个问题简化并抽象为："如果有多个来源的输入量，如何将它们综合起来，并根据不同的输入值计算出一个二值的输出量"。这个问题的表述虽然非常简单，但其实自动驾驶中很多具体的小问题都可以简化为这种情况，例如输入当前车速、前车车速、与前车距离，试问输出应加速还是减速。

对这个问题，最简单的方法是将多个输入进行加权求和，即 $\sum w_i x_i$，然后加上一个阈值判断，如果高于阈值就输出一个值，低于阈值就输出另一个值。这样的求解过程仍然是一个完全的线性变换，若在加权求和时再加上一个偏置量（bias），则该过程变成了一个仿射变换；若再套上一个非线性函数（激活函数）就能构造出人工神经网络中一个最基本的"人工神经元"，如图4.4所示。在这样的神经元结构中有多个输入来源 $x_0 \sim x_n$，这些输入分别汇总到神经元中，经过加权求和 $\sum_i w_i x_i$，加上一个偏置量 b，然后再经过一个非线性的激活函

数 f,最后得到一个输出量 y。

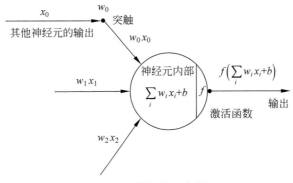

图 4.4　神经元示意图

神经元的计算过程虽然用自然语言表述出来比较烦琐,但用数学公式表达可以非常简单,即

$$y = f\left(\sum_i w_i x_i + b\right)$$

换言之,基本的神经元本质上只是一个由加权求和、偏置、激活三个运算组合而成的简单函数。其中的激活函数 f 是一个非线性的函数,它是神经元映射中唯一的非线性运算。表 4.1 给出了常见的一些激活函数的类型。

表 4.1　神经网络中常见的 3 种激活函数

激活函数	函数图像	函数方程	函数的导数	值域范围
Logistic 函数		$\sigma(x) = \dfrac{1}{1+e^{-x}}$	$f(x)(1-f(x))$	$(0,1)$
双曲正切函数		$\tanh(x) = \dfrac{e^x - e^{-x}}{e^x + e^{-x}}$	$1-f(x)^2$	$(-1,1)$
ReLU 函数		$\max(0, x)$	$\begin{cases} 0, & x<0 \\ 1, & x \geqslant 0 \end{cases}$	$[0, +\infty)$

参考来源:https://en.wikipedia.org/wiki/Activation_function。

其中 ReLU 函数具有非常简单的形式,其导数则是更为简单的二值函数,它是目前应用最广的激活函数。另外,可以注意到不同的激活函数有完全不同的值域,其导数特征也不同,可分别适用于不同类型的神经网络。

单个神经元能做的事情非常有限。事实上尽管神经元中有激活函数的存在,但如果将它作为一个分类函数,它仍然只能划分线性可分的数据。与生物神经系统一样,虽然每个神经细胞能够完成的功能非常有限,只有简单的接受激励、传导激励的功能,但高级生物的神经系统都包括大量的相互连接的神经细胞,构成复杂的拓扑结构。通过这样复杂的组合,就可能形成像人脑一样高度智能的系统。

类似生物神经系统的结构,大量人工神经元的组合也可以构成复杂的神经网络。从函数变换的角度,神经网络是一个由多种基本函数(神经元)构成的复合函数。每个神经元都是一个简单的映射,但通过很多个基本单元的叠加,本质上相当于复合函数不断嵌套的过程,最终可以构成非常复杂、功能强大的函数。

如图 4.5 所示为一个简单的全连接结构的前馈神经网络(feed-forward neural network),它包括一个输入层(接收 3 个输入量)、一个输出层(输出 2 个量),以及各有 5 个神经元的两个隐藏层(也称作隐含层)。这种网络结构中相邻两层的所有神经元都由一条连线连接,即后一层的神经元将前一层所连神经元的输出结果作为其输入,这种由全连接神经元构成的多层神经网络也称为多层感知机(multi-layer perceptron,MLP)。

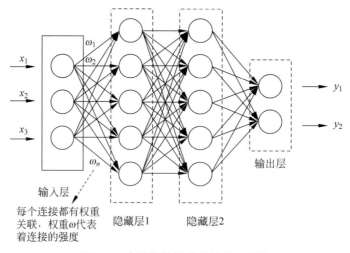

图 4.5 全连接结构的前馈神经网络

这种前馈神经网络的强大拟合能力可以更严格地表达为一个数学定理——通用近似定理,又称万能近似定理。它从理论上证明了具有足够数量神经元的神经网络可以无限逼近任何定义在实数空间的连续函数。基于这样的理论保证,可以重新审视图 4.3,从抽象层面上可以将神经网络视为具有大量参数和强大拟合能力的黑盒函数:通过恰当地设计神经网络的结构和参数,可以实现将给定的输入量通过复杂的函数变换,映射到所期望的目标变量上。举例来说,对于后面将要介绍的手写数字识别任务,抽象地看,该任务相当于:给定的输入是一些由二维矩阵表达的像素信息,通过神经网络的变换,最终输出对应的数字。在这种意义上,它与多项式拟合测量点没有本质区别。

需要指出,尽管通用近似定理作为一个存在性定理,给出了前馈神经网络的表达能力的上限,但并未给出如何构造这样的神经网络的方法。举例来说,实现一个手写数字识别任务的神经网络,应该采用多少层的网络,每一层需要多少参数,这些信息并不能从通用近似定理中得到。事实上，尽管理论上神经网络具有强大拟合能力，面对真实的问题时有可能并不能有效地训练出神经网络模型，或者即使训练出来，效率也过于低下。4.2节关于卷积神经网络的内容将介绍通过设计合适的神经网络结构，可以又快又好地完成相同的任务。

MLP(多层感知机)虽然结构简单，但具有足够数量神经元的MLP仍然被广泛应用。由于其强大的非线性拟合能力，很多场景中MLP被当作高阶的黑盒拟合函数使用。在很多其他类型的神经网络中，也会嵌入一些全连接的结构，以便利用其非线性映射的特性。

除多层感知机以外，也可以通过采用不同的基本构件(神经元)和不同的连接逻辑，形成更加复杂的网络。对于图像以及类图像的数据，目前最常用的是以"卷积"作为最主要的基本单元的卷积神经网络(convolutional neural network，CNN)，它可以高效地对图像数据中的信息进行变换，提取出不同抽象层级的信息。在自动驾驶汽车中，图像数据是最重要的数据，因此目前卷积神经网络也是自动驾驶算法技术栈中的一个核心算法，在4.2节将专门介绍卷积神经网络算法。

除上述的多层感知机和卷积神经网络以外，还有多种常见的神经网络。自动驾驶场景中常用的另一种神经网络是循环神经网络(recurrent neural network，RNN)，它可以帮助解决"序列"形式的输入以及序列内部的"记忆"问题。在驾驶过程中，无论是外界环境还是决策的输出都是以序列的形式存在的，例如，来自摄像头的视觉信息是一帧一帧地持续输入系统的，如果孤立地对某一帧的内容进行决策，就丢弃了大量来自序列中其他时刻的信息。举例来说，如果车辆前方有一个正在通过人行道的行人，假设静态地看某一时刻摄像头提供的信息，很难判断行人是否能及时通过人行道，以及是否需要做出车辆减速的决策；而如果综合不同帧的信息，可以结合前面若干时刻的行人位置，从而提取出更丰富的信息，帮助决策系统做出正确的判断。引入循环神经网络可以实现在时间维度上综合(不定长)信息的功能。循环神经网络的输入是一个序列(sequence)。如图4.6所示为一个基本的循环神经网络结构示意图，序列中的每一个元素 x_t (t 为序列中元素的序号)一个一个依次地被输入隐藏层中，计算得到一个隐藏状态 h_t，一方面它被用于与下一个输入 x_{t+1} 共同计算下一次的隐藏状态 h_{t+1}，另一方面如果输出也是一个序列，h_t 也被用于计算当前循环步的输出量 y_t。在循环神经网络中有两个关键要点：一是对序列类型的输入，采用循环递归的方法处理；二是引入神经元内部的隐藏状态，它保留了前面输入的一部分信息，使得每一个后续的输入值都可以与前面的输入共同作用，产生新的输出。通过引入隐藏状态，使得循环神经网络具有了某种"记忆"功能，可以保留之前输入的一些信息。

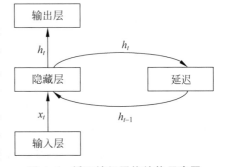

图 4.6　循环神经网络结构示意图

循环神经网络由于其结构特性，常被用于自然语言处理中的建模，因为语言天然就是序列型的信息。例如经典的语言情感分析任务，它的输入是一段文字，输出是对这段话的情感分类，这是一个典型的序列输入对应单输出的分类问题，就可以直接套用循环神经网络的结构处理。

在循环神经网络的计算及第 5 章介绍的反向传播梯度计算的分析中，通常把循环神经网络序列输入过程展开，如图 4.7 所示，这种展开方式通常也被称为"按时间展开"。在这种表达方式下，从左向右可以很直观地看到每一个输入依次产生隐藏量，以及前一步的隐藏量如何与下一步的输入共同产生下一步的隐藏量的过程。

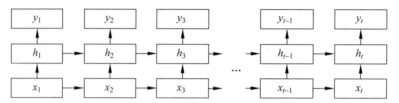

图 4.7　循环神经网络序列输入过程按时间展开

需要指出，多层感知机、卷积神经网络和循环神经网络虽然具有完全不同的结构和工作模式，但它们之间并不是互斥的，相反，不同类型的神经网络通常需要组合在一起才能完成特定的工作。例如，对于由一张图片生成文字标题的任务，就需要卷积神经网络接收输入的图片，提取出关键信息，然后由循环神经网络输出对应的文字序列。或者，回到上面所举的避让正在通过人行道的行人的例子，将每一时刻来自摄像头的图片给卷积神经网络来处理，但仅仅这样处理相当于在孤立地处理每一时刻的摄像头信息，而忽略了相邻时刻信息的关联性。这时就可以引入循环神经网络结构，与卷积神经网络结合起来，由卷积神经网络处理每时间步的图像信息，再由循环神经网络引入记忆功能，这样每一帧的信息不再是孤立的，自动驾驶系统不再是看着一张张静态图片尝试作出决策，而是根据一个连续变化的动态场景持续地进行感知和决策。

4.2　自动驾驶中的卷积神经网络

图像数据是自动驾驶系统中最重要的输入数据之一，目前处理图片类数据最常用最有效的方法是卷积神经网络。

4.2.1　卷积的引入

微课视频 51

前面介绍了多输入综合处理的问题，可以用人工神经元构成多层感知机有效地解决。对于自动驾驶中另一种类型的原始数据——图像数据，多层感知机不再是高效的处理方法。理论上，图像相关的问题与一般的回归或分类问题并没有本质区别，识别图像中的交通灯信号本质上仍然是从一个多维的输入映射到一维或者多维输出的函数。根据通用近似定理，只要网络的容量足够，理论上 MLP 也可以完成这些任务。

但是，图像数据与多输入综合处理问题中的向量数据有一个关键的不同，即它需要具有一定程度的平移不变性。也就是说，图像中有一个障碍物，它出现在正中心时，算法能识别它是障碍物，当它出现在偏左或偏右的位置时，算法仍然能够正确地识别。不难想到，前面介绍的由全连接层构成的 MLP 网络并不具备这样的特征：当输入数据平移位置时，每一个输入数据对应的权重都不再相同，无法保证输出的不变性；或者，如果要实现平移不变性，有可能需要大量的冗余参数才能实现。

直接在二维的图像输入数据上构想满足平移不变性的算法比较困难，可以考虑一个稍简单的问题：语音唤醒和识别。现在无论是手机、家居智能设备还是车载智能终端，很多都具有了语音助手的功能，可以直接通过固定短语（如"你好！"）唤醒并激活语音对话系统。注意这里的输入数据虽然是一维的输入序列，但与二维图像的算法相同的是，"你好"这个指令出现在一维序列的任何位置，都能够正确地被算法识别。下面用图像表达这个概念，给定一个如图 4.8 所示的音频信号，该如何判定其中是否含有"你好"这个预设的唤醒指令呢？

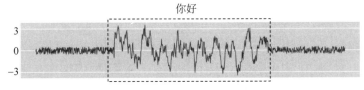

图 4.8　语音指令的识别问题

在对语音识别技术没有任何了解的情况下，这里尝试设计一种算法解决识别"你好"的问题。如图 4.9 所示，可以预先录制一个指令，并将它作为模板，然后用一个与模板等宽的移动窗口，沿着原始信号移动，每移动到一个新的位置，就计算出该窗口内原始信号与模板曲线的相似度，这样原始的一维信号就转换为同样为一维的相似度曲线。

通过这种比较原始的模板匹配方法，已经基本实现了把复杂的原始信号转换成更简单的相似度信号，口令识别的问题已经解决了大半。考虑到在实际的情况中用户每次说出的口令都会有细微的不同，不可能与模板完全一致，可以简单地设置一个识别的阈值（例如 0.8），只要相似度大于阈值就认为指令匹配，也就是进一步把相似度信号转换成了一系列值为 0 或者 1 的序列。接下来只需要简单地检测其中是否含有 1（例如直接取最大值，看它是否等于 1），就可以判断这一段录音中是否含有"你好"的指令了。

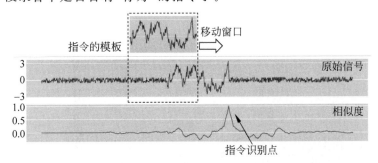

图 4.9　用移动窗口和与模板的相近度进行指令的检测

回顾这个原始的口令识别算法,它包含如下要点:

(1) 定义一个模板。

(2) 用移动窗口的方式,计算在每个位置处原始信号与模板的相似度,得到相似度序列。

(3) 求全局最大值,把相似度结果由一个序列转化为单一的输出。

分析这些要点,可以发现这个简单的流程其实已经实现了上面的"平移不变性"。任意给定一个5秒的语音信号,不管指令出现在哪个位置,上述算法都可以在第(2)步检测出它出现的位置(这里实现了平移等变性,即输入发生平移时,输出也相应地平移),并在第(3)步给出是否包含指令的结果。

同样的流程也可以应用到图像的识别中,实现平移不变性。区别在于图像是一个二维的序列,因此需要预定义的模板是二维的,移动窗口需要扫过二维平面,一维的相似度曲线也变成了二维的相似度热力图。回顾前面提到的MNIST(手写数字数据集)数据,如图4.10所示,它的每张图片都包含了一个手写数字,需要识别它是0~9中

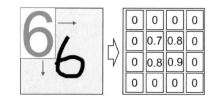

图 4.10 用"模板+滑动窗口+相似度"检测的方法识别手写数字

的哪个数字。简单的办法是画一组模板,包含0~9每个数字的"标准"外形,然后任意给定一张图片时,计算它与给定模板的相似度,与哪个相似度最高就判定为该数字。考虑到数字在图片中的位置具有一定的随机性,这里也用移动窗口并取全局最大值的办法,计算给定图片与每个数字的最高相似值,从而做出判断。

所以这个方法虽然简单,但原则上已经可以解决一些比较复杂的问题。如果要扩展到更一般的图像任务,直接应用这个方法就显得力不从心了,主要有以下几个问题:

(1) 当要识别的类型很多的时候,很难对每个类别定义出标准模板。

(2) 用模板和移动窗口的办法直接识别整个物体,计算效率不高,存在大量重复计算。

(3) 真实世界的图像还有大量的变化,例如视角、亮度等,直接识别整个物体的效果不好。

针对这些问题,可以对上述流程进行更一般化的推广,并引入神经网络的工具,让网络自己去学习需要用到的"模板",避免人工设计。因此可以将上述流程改为如下更一般的流程:

(1) 不再直接一次性定义整个物体的模板,而是拆分成多个阶段,每个阶段学习不同的细节特征。

(2) 模板不是人工定义的,而是可变参数,由神经网络自己学习。

基于这样的指导思想,可以设计出一种新的神经网络结构,它的每一层都用一些简单但更具一般性的"模板",只过滤出一部分的特征(例如边界、特定的纹理等),并将它作为下一层的输入,从而逐层提取出更高阶的特征。由于模板已经设计成具有可变参数的形式,从而可以调用"数据—模型—损失—优化"这一模式,用优化的方法自动地找出合适的模板。事

实上,这样的神经网络就是所谓的"卷积神经网络",它是目前处理图像类数据和计算机视觉问题最有效的方法,其中的"卷积"正是前面所介绍的"模板＋滑动窗口＋相似度"这种朴素方法的推广。

接下来用更准确的语言描述卷积神经网络。

4.2.2 卷积神经网络

不失一般性地,用如图 4.11 所示的例子展示卷积的计算方法。如果输入数据是一个灰度图像,则它可以表示为一个二维的矩阵,其中每个元素是值 0~255 的整数。而"卷积核"(convolution kernel)相当于前面的模板,是一个更小的矩阵,这里用大小为 3×3 的卷积核作为例子。计算卷积操作的输出结果,其实就是"滑动窗口＋相似度"的过程,区别在于这里把相似度替换成了内积(也就是没有做归一化的余弦相似度)。因此,卷积的计算过程为:首先将卷积核放在输入矩阵的左上角,计算一次内积,得到输出矩阵左上角的值;然后进行滑动窗口的操作,每移动一个位置,计算一个内积;最后滑动完整个输入矩阵之后,就得到了一个二维的输出矩阵(常称作特征图,feature map)。

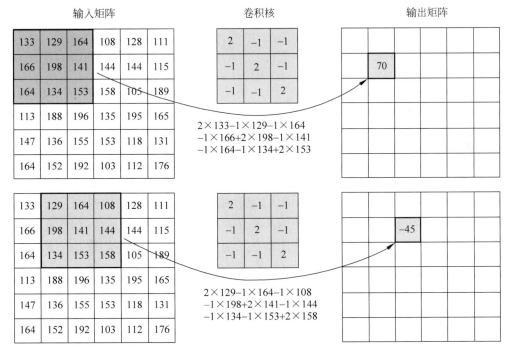

图 4.11 卷积的计算方法

关于基本的卷积操作,还有几点重要的补充:

(1) 填充(padding)。注意到直接按图 4.11 中例子的卷积所得到的输出矩阵在宽、高两个方向的大小都是比输入矩阵小 2 的(例如,输入矩阵大小为 100×100,则输出矩阵大小为 98×98),这有时会给后续处理带来一些不便,因此常见的做法是在计算卷积的时候,人为地在输入矩阵外侧填充一圈数字,使得输入和输出的矩阵大小一致。其中最常见的做法是填 0(zero padding)。

(2) 步长(stride)。前面介绍的滑动窗口中用的是步长为 1 的滑动,实际上也可以把步长当作一个卷积的参数,例如可以允许步长为 2 的滑动,这样会得到一个宽、高尺寸都减半的特征图输出,或者甚至允许宽、高两个方向不一样的步长。引入步长参数后,当步长大于 1 时,相当于带来了下采样和降维的效果。

卷积中的填充与步长如图 4.12 所示。

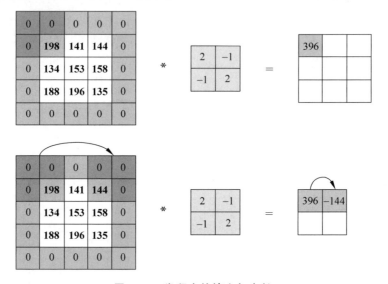

图 4.12 卷积中的填充与步长

上述例子中用的是灰度图,它是一个二维的矩阵。但现实中绝大多数图像都是带有多个颜色通道的,例如常见的 RGB(红、绿、蓝),这时候输入的矩阵变成了三维 $w \times h \times c$,分别对应图像的宽、高和通道数。对于这种输入,卷积核的维度也需要相应调整,宽、高方向不变,但增加一个通道的维度,并与输入一致。这样在生成卷积中的滑动窗口时,卷积核仍然只沿着宽、高方向移动,每个位置仍然只计算单一的数值,这样一个卷积核进行卷积操作之后仍然是输出一个二维的特征图。从模板匹配的角度理解:让卷积核的通道数与输入通道数一致,本质上是只在空间维度(而不是颜色维度)上做模板匹配。

另外,对于某个输入图像,通常需要用多个卷积核分别过滤出不同的特征。例如用两个卷积核分别抽取横向与纵向的纹理特征。可以将每个卷积核所输出的二维向量沿第三维拼接在一起,相当于得到了一个多通道的输出矩阵,如图 4.13 所示。只不过这里的每个通道不再是颜色,而是表示每个卷积核所抽取出来的特征图。

回到前面所述的用模板匹配的朴素方法,卷积相当于其中"模板+滑动窗口+相似度"的推广,但同时注意到,仅用卷积提取出的结果仍然是具有空间结构的"特征图",仍需通过某种操作去掉这种对空间结构的依赖。在前面模板匹配的朴素方法中用的是全局最大值的方法，这里同样可以把这个方法进行推广，称为"池化"(pooling)。类似于将模板推广到卷积的过程，这里也把单次的取全局最大值的过程分散成多次的池化操作，在每次池化中只对局部取最大值操作。计算局部最大值的方法类似于卷积中计算局部模板相似度的过程，用一个滑动窗口并在每个窗口内取局部最大值。如图4.14所示是一个大小为2×2的池化操作。这个例子中还采用了大小为2的步长，它相当于在每个2×2的局部方块中取最大值，构成一个宽、高各缩小一半的特征图。池化操作也可以有不同的类型，最常用的是取局部最大值，称为最大池化，也有其他方法，例如用平均值函数（平均池化）等不同的变种。

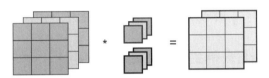

图 4.13　卷积的多通道输入与多通道输出

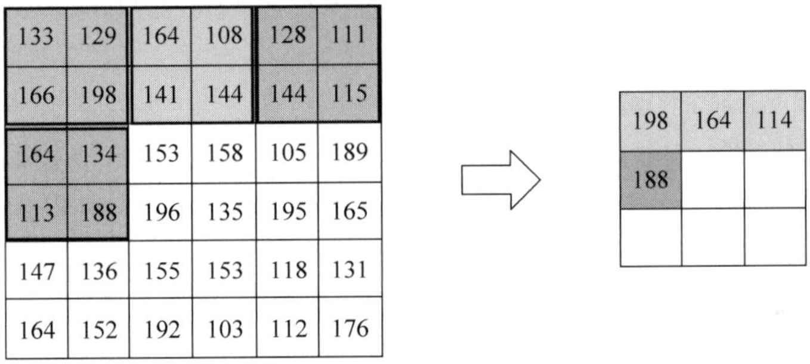

图 4.14　池化(pooling)操作

可以看到池化与卷积具有很多相似点，都可以定义不同大小的移动窗口，定义其移动的步长，从而达到不同程度的降采样的效果。但需要注意，池化与卷积有一个关键的不同：两者虽然都可以接收多通道的特征图输入，单个卷积核会在通道方向将维度压缩为1，但池化则是分别在输入特征图的每个通道上沿宽、高方向做池化操作，即它的输出通道数是与输入一致的。

事实上，除了卷积与池化以外，在CNN中还有一些其他常用的基本模块，例如dropout（丢弃）、归一化操作（例如批归一化，batch normalization）等。限于篇幅这里不再介绍，感兴趣的读者可以进一步学习本书参考资料。

在多层感知机中，叠加多个全连接层可以构成强大的非线性映射，同样地，在CNN中，也可以叠加多层的卷积，构成远比简单的模板匹配强大的图像特征抽取结构。例如如果要识别一张如图4.15(a)所示带有交通标志的图片具体是哪种标志，可以设计如图4.15(b)所示的网络。在网络的前几层，匹配（或者说过滤）的是一些低层的纹理、线条特征，再往后的卷积层逐渐在前一层抽象信息的基础上进一步抽取更抽象的特征，最后再连接全连接层，将抽象的图像特征经非线性变换映射至最终的类别。

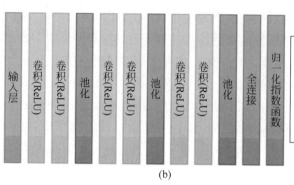

图 4.15 一个基础的图像分类示例

4.2.3 经典的卷积神经网络结构

在了解了基本的卷积及相关算子后,已经可以搭建出具有物体识别(图像分类)功能的简单神经网络了。本节进一步介绍几个经典的卷积神经网络架构,并借此理解在用神经网络进行视觉内容感知发展过程中的一些重要思想。

LeNet 是早期 CNN 的代表,它是 Yann LeCun 等在 1990 年左右开发的用于检测邮编(手写数字序列)的 CNN。由于当时软硬件基础设施的限制,LeNet 在网络复杂性和深度方面比较有限。随着后续二十多年在数据、算法、算力方面的发展和积累,于 2012 年推出 AlexNet,取得了突破。AlexNet 是卷积神经网络发展的里程碑,之后迎来了算法的快速发展,产生了一系列的重要思想和网络模型。这里重点介绍三个经典的网络模型:VGG、GoogLeNet(Inception)及 ResNet。

在图 4.16 中展示了 AlexNet 和 VGG(2014 年推出)的网络结构对比。可以看到,其实从宏观结构上看,两者并没有太多本质的区别,仍然是基础的卷积、池化、全连接层的组合。VGG 的模型结构主要有两方面的改进:一是完全采用 3×3 的小卷积核,二是增加了网络的深度。与 AlexNet 等旧模型相比,VGG 的多层小卷积核结构可以用更少的参数实现更强的拟合能力。例如,对比单层 5×5 卷积和两层的 3×3 卷积,假如通道数相同,后者在具有相同感知野(输出特征图中每像素所关联的输入层中的范围)的基础上,具有更少的参数(5×5×1∶3×3×2=25∶18),同时增加了额外的非线性层,因此性能更优。VGG 的多层小卷积核结构带来了更大的计算量以及更多的内存占用(神经网络的前向计算过程中产生了更多的中间特征图,它们要存储用于反向传播的梯度计算),因此该结构需要更强大的硬件作为支撑。

同样在 2014 年出现的 GoogLeNet 则带来了更不一样的网络结构,其中多种不同大小的卷积核通过串联、并联的方式组合成一个 Inception 模块,继而由多个 Inception 模块线性串联成 GoogLeNet 的主体。图 4.17 给出了 Inception 模块内部结构,其中包含 4 条并列的计算路径,分别采用 1×1、3×3、5×5 这 3 种不同大小的卷积核作为计算主体,用于捕捉不同尺度的图像特征,最后这些来自不同路径的特征图再沿通道方向叠加在一起,作为下一层的输入。多个计算路径在最后叠加带来的副作用是容易造成通道数迅速增加,因此 Inception 模块中还引入了额外的 1×1 卷积,用于压缩输出通道数,减少计算量。

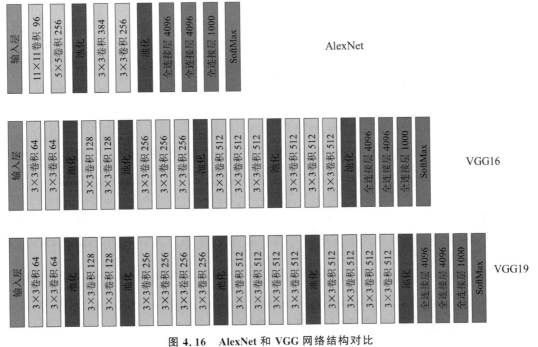

图 4.16 AlexNet 和 VGG 网络结构对比

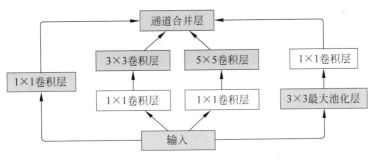

图 4.17 Inception 模块内部结构

总体而言,在上面的 CNN 网络结构中,网络深度是一直在增加的。自然而然地,引出一个延伸问题,当网络深度加大时,理论上是否总能得到更强的模型?可以设想一个基准模型,在其基础上增加若干层,如果将这些层构造为单位变换,即输入与输出完全相同,则更深的模型与基准模型是等价的。考虑到更深的模型还存在继续优化的潜力,说明网络深度增加时,理论上其性能至少是不低于浅层模型的。但从过去的一些实验来看,似乎网络深度增加到一定程度之后,继续增加网络并不会使性能得到预期的提升。

对于这种实践没能达到理论预期的情况,2015 年推出的 ResNet 给出了解答,并通过结构的改进一举将当时主流的网络深度从 20 层左右提升到了 150 多层。ResNet 的核心正是把上述"单位变换"的思想显式地用网络结构表达出来,构造了如图4.18所示的残差结构,用一个单位连接将输入与输出直接连接起来,并在输出端将卷积层的输出加到输入上得到输出。通过这样的结构,卷积层的学习过程相当于在学习输入层与目标输出的"残差",这样即使它什么有效信息都没学到,退化到单位连接,也可以保证深度网络的性能不会更差。通过重复叠加残差结构,神经网络的深度可以很深,性能上也与同时期其他网络拉开了明显的差距。而残差结构这种思想也被后续很多网络结构(例如更新版本的Inception网络)采用并取得了很好的效果。

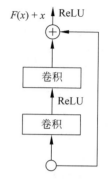

图4.18 残差连接和残差模块

可以看到,在过去十年左右的时间,视觉领域的深度学习技术一直在快速演化,小到各种训练技巧,大到基础的模型架构,都在持续迭代更新。所以目前看来最有效的方法和结构可能在不久的未来就会被全新的方法取代。自动驾驶技术的工业应用,本身就面对大量悬而未决的困难问题,因此研究人员也有足够动力去快速跟进学术界最新的发展。举例来说,近两年基于自注意力(self-attention)的Transformer结构已经在特斯拉等企业的感知模型中广泛使用。像这样快速的迭代步伐是过去所不曾有的。

4.3　自动驾驶中其他模型结构

在本书讲解的范围内,智能小车面对的环境是封闭的较单一的轨道环境,所以用简单的网络就已经可以较好地完成感知的任务。但对于需要在公共道路上行驶的自动驾驶车辆而言,面对的是现实的复杂环境,仅靠简单的图像分类网络是不足以胜任自动驾驶的需求的。本节对部分高阶的自动驾驶任务、模型案例作一般性的介绍,有兴趣的读者可以学习了解学术界和工业界如何"写"出复杂的自动驾驶程序。

4.3.1　其他视觉感知任务

微课视频54

利用卷积神经网络可以解决图像的分类问题,例如识别图像中的交通标志具体是哪一种。在自动驾驶所面临的图像理解任务中远不止图像分类,还涉及很多其他更高阶的任务,例如车道线的识别和拟合、行人的识别和定位等。以图4.19为例,在真实的驾驶场景中需要从图像中抽取出主要的信息,例如道路边界、前方的行人、障碍物等。同时,在满足精度要求的情况下,需要设计尽可能高效的模型结构,在车载AI芯片有限的算力上完成复杂的任务。

如图4.20所示,这些更高阶的图像理解任务往往都可以归类为目标检测、语义分割这两种基本的任务,或者基于这两种任务的扩展(实例分割)。不同于单纯的图像分类,目标检测需要定位出在一张图像中每个物体(例如行人)的类别以及位置范围,而实例分割更进一步,需要以像素为单位给出每个物体的范围。这些任务都可以基于卷积神经网络进行有效的处理,特别是网络的前半部分是通用的底层图像特征的提取。但由于任务的特殊性,特别是在输出侧需要一些额外的巧妙设计,因为我们通常无法简单地增加全连接层进行输出。

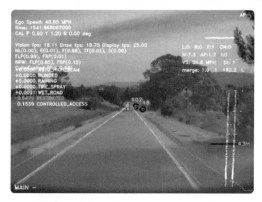

图 4.19　真实的驾驶场景中需要从图像中抽取的信息
(图片来源：https://www.tesla.com/autopilotAI)

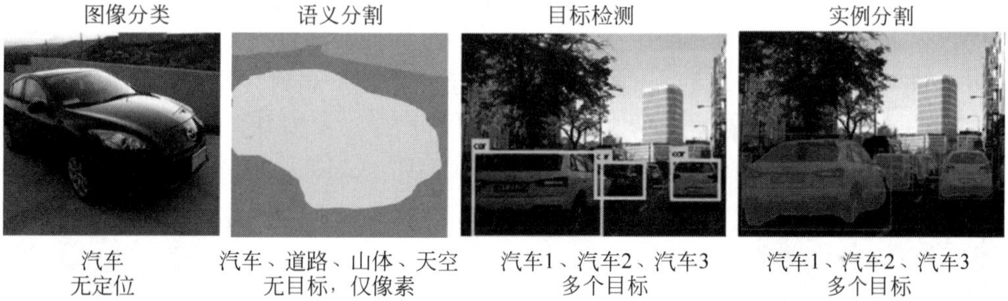

图像分类	语义分割	目标检测	实例分割
汽车 无定位	汽车、道路、山体、天空 无目标,仅像素	汽车1、汽车2、汽车3 多个目标	汽车1、汽车2、汽车3 多个目标

图 4.20　图像的分类、检测与分割任务

目标检测包括对车辆、行人、非机动车、交通信号灯和标志等进行检测。这个任务中需要同时做两件事情：一是分类,识别出目标是什么；二是定位出目标在哪里。前者不言而喻,对于后者,例如定位出目标在一个十字路口,需要能够分辨出是哪个位置的交通灯及交通灯分别是什么信号,这样才能相应地根据交通信号的指示移动。更细节地,目标检测可以分为 2D 和 3D 检测。前者是在一个 2D 图像上检测出物体,它的目标输出是在图像坐标系中的一个矩形框。后者是在 3D 空间中的检测,目标输出是 3D 的边界框。考虑到 2D 像素空间仍然只是 3D 空间的投影,而且如果考虑到畸变、地面的不平等因素,这种投影还存在不规则的因素,因此相对而言,2D 像素空间中的检测与分割都还需要额外的处理才能用于后续的决策,而 3D 空间中的检测则可以较方便地用于决策规划环节。

4.3.2　激光雷达等传感器数据的处理

上面介绍的都是基于摄像头图像数据的感知方法。图像数据本身是非常规则的数据,所以可以用卷积神经网络方便地处理。但图像本质上相当于把三维世界投影到二维,损失了深度层面的信息。在自动驾驶系统的传感器中,激光雷达也被广泛用于感知车辆的周边环境。与规则的图像数据不同,激光雷达产生的数据是 3D 点云,因此通常无法直接应用成熟的 CNN,需要设计一些针对性的网络结构。

根据不同的激光雷达类型,产生的点云数据在类型和格式上并不一致,但一般在处理后可以简化为一系列 4D 的数组,其中前 3D 为笛卡儿坐标系下的坐标(尽管有时候传感器输出的原始坐标为极坐标,但往往为了后续处理的方便也会转换成笛卡儿坐标),第四维为反射强度。从数据形式上来看,一方面激光雷达产生的数据直接包含了 3D 空间中的信息,而不需要像图像数据一样去额外地推测深度信息;另一方面,尽管激光雷达产生的数据是 3D 空间中的点,但它是稀疏且不规则的。从被扫描的区域来看,点云只包含了激光雷达所扫描区域的很小部分,大部分区域是没有点的(这并不等同于这些区域是空的),同时点云的空间分布不是规则的,在不同区域的密度差异非常大。

由于这样的特性,点云数据不适合直接用处理 3D 数据的卷积神经网络进行处理,而需要做一些巧妙的设计或转换。目前广泛采用几类不同的处理方法,例如直接处理 3D 点云(PointNet++);把点云视为图数据结构,然后用图神经网络处理;或者把点云投影到 2D,然后用成熟的 2D 图像处理方法处理。这里主要以 VoxelNet 为例介绍另一种经典方法——基于体素(voxel,volume pixel)的方法。

VoxelNet 的网络结构如图 4.21 所示。整体上它是一个端到端的 3D 目标检测网络,输入是点云,输出是三维物体的边界框。网络可以分成 3 大模块,分别是特征学习网络(feature learning network)、中间卷积层、区域生成网络(region proposal network,RPN)。

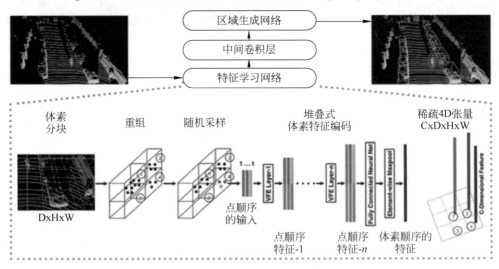

图 4.21 VoxelNet 的网络结构

其中特征学习网络用于处理 3D 稀疏点云,产生稀疏的 4D 特征张量。这部分网络又大致可以分成几部分,如图 4.21 下半部分虚线框所示。首先将扫描区域中的 3D 点云划分为多个规则的体素,由于点云空间分布高度的不规则性,每个体素中包含的点数是不一样的,因此引入随机下采样,将含有超过 T 个点的体素中的点下采样到 T 个点。这样既减少了计算量,又缓解了点云分布不平衡的问题。然后使用多层的体素特征编码(voxel feature encoding,VFE)单元对非空的体素进行局部特征提取,得到稀疏的体素层面的特征向量。其中 VFE 是体素特征提取的关键,它用全连接网络提取点特征,并用最大池化得到局部的聚合特征,然后将两者拼接构成输出。

中间卷积层可以进一步处理上述在特征学习网络中抽取的体素特征,通过多层 CNN 逐步增大感受野,并在更大的视野范围内学习其中的几何形状特征。最后通过成熟的 RPN 实现对目标物体的检测(分类及定位)。

4.3.3 多模态传感器数据的融合

摄像头和激光雷达都可以产生对环境进行感知的信息,同时两者的特性又在一定程度上可以互补。摄像头产生的视觉信息包含丰富的颜色、纹理等,但摄像头观察距离远,无法(直接)得到深度信息,且对光照条件很敏感,在低亮度或炫光时无法准确反映环境信息;而激光雷达产生的 3D 点云直接包含深度信息,但激光雷达有效感受距离相对较近,易受雨雪天气影响,另外虽然无法检测物体的颜色和纹理,但对大多数常见物体(车辆、行人等)的外轮廓一般都提供了充足的分类信息。

在理想情况下,最有效的方法还是尽可能地将摄像头与激光雷达产生的信息进行融合,利用冗余互补的信息形成更全面、更可靠的感知结果。目前比较常见的将不同模态传感器数据融合的方法分为如下三种。

(1) 数据级融合(前融合):直接将不同模态的原始数据在空间上对齐后进行融合。

(2) 特征级融合(深度融合):分别对不同模态的原始数据进行特征提取,并在特征空间中将各模态特征混合在一起。

(3) 目标级融合(后融合):在每个模态都对目标进行预测,然后综合不同模态的结果形成单一的目标输出。这种方法可以当成一种集成(ensemble)学习方法。

对不同传感器数据融合方法感兴趣的读者可参阅本书参考文献中的综述文章[9-11]进一步了解。

4.3.4 自动驾驶模型案例研究

1. 特斯拉的模型架构

特斯拉的神经网络承担着大量的感知功能,例如对周边车辆、行人、红绿灯、交通标志、障碍物等的检测,对车道线、可通行区域的分割等,这些不同的任务有上千个。考虑车端有限的计算能力,为每个任务设置独立的神经网络分别进行推理计算是不现实的,因此特斯拉的整体网络架构是尽可能让多数任务共享底层的主干网络,在此基础上逐层根据不同类别任务的各自特点,分叉出不同的任务头(head)。通过这样的架构设计,节省了大量的重复计算,下游的每个具体感知任务都只需要额外进行少量的计算即可完成,同时这种多任务事实上还有助于训练出具有更好泛化性的底层网络,带来了更优的性能。因此,这种基本架构设计也被业界同行大量采用。

如图4.22所示,特斯拉的整体网络架构宏观上是一个多摄像头输入、多任务头输出的结构。底层是来自不同摄像头的原始图像,经图像修正(rectify)、RegNet网络、BiFPN网络处理之后,提取出多尺度的特征。然后这些特征共同进入Transformer模块[包含位置编码器、池化(提取上下文摘要)、多层感知机及Transformer网络],实现多摄像头融合并投影到BEV(bird-eye view,俯瞰图)视角。然后在特征队列(feature queue)和视频队列(video queue)中融合时序信息,再分别进入各任务主干(trunk),并最终进入不同的任务头中完成感知任务。

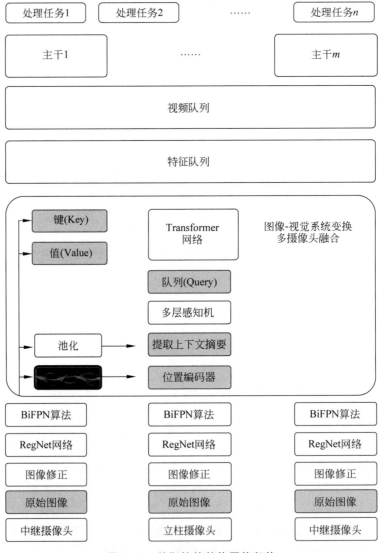

图4.22 特斯拉的整体网络架构

(图片来源:特斯拉2021 AI Day的演讲,书中进行了翻译)

特斯拉的多任务神经网络需要完成的感知任务可以分成如下几类：
(1) 移动物体：行人、车辆、自行车、动物等；
(2) 静态物体：路标、车道线、道路指示牌、红绿灯、路沿等；
(3) 环境标签：学校区域、居民区、隧道、收费站等。

除此之外，还有一些功能网络，例如 BEV 投影、时序信息融合等。

1) BEV 投影

特斯拉完成感知的主要信息来源于多个安装在不同位置的具有不同视角的摄像头，它们通过视角的相互补充和部分重叠，提供周边环境中可视范围内尽可能完整的信息。同时，不同摄像头采集的信息都是真实世界的三维信息按不同的方式投影到二维平面上形成的二维信息，其中存在投影畸变等不确定信息，直接完成高阶的感知任务比较困难。需要将不同摄像头的信息有机地融合，才能形成完整的感知信息，帮助完成后续的决策。特斯拉采用的方法是将这些信息在特征空间中投影到统一的 BEV 坐标系中。

BEV 投影有不同的方法，特斯拉采用的是基于 Transformer 模型结构，把整个投影过程作成可学习的神经网络，然后用数据驱动学习得到相应的变换。具体来说，首先在 BEV 空间中初始化栅格，每个栅格中带有相应的位置编码；然后利用 Transformer 模型的自注意力结构，根据输入特征图产生相应的权重，进而将特征值映射到相应的 BEV 空间中。

借助于 BEV 转换把特征图投影之后，就可以在这个统一的坐标系下利用各种感知头完成不同的任务了。这种转换一方面将多个摄像头的信息综合到了相同的坐标系中，完成了多传感器融合的功能，另一方面在 BEV 坐标系下也可以直接进行后续的决策规划，使得感知与决策联合到统一的坐标体系中。同时，两者结合使得整个的感知和决策结果都更准确和健壮，避免障碍物遮挡等带来的问题。

2) 时序信息融合

车辆行驶是一个动态的过程，很多时候只看某一时刻采集到的图像是无法准确地判断环境的状态的，例如判断其他车辆是否准备避让，需要加入时间的维度，结合过去一段时间的状态才能综合判断。特斯拉采用空间 RNN(Spatial RNN)结构，利用上面介绍的 RNN 结构实现不同时刻信号的综合和记忆，形成更好的感知判断。在引入空间 RNN 之后，对障碍物遮挡、深度估计等方面的感知效果都有了显著的提升。

2. Wayve 的模型架构

2017 年成立的自动驾驶初创公司 Wayve 采用的方案是端到端的神经网络架构。图 4.23 显示的是他们在 2021 年公开的宏观端到端神经网络架构。

在这个架构中，直接训练一个神经网络，使它学会由传感器输入产生运动规划的输出。由于其端到端的特点，可以在优化的过程中使梯度信息直接流过包含不同抽象层级的网络（关于如何用梯度信息训练神经网络，将在第 5 章具体讲解），从而训练整个神经网络。系统的输入是 6 个单目摄像头以及其他的一些辅助传感器，输出是运动的规划，然后由控制器转换为具体的执行信号。

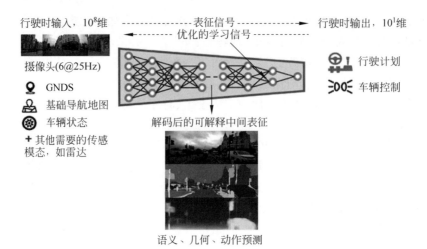

图 4.23 Wayve 的端到端神经网络架构

(重绘图,参考来源:https://wayve.ai/blog/driving-intelligence-with-end-to-end-deep-learning)

尽管是端到端的架构,网络的中间部分也引出了一些中间输出用于帮助开发,进行可解释性及安全性验证。这些中间输出并非模型中直接使用的特征向量,而是通过一些中间的隐含状态进行解码(decode)。这样的设计在保留了高维表示灵活性的同时,也允许提供额外的学习信号和语义帮助提高系统的性能。

Wayve 的网络同样采用多任务学习的方式,使用不同的信号和数据源对不同的目标/任务进行训练,主要包括:

(1)基于专家数据的模仿学习。

(2)基于测试过程中安全员(驾驶员)干预行为的在线策略(on-policy)强化学习。

(3)安全员(驾驶员)干预后的纠正动作。

(4)基于离线策略(off-policy)数据的状态预测和动态建模。

(5)关于语义、动作和几何的计算机视觉表示。

这种基于端到端的网络架构与特斯拉的网络架构有很大不同,它有以下优点:

(1)从成本上说,车端对算力和传感器的要求更低,成本主要转移到数据中心里训练大规模深度学习模型;

(2)不需要高精度地图;

(3)不需要对运动规划的人工标注。

4.4 智能小车建模实战演练

之前已经介绍了自动驾驶以及深度学习算法开发的一般流程。本节通过实际的代码,讲解和演示如何针对特定的任务,在 Python 语言和 PyTorch 深度学习框架下搭建一个神经网络,并且训练一个基准版本的模型(第 5 章将继续讲解如何对模型进一步优化)。

4.3节主要介绍了神经网络的理论基础,但事实上由于深度学习近十年的发展,神经网络模型的编写门槛已经被PyTorch、TensorFlow、Keras等框架大大降低。相对而言,在神经网络模型以外的部分,例如加载数据、数据清洗、模型验证等环节,还需要不小的编码量。总体上,编写和训练一个神经网络模型包含以下几个主要的环节:

(1) 加载数据;
(2) 数据的探索、可视化;
(3) 数据清洗;
(4) 定义深度神经网络(deep neural network,DNN)模型;
(5) 定义训练框架:数据加载、模型训练、验证;
(6) 模型的训练;
(7) 模型的保存和评估。

这些步骤对应着数据采集、数据处理、模型训练与优化、模型部署验证,还包括模型训练完成之后的评估。

本节主要内容分为两部分:第一部分以比较基础的手写数字识别任务为例,介绍编写和训练一个完整的神经网络模型的流程,用实际的代码演示如何完成从数据准备到模型评估的完整步骤;第二部分针对更复杂的自动驾驶任务,介绍如何编写代码,完成训练一个基础版本的自动驾驶模型。

4.4.1 基于人工神经网络识别标志

本节的主要目的是介绍基于PyTorch深度学习框架[①]如何搭建一个神经网络模型,并编写完整的准备和训练代码,完成模型的训练。为此,选择一个比较基础的图像分类任务作为示例,用一个多层感知机的人工神经网络解决这个问题。

这里选取的任务是MNIST手写数字识别,目标是编写一个MLP神经网络实现对数字的识别,即给定一个含手写数字的图片,通过神经网络的变换,输出对应的数字。这是一个简单的图像分类问题,但可以扩展到自动驾驶的感知问题中的很多子问题,例如识别红绿灯、限速标志、交警的手势等。

MNIST作为一个常用的基础数据集,已经默认集成在大多数的深度学习框架中,可以方便地调用。在PyTorch中,通过下面的代码可以将MNIST数据集下载到本地,并赋值给mnist_data变量。这里mnist_data是一个数组,每个元素为一个由PIL图像对象(Pillow图像处理模块所定义的对象)和对应的数字标签组成的元组(tuple)。

```
1  import torchvision
2  mnist_data = torchvision.datasets.MNIST('./data', download = True, train = True)
```

在进行任何模型的编写之前,需要对数据进行探索和评估,了解数据的特性和质量,这

[①] PyTorch 文档:https://pytorch.org/docs/stable/index.html。其他深度学习框架例如 TensorFlow、Keras 的文档也是很好的参考资料。

部分工作对于后续训练出高质量的模型至关重要。数据探索和评估常见的方法包括两类：一类是了解数据的统计特征，从宏观角度理解数据的分布特性；另一类是通过可视化的方法选取数据集的一部分样本进行观察，直观地了解数据的特征。这两类数据探索有助于开发人员更好地了解待解决问题的特性和难度，从而针对性地编写合适的神经网络，此外，也可帮助开发人员发现原始数据中的一些潜在的问题，例如发现存在标注错误的样本，避免出现"垃圾进，垃圾出"的情况。

1. 统计特征

最基础的统计特征是标签的统计分布。

MNIST 是一个标准数据集，所以它的数据质量和分布都比较理想。图 4.24 给出了在 MNIST 中标签的统计分布，可以看到标签整体的分布是非常均衡的，各个不同的数字所对应的样本数量比较接近，这是比较理想的状态。除此之外，还可以计算图片中像素值的分布，包括平均值、方差，以此大体了解图像的明暗度和对比度的情况。这些信息也需要在后续图像数据的归一化处理中用到。

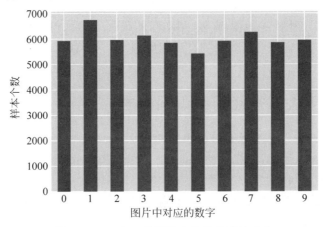

图 4.24　MNIST 数据集中标签的统计分布

2. 观察随机样本

图 4.25 给出了一些在 MNIST 数据集中随机选取的样本示例，其中的每张图片都是标准的 28×28 像素的灰度图，在计算机中表示就是 28×28 的二维张量，每个元素都是在 $[0,255]$ 闭区间中的整数。从这里抽取的几个随机样本可以看出，虽然图片的分辨率比较低，但数字的可辨识程度是比较高的；同时可以观察到，因为是手写体的数字，不同样本之间的形态也有比较大的差异，例如其中的 6265 号和 44732 号样本。

基于 PyTorch 框架，定义如下的 MLP 神经网络解决手写数字识别的问题。在 PyTorch 中有固定的模型定义方式，整体上，神经网络需要定义为一个 Python 类，继承自 nn.Module 类，里面重载了两个方法，即构造函数 __init__ 和前向计算函数 forward。在 __init__ 构造函数中，定义并实例化所需要用到的神经网络层，这将会产生每个网络层中的参数（此时还

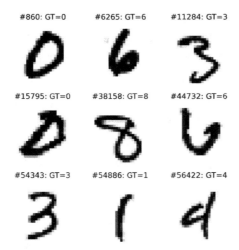

图 4.25　MNIST 数据集中随机选取样本的可视化及对应的标签

只是随机初始值,未完成优化),然后在前向计算函数 forward 中定义神经网络(或者模块)的结构,即定义在构造函数中定义的神经网络应该以怎样的拓扑结构连接起来构成计算图。具体代码如下:

```
1   class MLP(nn.Module):
2       def __init__(self):
3           super().__init__()
4           self.layers = nn.Sequential(
5               nn.Flatten(),
6               nn.Linear(28 * 28, 128),
7               nn.ReLU(),
8               nn.Linear(128, 10),
9               nn.LogSoftmax(dim = 1)
10          )
11      def forward(self, x):
12          return self.layers(x)
```

这里采用 PyTorch 的 Sequential 类,将所需的函数变换都包含其中,函数变换包括下面几部分:

(1) Flatten:将 28×28 的二维矩阵展开成一维的数组。

(2) Linear:全连接层,第一个参数 28×28 是输入节点数,第二个参数 128 是输出节点数(也是本层的神经元个数)。

(3) ReLU:ReLU 是非线性激活函数。

(4) LogSoftmax:输出层,这里采用的函数是 LogSoftmax,它在 Softmax 函数基础上再额外增加取对数的操作,使得计算在数值上更稳定。

需要注意,在 MLP 类的构造函数(__init__)中定义的 layers 对象只是实例化了一些网络层及其参数,并没有定义网络是如何计算的。真正的计算定义在 forward 函数中,这里直接将代表 28×28 像素的输入 x 直接传入 layers 对象,并直接返回通过 layers 计算得到的结果。因为网络结构很简单,可以把所有的层封装在一个 Sequential 对象中。在多数实际的网络中,需要在 forward 函数中定义层与层之间更复杂的计算图结构。

定义好网络之后,接下来需要定义如何将数据加载到 GPU(图形处理器),以及在加载之前需要对数据做怎样的变换或增强。这个步骤在不同的框架中有不同的做法,在 PyTorch 中,通常的做法是定义 Dataset 和 DataLoader 类,前者定义如何获取数据,后者定义如何在训练主循环中持续加载数据并传递给神经网络。

如下面的代码所示,用三块代码(以空行分隔开)来完成数据加载方式的定义:首先在 transform 中定义需要对 MNIST 数据做的变换(将 0~255 的整数转为 0~1 的浮点数,以及将数据转换为均值为 0、方差为 1 的标准分布,注意在这里用到了前面数据统计分析中得到的像素均值和方差);然后从 datasets.MNIST 加载所需的数据;然后在 DataLoader 中定义 mini-batch(小批量)的大小,是否训练时将数据打乱,以及是否采用多个工作进程完成。这里把数据分为训练数据(train_data)和验证数据(valid_data)两部分,前者用于训练神经网络,而后者用来评估神经网络训练过程的质量变化。

```
1  transform = torchvision.transforms.Compose([
2      torchvision.transforms.ToTensor(),
3      torchvision.transforms.Normalize(
4        (0.1307,), (0.3013,))
5  ])
6
7  train_data = torchvision.datasets.MNIST(
8      './data', train = True, download = False, transform = transform)
9  valid_data = torchvision.datasets.MNIST(
10     './data', train = False, download = False, transform = transform)
11
12 train_loader = torch.utils.data.DataLoader(
13     train_data, batch_size = 256, shuffle = True, num_workers = 3)
14 valid_loader = torch.utils.data.DataLoader(
15     valid_data, batch_size = 4096, shuffle = True, num_workers = 3)
```

有了前面的准备之后,接下来是训练的主循环,对应于"损失"和"优化"两个环节。在主循环之前,需要将模型移到目标设备中(cuda:0,表示第一个 GPU),并且定义采用的优化方法为随机梯度下降(stochastic gradient descent,SGD)算法。关于优化方法,将在第 5 章进行更详细的介绍,在这里暂时将它们当成黑盒函数使用。在循环中,首先将数据和对应的标签移到 GPU,然后将数据传给模型进行前向计算,得到当前的损失函数值,再进行反向传播,得到每个参数的梯度值,最后沿梯度的反方向更新参数值,使损失函数减小。代码如下:

```
1  device = 'cuda:0'
2  model = MLP().to(device)
3  optimizer = optim.SGD(model.parameters(), lr = 0.01, momentum = 0.9)
4
5  n_epoch = 30
6
7  for epoch in range(n_epoch):
8
```

```
9    model.train()
10   for data, target in train_loader:
11       data, target = data.to(device), target.to(device)
12       optimizer.zero_grad()
13       output = model(data)
14       loss = F.nll_loss(output, target, reduction = 'mean')
15       loss.backward()
16       optimizer.step()
```

在这个循环中不断迭代重复这一步骤,直到收敛至满意的精度结果。为了衡量是否达到满意的状态,还需要在主循环中加入"模型评估"的步骤,每训练一段时间,就在验证集上计算验证集上的损失函数以及衡量指标——准确度(accuracy,即模型预测正确的比率)。代码如下:

```
1    model.eval()
2    correct = 0
3    losses = []
4    with torch.no_grad():
5        for data, target in valid_loader:
6            data, target = data.to(device), target.to(device)
7            output = model(data)
8            test_loss = F.nll_loss(output, target, reduction = 'mean').item()
9            pred = output.argmax(dim = 1, keepdim = True)
10           correct += pred.eq(target.view_as(pred)).sum().item()
11           losses.append(test_loss)
```

在训练过程中或者训练完成之后,可以画出在训练集和验证集上损失函数的变化趋势,了解当前训练的状态;也可以画出精度的变化曲线,从而了解模型是否得到了充分的训练,或者是否已经进入了过拟合区。在图 4.26 中给出了训练 MNIST 的一个实际训练曲线,从图 4.26(b)可以看到,在大约 15 个 epoch(迭代周期数)之后,训练精度就已经接近饱和,但继续训练下去性能仍然有可见的提升。在这里为了示例,采用的是 Matplotlib 工具直接绘制训练曲线。但在实际的深度学习模型训练中常用专门的工具(如 TensorBoard)记录和监测训练的过程。

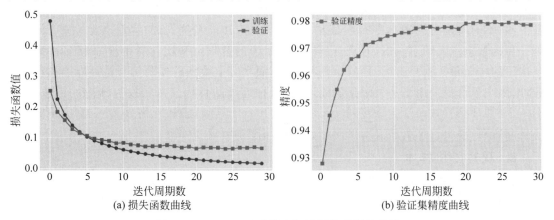

(a) 损失函数曲线　　　　　(b) 验证集精度曲线

图 4.26　MNIST 手写数字识别网络的训练曲线

拓展：本节以 MNIST 手写数字识别任务为例，演示了一个完整的深度学习模型的准备和训练过程。读者也可以下载交通标志识别的数据集[①]，尝试编写神经网络模型，识别现实中的交通标志。

4.4.2　基于卷积的端到端自动驾驶网络

本节回到自动驾驶的问题中，尝试编写一个基于卷积神经网络实现基本的自动驾驶功能的应用。作为示例，这里以双目摄像头所拍摄到的图像为输入，用卷积神经网络从中提取出智能小车环境的信息，同时更进一步，将这部分信息继续用全连接的网络结构进行处理，引入额外的非线性映射，直接输出智能小车控制的执行动作，即速度和方向。端到端的自动驾驶网络架构如图 4.27 所示，在这种神经网络架构中，输入的是直接来自传感器的图像信息，输出的是执行机构的控制信息，实现了传感器输入到控制器输出的端到端架构。

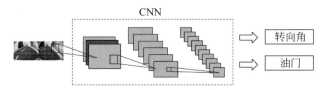

图 4.27　端到端的自动驾驶网络架构

与 4.4.1 节一样，在进行任何模型的编写之前，首先需要对准备的数据有一定的了解。这里采用的示例数据是人为通过手柄控制智能小车在车道中行进并规避障碍物采集到的，包括智能小车在行进时用双目摄像头得到的彩色图像数据及从手柄上得到的控制数据（注：在示例数据中只采集了智能小车前进的数据，所以在这里有效的控制数据只有转向角）。

1. 统计特征

最基本的统计特征是标签的统计分布。图 4.28 中给出了示例数据中转向角的分布直方图，很明显这种实际场景中采集到的数据在整体分布上比 MNIST 中标准数据的分布会差一些，不同类别的出现频率有明显的差异：右转（转向角为 1）的数据点比左转（转向角为 -1）的数据点大约多一倍，而直行（转向角为 0）的数据点又比右转的多一倍多。另外发现这里的转向角数据只有 $\{-1, 0, 1\}$ 三种数值，而实际上手柄的控制信号是可以输出浮点数的，原因在于这里采用了一种常见的处理技巧，把连续的目标变量转换为离散的数值，这样把一个回归问题（方向盘应该转到什么位置，输出一个连续值）转化为分类问题（应该向左转还是向右转，输出一个离散值），以便更容易被深度学习模型解决。

2. 观察随机样本

可以在转向角数据中随机选取中间的两段，每段包含连续的 1000 个点，绘制出其曲线图，如图 4.29 所示。从这里可以直观地看到智能小车不同的行走路线，在第一段中，智能小

---

① German Traffic Sign Recognition Benchmark (GTSRB)，https://benchmark.ini.rub.de/。

车大部分时间都是直行或右转,只有偶尔左转,很可能是在做顺时针的大圈绕行。而在第二段中,智能小车是相对比较平衡地在左转和右转之间来回切换,很可能是在躲避连续障碍物或者进行小圈的交替绕行。通过转向角的时间序列可视化能够更加直观地分析出智能小车行驶样本数据的主要特征。

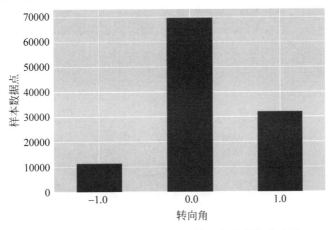

图4.28　智能小车示例数据中转向角的分布直方图

注:转向角的数据已转换为{−1,0,1}的离散值。

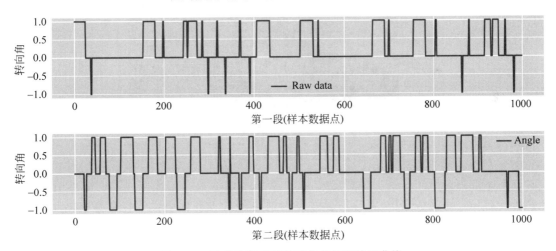

图4.29　随机选取连续的转向角控制信号曲线

在图4.30中画出了一部分随机选取的直行、右转和左转的样本数据点。这里可以看到图像数据其实是来自双目摄像头的两张图片的水平拼接,由于两个摄像头的位置和视角有少许的不同,相当于可以模拟双眼的效果。通过观察这些随机样本数据点,可以帮助理解哪些视觉要素对于转向的判断是最重要的,例如车道边缘的亮白色以及中间的黄色虚线都是决定方向的重要参考。同时还可以注意到,图像偏上的区域大部分是无效的环境信息,对于决策并没有多少作用,可以尝试修剪掉一部分。

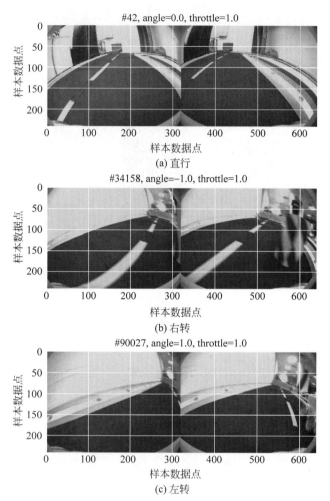

图 4.30 随机选取的摄像头数据样本以及对应的转向角和油门数据

在对示例数据有一些基本了解之后,接下来编写读取数据的代码。示例数据中的图像数据统一放在一个文件夹中,对应的标签数据通过预处理的代码已经保存在 parquet 文件中,可以高效地读取。需要注意,为了避免数据读取成为模型训练的瓶颈,在存储空间允许的情况下,最好提前将数据处理成可以快速读取的格式,避免在训练时进行大量的 json 文件解析等低效的操作。

在上面 MNIST 的数据中,PyTorch 框架已经将这部分数据内置,可以直接方便地读取。但对于智能小车数据,需要编写自定义的 Dataset 类,具体代码如下:

```
1   class DellCarData2(Dataset):
2       def __init__(self, image_path, metafile_path, indices = None):
3           super().__init__()
4           self.image_path = Path(image_path)
5           self.meta = pd.read_parquet(metafile_path)
6           self.length = self.meta.shape[0]
```

```
 7          if indices is None:
 8              self.indices = np.arange(self.meta.shape[0])
 9          else:
10              self.indices = indices
11
12      def __getitem__(self, index):
13
14          i = self.indices[index]
15
16          img = cv2.imread(str(self.image_path / f'{i}_cam-image_array__.jpg'))
17          transform = torchvision.transforms.Compose([
18              torchvision.transforms.ToTensor(),
19              torchvision.transforms.Normalize(IMG_MEAN, IMG_STD)
20          ])
21          img = transform(img).type(torch.float32)
22
23          ang = int(self.meta.loc[i, 'angle']) + 1
24          thr = self.meta.loc[i, 'throttle']
25
26          res = {'image': img, 'angle': ang, 'throttle': thr}
27
28          return res
29
30      def __len__(self):
31          return len(self.indices)
```

其中核心是要实现 __getitem__ 方法，在实现了这个方法之后，就可以用 data[i] 的方式直接读取数据集中的任何一个样本了。

定义了 Dataset 类之后，与 MNIST 示例中一样，可以构造出 Dataloader 类，训练时就可以直接从中取出训练数据了，这里不再重复。

接下来定义对应于图 4.27 的神经网络，该网络大致分成两部分：左边是 CNN 的图像特征抽取网络，右边是转向角和油门的输出。PyTorch 实现的代码如下所示，这里把 CNN 网络用 Sequential 对象封装起来，包含连续的 Conv2d 和 ReLU 函数的叠加，在输出之前把特征图展开至一维，并连接上非线性层和 Dropout（丢弃）层进一步对数据进行变换，然后再分别连接上不同的输出层，最终得到两个输出。具体代码如下：

```
 1  class CNN(nn.Module):
 2      def __init__(self):
 3          super().__init__()
 4          self.layers = nn.Sequential(
 5              nn.Conv2d(3, 24, (5, 5), stride=(2, 2), padding='valid'),
 6              nn.ReLU(),
 7              nn.Conv2d(24, 32, (5, 5), stride=(2, 2), padding='valid'),
 8              nn.ReLU(),
 9              nn.Conv2d(32, 64, (5, 5), stride=(2, 2), padding='valid'),
10              nn.ReLU(),
11              nn.Conv2d(64, 64, (3, 3), stride=(1, 1), padding='valid'),
12              nn.ReLU(),
13              nn.Conv2d(64, 64, (3, 3), stride=(1, 1), padding='valid'),
14              nn.ReLU(),
```

```
15              nn.Flatten(),
16              nn.Linear(64 * 23 * 73, 100),
17              nn.ReLU(),
18              nn.Dropout(0.1),
19              nn.Linear(100, 50),
20              nn.Dropout(0.1)
21          )
22
23          self.out_angle = nn.Sequential(nn.Linear(50, 3), nn.LogSoftmax(dim = 1))
24          self.out_throt = nn.Linear(50, 1)
25
26      def forward(self, x):
27          x = self.layers(x)
28          angle_out = self.out_angle(x)
29          throt_out = self.out_throt(x)
30          return angle_out, throt_out
```

该神经网络与 MNIST 示例的神经网络有很大的不同,这里返回了两个输出量,用同一个网络完成了转向角和油门预测两个任务。像这样的多目标神经网络的训练与简单的 MLP 神经网络并没有太大的区别,仍然是定义一个主循环,不断地从 Dataloader 可迭代对象中读取训练数据,进行前向计算。主要的区别在于这里需要分别为每个输出计算相应的损失函数,并且把它们综合为单个的标量。该示例采用简单的加权求和,为转向角预测设置更大的权重(注:当然这里由于示例数据的限制,油门数据并不能提供额外的有效信息,读者可以自行收集相应数据,训练出具有速度控制功能的模型)。得到损失函数之后,进行反向传播和权重更新。具体代码如下:

```
1   for epoch in range(n_epoch):
2
3       model.train()
4
5       losses = []
6       for data in train_loader:
7           x_img = data['image'].to(device)
8           y_ang = data['angle'].to(device)
9           y_thr = data['throttle'].type(torch.float32).to(device)
10
11          optimizer.zero_grad()
12          out_ang, out_thr = model(x_img)
13          loss_ang = F.nll_loss(out_ang, y_ang, reduction = 'mean')
14          loss_thr = F.mse_loss(out_thr.squeeze(), y_thr, reduction = 'mean')
15          loss = 0.9 * loss_ang + 0.1 * loss_thr
16          loss.backward()
17          optimizer.step()
```

类似地,也可以用训练曲线来评估损失函数的收敛情况,以及模型在验证集上的表现,如图 4.31 所示。在这里训练了 10 个 epoch(迭代周期数),可以看到损失函数的收敛比 MNIST 中多了很多噪声,但整体的趋势仍然是在稳定地收敛。从验证集的精度上看,一个 epoch 之后就达到了接近 87% 的精度,后续仍然在稳定但慢速地提升,可以继续进行训练以达到更高的精度。

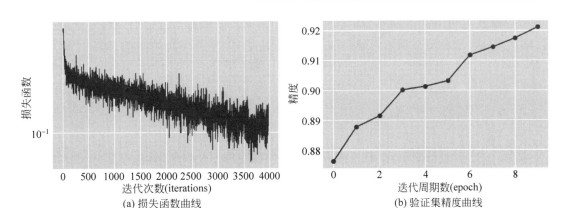

(a) 损失函数曲线　　　　　　　　　(b) 验证集精度曲线

图 4.31　端到端自动驾驶模型的训练曲线

4.5　开放性思考

本章主要介绍了如何基于神经网络编写自动驾驶核心的感知与决策算法,在智能小车平台上实现基于视觉信号的自动驾驶基础功能。借助卷积神经网络作为图像特征抽取层,再结合两个不同的输出端,实现了一个端到端的自动驾驶网络,似乎很轻松地解决了自动驾驶的核心算法。但读者也应当了解到,在智能小车平台所解决的自动驾驶问题相比于真实世界中的自动驾驶问题简化了很多。

从算法的输入端来说,智能小车平台主要依靠摄像头(传感器)感知周边的环境,但现在多数具有 L3 级以上自动驾驶功能的车辆装备了多个不同功能与参数的摄像头,并且不少厂家还会装备激光雷达,这种配置在带来更丰富信息的同时,也提出了更大的挑战。如何有效地融合传感器的信息,一方面需要充分利用各传感器的特性进行互补,感知到最全面的信息;另一方面也要求能够从冗余的信息中抽取最可靠和鲁棒的成分。

从算法的输出端来说,一个完整的自动驾驶系统远不止控制油(电)门和转向角两个方面。即使是油门和转向角的控制,也还涉及能耗的经济性(尽量在高效率的工况上行驶)、乘坐的舒适性(尽量平缓地加减速和转向)等问题。算法通常也不会做成一个大型的端到端网络,而是更细地拆分为不同的功能模块,例如在感知模块中通常需要显式地输出车道线、行人、障碍物的像素分割等信息。

基于以上背景,读者在理解智能小车上简化的自动驾驶算法原理及编写实践之后,尝试对以下问题进行调研,更进一步地了解自动驾驶业界的需求、技术进展和面临的困难。

(1) 试调研和阐述在真实的自动驾驶系统中,输入给感知模块的传感器信号有哪些?决策和控制模块需要控制的执行机构有哪些?在智能小车中做了哪些简化?

(2) 一个能够上路运行的自动驾驶系统,除了本章涉及的基础的感知与决策模块以外,还需要其他模块来完成一个真正全自动的驾驶,例如路径规划、车辆轨迹等模块,试调研和阐述完成一个真正的"写车"任务——实现一个完整的自动驾驶系统——涉及哪些感知和决策模块。

微课视频 59

（3）特斯拉和Waymo公司都在公开资料中不同程度地介绍过他们的自动驾驶技术方案，试调研这两家公司分别如何使用神经网络解决感知、预测和决策问题，用到了哪些与深度学习相关的人工智能技术（采用什么网络结构，解决了什么问题）。

4.6 本章小结

如图4.32虚线框所示，本章主要介绍了如何编写出一个程序（算法模型）承载和实现自动驾驶系统的"大脑"功能。这个程序具有能够学习的功能，并可以利用前面介绍的数据收集和处理所产生的数据集，驱动自身演化成一个能够完成自动驾驶任务的模型。训练演化模型的方法是第5章内容，而训练演化的基础和前置环节则是本章所介绍的重点内容。

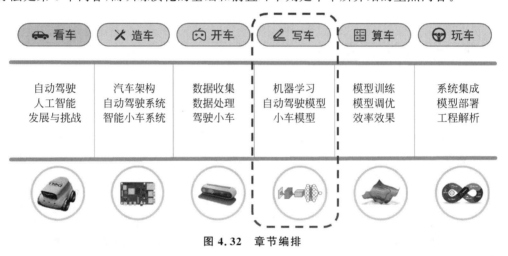

图4.32 章节编排

这种用数据驱动算法或者模型的学习过程，则属于"机器学习"的范畴。而对应于自动驾驶中涉及的感知及部分决策问题，深度神经网络是目前最有效的主流方法。本章的理论部分从机器学习与神经网络的基础概念出发，介绍神经元、通用近似定理等预备知识，然后介绍与自动驾驶相关的神经网络架构，重点展开介绍处理图像数据的卷积神经网络。在实战演练部分，先从简单的MNIST手写数字识别任务开始，学习如何用神经网络解决基本的计算机视觉问题，然后拓展到智能小车的自动驾驶问题：如何用一个端到端的神经网络，把从摄像头采集到的视觉信号转换成智能小车扭矩、转向角等执行信号，完成智能小车基础的自动驾驶任务。

由于智能小车是自动驾驶仿真车辆，其车身较轻，电动机动力相对较弱，所用传感器无论从数量上还是质量上远无法同业界真实自动驾驶车辆相比。对智能小车控制上的要求也相比真实汽车做了很多简化，因此所用的"端到端"算法模型也是相对基础和简单的。这样的内容安排一方面有利于初学读者了解自动驾驶中人工智能的基础知识和基本应用；另一方面也为读者进入后续更深入的学习打开通路，特别是开放性思考有助于启发读者进一步结合现实交通的复杂场景进行更加深入的学习。

第 5 章 算车：自动驾驶模型训练与调优

CHAPTER 5

微课视频 61

微课视频 62

5.0 本章导读

本章主要围绕神经网络模型的训练和优化展开，在人工智能深度学习领域，神经网络模型的设计是基础，而对神经网络模型的训练和优化则是实现模型功能的必经路径。目前有关神经网络模型训练和优化的研究已经非常深入，形成了很多各有特点的"流派"，而本章仅对自动驾驶场景中较为常见的计算机视觉图像分类及智能小车端到端自动驾驶等基础模型进行分析和讲解，对于自动驾驶技术研发中出现的一些新模型及其训练优化方法，本章将不再过多扩展。

前面 4.1 节介绍了自动驾驶模型研发的 4 大环节：数据、模型、损失、优化。第 4 章重点讲述如何完成其中的"模型"部分，即如何构建一个简化的端到端的神经网络[12]模型，把从摄像头采集到的视觉信号转换成智能小车的扭矩、转向角等执行信号。这个端到端神经网络基本结构可以选择 CNN(卷积神经网络)模型，其功能是实现对摄像头输出的图像(路况信息)进行处理，而处理的结果则是对智能小车行驶方向(例如左转、右转等)和速度的"指挥"。当神经网络模型的基本结构建立好之后，神经网络模型的功能并不是随之完成的，初建的模型实际上不具备任何功能，就如同一个初生的婴儿无法说出有实际意义的语言一样。初建的模型要通过数据集的训练才有可能实现特定的功能，而训练的过程就如同儿童认知的过程，需要有良好的学习方法和不断的实践验证，这就是本章重点介绍的内容，对应于模型研发中的"损失"和"优化"的两个环节。

端到端模型训练的基本框架如图 5.1 所示，在这个简化版本的自动驾驶系统中，CNN模型充当的角色是"大脑"，为了让"大脑"具备功能，则必须经过训练，训练的材料就是数据集。根据第 3 章的介绍，数据集中有来自车辆内部或者外部各类传感器的大量数据，其中最基础的就是摄像头的图片数据、驾驶方向盘的转动和油门的百分比数据，这恰好构成了本章介绍的端到端模型训练和优化的基本数据集。应当指出，真实的自动驾驶模型远比本章介绍的端到端模型复杂，所采用的数据信息也远远超过本章所介绍的范围，而本章介绍的内容却是更高级别技术研发的基础,学习这些内容有助于读者轻松打开通往自动驾驶技术研发的大门。

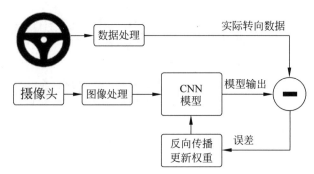

图 5.1 端到端模型训练的基本框架

在图 5.1 中,以汽车的转向控制说明模型训练的基本框架。大量来自车载摄像头的图片数据经过随机位移或者旋转等预处理后输入 CNN 模型中,经过模型运算产生输出结果,开始时模型输出的是像抛硬币一样的随机值,需要与驾驶方向盘实际的操作数据进行比对,利用比对之后的误差信息对 CNN 模型内部的参数进行调整,调整的目的是减少误差,让比对误差趋向于零,即模型的输出动作与采集到的真值数据一致,这个过程就是对模型的训练。当误差越来越趋近于零,小到一个最低阈值时,这个模型就具备了自动驾驶的基本功能,当有新的车载摄像头数据输入时,其输出的结果就可以直接用于控制汽车的方向盘。如何利用误差信息更加有效地调整模型内部参数,这是模型优化需要实现的目标。本章将围绕如何建立训练指标参数,如何完成参数调整以及如何提高运算效率等问题进行相应的介绍。

5.1 模型与训练参数

5.1.1 模型训练数据

微课视频 63

自动驾驶模型训练数据的采集一般是通过人工驾驶装载有采集设备的汽车,在道路行驶过程中一边采集道路环境数据一边记录人工驾驶的操作数据,两方面的数据相结合,最终形成自动驾驶训练所需的数据集。人工驾驶的操作数据将作为自动驾驶生成操作数据的重要参考,而车辆转向和油门的相关数据则是这些操作数据中最基本的构成元素。尽管第 3 章介绍了很多业界的自动驾驶数据集,但对本书使用车道沙盘环境的智能小车而言,这些数据都过于复杂,无论做数据处理还是进行模型训练,所付出的代价都很大,因此本节将对智能小车本身所需的训练数据进行简单的介绍。

车辆行驶中可以利用车辆的转弯半径 r 作为转向角的描述参数,如图 5.2 所示。最小转弯半径 r_{min} 是指当汽车的方向盘转到某个方向极限的位置时,汽车的行驶路径就会绕着一个圆心画圆,显然 r_{min} 越小,汽车的转向角就越大。汽车转向角的大小与车辆自身特征相关,例如对于前后轮距大的汽车,其最小转弯半径相对也大,相同车身尺寸特征的汽车 $r_{\min}$ 越小,其方向盘能控制的转向轮的转向角也就越大。为了与转向角描述表示保持一致,通常会采用 $1/r_{\min}$ 记录智能小车的最大转向角。同样,在汽车行驶过程中的转向角也可以用 $1/r$ 表示,然而在真实环境中车辆操作的转向角数据是非常复杂的,对于驾驶员在通过不同弯角道路时,转动方向盘的程度是不同的,即使通过相同的转向角道路,车辆的转向操作也会因人而异,与通过时的车速、驾驶员的经验、车辆的载重状态都密切相关。

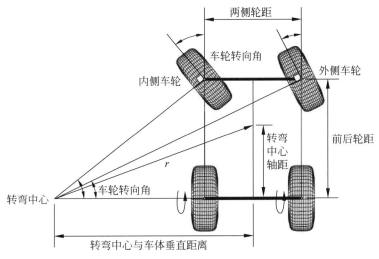

图 5.2 车辆的转弯半径和转向角

因此,类似于转向这种操作数据需要人为降低其复杂度。对复杂操作数据通常可以采用量化编码的方式简化,而最极端的简化就是将转向数据直接判定为"转向""未转向"两类以区分转向的方向,转向数据最终可以判断为"左转""直行""右转"三类。而转向的程度会直接使用 $r_{\min}$ 这个最小转弯半径作为转向角。虽然这种极端的简化会对真实的车辆操作带来严重的影响,但是在本书所介绍的智能小车中,这种极端的简化却是一种可以选择的方案。在智能小车中,自动驾驶模型转向控制参数的输出频率远高于人类驾驶员的操作频率,例如每秒输出控制参数 20 次。使用这种极端的简化方式,智能小车自动驾驶模型每一次控制输出都是极端的,要么左转到底,要么右转到底,但是由于智能小车对控制的响应是有惯性的,这种高频度的操作控制最终展现出的效果并不是智能小车前进时的左右摆动,而是类似于人类驾驶员操控汽车那样令智能小车连贯性转向运动。因此,智能小车所采用的数据集中除了包括车载摄像头记录的第一视角路况图像,同时包括的人工驾驶操作数据可以采用上述极端简化的格式进行记录,例如对应的行进方向用"左转""直行""右转"表示,而转向时的角度则用 $1/r_{\min}$ 替代。

在智能小车的自动驾驶实验中,对于给定道路场景 x,驾驶员的操作 y 定义了一个样本。通过人工驾驶的方式累计收集了 m 个有标记的样本数据,可以按下面的形式分别定义数据集 D、数据特征集 X 和数据标注集 Y。

$$D = \{(x_i, y_i)\}, \quad i = 1, 2, \cdots, m$$
$$X = \{x_i\}, \quad i = 1, 2, \cdots, m$$
$$Y = \{y_i\}, \quad i = 1, 2, \cdots, m$$

其中，x_i 为特征，在自动驾驶中一般指从道路场景中得到的各种传感器信息，在智能小车中主要是来自摄像头的图像信息；y_i 为在当前道路场景 x_i 下应该采用的驾驶操作，根据候选驾驶操作集的数量定义该向量的维度，例如如果将自动驾驶的智能小车的转向离散化为"左转""直行""右转"三个可能值，那么 y_i 可以用独热编码（one-hot encoding）的形式定义为三维向量，并用[1,0,0]、[0,1,0]、[0,0,1]分别表示"左转""直行""右转"这三个对应的操作。

由大量道路场景图像和操作标签组成的数据就是智能小车模型训练所需的数据集 D。

5.1.2 智能小车 CNN 模型

根据第 4 章对卷积神经网络的介绍，下面以自动驾驶智能小车端到端基础模型为例进行讲解。自动驾驶智能小车 CNN 模型（见图 5.3）的输入层将摄像头产生的图像数据转换为适合神经网络计算的张量数据，然后数据连续进入 5 个卷积层（其中激活函数未画出）和后续的处理层。

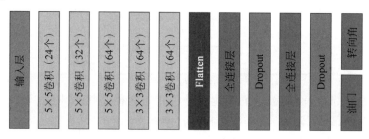

图 5.3 智能小车 CNN 模型

主要说明如下：

（1）对摄像头获取的图像数据进行重采样，符合网络模型对输入图像分辨率要求后，数据通过输入层进入模型网络。

（2）数据依次进入 5 个二维卷积层：前 3 层为步幅为 2 的 5×5 卷积，且通道数逐层加深，由输入层的 3 增加到 64。后 2 层为 2 个 3×3、步幅为 1 的卷积层，卷积核数目均为 64。通过这 2 层进一步抽取图像中的特征信息。在 5 层卷积处理之后，沿图像空间尺度方向（宽和高方向）的大小被缩小，信息从空间尺度上浓缩，而在通道维度上用更多的特征图拓展。

（3）完成卷积的数据依次进入全连接层和处理层：首先是将数据用 Flatten（压平）层将三维张量拉长为一维数组，然后接下来用 Flatten 层将特征图由三维张量拉平为一维数组，并进入 2 层全连接层，用非线性变换将特征的维度降低至 100。为防止出现过拟合，在全连接层后用 Dropout（丢弃）层，将本层的输入特征随机丢弃 10%再向下一层传递。

（4）网络的最后是转向角和油门两个输出层。在示例网络中，将转向角离散化为 3 个值(左转、右转、直行),将油门定义为单一输出值。相当于将前者定义为分类问题,需要用softmax函数产生每种转向动作的概率输出,后者定义为回归问题,直接输出油门的百分比。

5.1.3 参数和超参数

一般而言,神经网络可被视为由若干"层"构成的复合运算网络。在前面定义的端到端CNN模型中,主要包含卷积层、全连接层、Dropout层等,其中卷积层和全连接层都具有可学习的参数,这些参数是神经网络训练过程中要被优化的对象,而Dropout层、Flatten层等是对数据的变换,不具有可学习的参数。假设深度神经网络的模型一共有 L 层,则深度神经网络的参数可以表示为

$$\boldsymbol{\Theta} = \{\theta^{(i)}\}, \quad i = 1, 2, \cdots, L-1$$

其中,$\theta^{(i)}$ 表示连接第 i 层和第 $i+1$ 层的参数矩阵,深度神经网络的全体参数记为 $\boldsymbol{\Theta}$,这里也可以简称为模型参数集或者模型权重集。

训练神经网络的目的就是要找到一套好的模型参数,使之可以将输入数据映射为合适的输出值。现代的神经网络模型,特别是深度学习神经网络模型,通常具有非常大的参数量,典型的深度模型通常都有百万量级的参数,而当前业界中一些超大模型参数的数量已经开始用"千亿"为单位进行计算了。这样规模的模型参数需要通过计算机用深度学习算法,从数据集中学习到的更新的信息,自动地进行更新。模型训练需要大量数据,用迭代的方式将数据传递给模型并更新其中的参数,这个过程所需的计算量巨大,对计算机的算力也有相应的要求。

如果说深度神经网络中的参数是基本变量,是模型"微观"视角的内部变量,那么超参数(hyperparameter)则是控制深度神经网络模型配置和训练的外部"宏观"变量。例如,神经网络的层数是一个超参数,它影响了模型的容量和学习能力;神经网络训练过程中的学习率影响模型训练的收敛速度和收敛的质量。超参数通常需要预先定义,它们对模型训练的效率和训练的效果都会产生影响。常见的超参数及其对模型训练的敏感性(其数值变化对模型训练的影响能力)如表5.1所示。

表5.1 模型超参数与敏感性

超 参 数	敏 感 性
学习率(learning rate)	高
损失函数(loss function)选择	高
迭代周期数(epoch)	高
数据批量大小(batch-size)	中
隐藏层数(number of hidden layers)	中
隐藏层的单元数/神经元数(number of hidden layer units)	高
优化器(optimizer)选择	低
网络初始化权重(weight initialization)	中

智能小车自动驾驶的控制器选用了 CNN 模型,其模型参数集 Θ 包括每个卷积核的数值和全连接函数运算时的权重数值(这些数值是神经网络各层连接的参数)。对于一个二维卷积核,通常其参数就是一个矩阵,以尺寸为 3×3 的卷积核为例,其参数矩阵的大小是 3×3,矩阵有 9 个元素变量(模型参数);对于 3 通道二维卷积核(尺寸 3×3),其参数矩阵的大小就是 3×3×3,矩阵有 27 个元素变量;对于更多通道(n 通道)二维卷积核,其参数矩阵的大小就是 $m_1 \times m_2 \times n$(m_1, m_2 表示二维卷积核的尺寸)。显然对于图 5.3 中的 CNN 模型,如果输入的图像是 RGB 三通道数据,第一个卷积层中的卷积核尺寸就是 5×5×3,而这一层中这种卷积核的数量是 24 个,总的参数个数为 5×5×3×24。由于这些参数的初始值几乎都不相同,因此同一幅 RGB 图像数据经过第一个卷积层的运算后,24 个卷积核产生的计算结果也完全不同。

那为何需要这么做呢?回顾第 4 章的介绍,可以把每个卷积核都看成一个匹配特定模板的滤镜,透过这些滤镜观察同一幅 RGB 图像,看到的是完全不同的样子。卷积核的参数决定了滤镜的作用,用不同参数的滤镜处理同一幅 RGB 图像,相当于用多个不同的滤镜独立地处理,分别生成对应的模板匹配值。这个输出仍然是多维张量,与输入的 RGB 图像并无二致,因此仍然可以当作图像被下一层卷积层处理,主要的区别在于这种中间特征图不再具有 RGB 颜色通道的含义,且通道数量可以是任意整数。

经过初始化的神经网络中,卷积核参数是随机的,因此经滤镜处理生成的特征图也是没有意义的,那么如何修改滤镜性能使得生成的特征图具有意义呢?这正是模型训练需要解决的问题。显然,整个 CNN 模型中需要调整的参数有很多,每一幅输入图像数据能够提供的调整也十分有限,因此这个调整过程依赖于大量的数据输入和误差校正,需要的计算量也是巨大的,这就是模型训练对算力要求的根本原因。但如果仅仅是保证了算力的提供,也未必就能完成调整。如何调整?调整的规则是什么?这些也是训练中需要解决的关键问题。如表 5.1 所示的超参数,对于模型中参数的调整会产生一定的影响,敏感性高的超参数对参数的调整影响大,反之则小。下面会对所涉及的超参数进行介绍。

5.1.4 损失函数

在自动驾驶模型研发的第 3 个环节中,损失函数用于定量评估当前模型性能的好坏。更具体地说,它表示在当前参数集的取值情况下,给定输入值 x 产生的模型输出响应 $\hat{y}$ 与真值 y 的偏离程度。定义损失函数是为了判断每次参数调整后模型输出误差变化的情况。如果模型内部参数的初始设定值是随机的,那么在训练过程中,这些参数的调整必然要遵循一些规则,有些参数调大,有些参数需要调小,经过这些调整后,模型整体的输出误差应该逐步减小。定义损失函数使得计算机有了定量的明确目标,即减小损失函数的数值,从而可以调用优化算法,自动地使用算法中定义的规则完成优化。

以智能小车的 CNN 模型(含模型参数 Θ)为例,当输入道路场景图像 x 后,模型推理(前向运算)输出的结果将是对驾驶操作的预测 $\hat{y}$。首先定义在模型推理过程中所产生的一些中间变量：令 $a^{(i-1)}$ 为神经网络第 $i-1$ 层的输出结果，$z^{(i)}$ 为第 i 层进行线性变换结果，$a^{(i)}$ 是将激活函数 g 作用于 $z^{(i)}$ 的结果。从 $a^{(i-1)}$ 到 $z^{(i)}$ 的变换（线性变换）记为 $\theta^{(i-1)}$；从 $a^{(i-1)}$ 到 $a^{(i)}$ 的变换（先进行线性变换，后通过激活函数进行非线性变换）记为 $h_{\theta^{(i-1)}}$。

$$a^{(i)} = g(z^{(i)})$$
$$z^{(i)} = \theta^{(i-1)}(a^{(i-1)})$$
$$a^{(i)} = h_{\theta^{(i-1)}}(a^{(i-1)}) = g(\theta^{(i-1)}(a^{(i-1)}))$$

输入道路场景图像 x 在模型参数 Θ 作用下得到模型推理结果 $\hat{y}$ 的全过程可以记为 H_Θ：

$$\hat{y} = H_\Theta(x) = h_{\theta^{(L)}}(h_{\theta^{(L-1)}}(h_{\theta^{(L-2)}}(\cdots h_{\theta^{(1)}}(x)\cdots)))$$

显然，从道路场景图像 x 到输出模型预测驾驶操作 $\hat{y}$ 的推导的过程路径可简记为

$$x = a^{(1)} \to z^{(2)} \to a^{(2)} \to \cdots \to z^{(L-1)} \to a^{(L-1)} \to \cdots \to \hat{y}$$

在智能小车 CNN 模型中，输入的道路场景图像 x 先经过卷积和激活函数的计算后，还需要通过全连接层、丢弃层等的计算才能从道路场景图像 x 中构建出关键的特征表示，其中全连接层和丢弃层的计算也可以用类似 h_θ 定义进行表达，并将最后的结果 $a^{(L-1)}$ 输入线性分类器（softmax 函数是一种实现分类常用的算法）以得到道路场景图像 x 对应的驾驶操作预测 $\hat{y}$。考虑到自动驾驶任务的复杂性，模型输出的线性分类器会被定义为多分类问题的类型，智能小车的模型输出结果就有"左转""直行""右转"等多个转向分类。对于模型的预测结果 $\hat{y}$，一般取概率值最大的输出节点对应的驾驶操作作为模型的最终输出，例如 5.1.2 节中模型的输出为 $\hat{y} = [0.5, 0.3, 0.2]$ 时，具体的结果则应该采用"左转"作为当前道路场景下的驾驶操作选择。

损失函数可定义为样本（数据）标注 y 和模型预测输出 $\hat{y}$ 之间的误差，即

$$L(y, \hat{y})$$
$$\hat{y} = H_\Theta(x)$$

对于给定的第 i 个样本 x_i，比较根据其深度神经网络预测值 $\hat{y}_i$ 和事先已被标记的样本标注 y_i。对于转向角的输出，本章的 CNN 模型将其定义为对离散值的预测，因此损失函数选择使用交叉熵（cross entropy，CE）作为单样本损失 L_i 的定义，则

$$L_i = \text{CE}(y_i, \hat{y}_i) = -\sum_{j=1}^{K} y_{i,j} \cdot \ln \hat{y}_{i,j} + (1 - y_{i,j}) \cdot \ln(1 - \hat{y}_{i,j})$$

其中，$y_{i,j}$ 表示第 i 个样本的标记在第 j 维的取值，例如 $y_i = [1, 0, 0]$，$y_{i,1} = 1$，$y_{i,2} = 0$，$y_{i,3} = 0$；$\hat{y}_{i,j}$ 表示第 i 个样本的模型预测输出在第 j 维的取值，例如 $\hat{y}_i = [0.5, 0.3, 0.2]$，$\hat{y}_{i,1} = 0.5$，$\hat{y}_{i,2} = 0.3$，$\hat{y}_{i,3} = 0.2$。

通过对全体样本的交叉熵损失函数求平均，不难将单样本交叉熵损失函数推广至全体样本，则

$$J(\Theta) = L_{\text{angle}} = L_\Theta(y, \hat{y}) = \frac{1}{m}\sum_{i=1}^{m} L_i = \frac{1}{m}\sum_{i} \text{CE}(y_i, \hat{y}_i)$$
$$= -\frac{1}{m}\sum_{i=1}^{m}\sum_{j=1}^{K} y_{i,j} \cdot \ln(\hat{y}_{i,j}) + (1 - y_{i,j}) \cdot \ln(1 - \hat{y}_{i,j})$$

由此定义的损失函数能够成为判定模型训练好坏的指标,模型在利用大量数据进行反复训练的过程中,如损失函数的输出不断降低,就意味着模型输出的误差越来越小,输出值越来越接近训练样本的标注值,模型将逐步具备预设的功能意义。

类似地,也可以定义并计算油门输出的损失函数。油门采用的是连续值的输出,定义为一个回归问题,因此损失函数采用均方差(mean squared error,MSE),其定义为

$$\text{MSE} = \frac{1}{m}\sum_{i=1}^{m}(y_i - \hat{y}_i)^2$$

最终总的损失函数应当是两部分输出的损失函数的加权和(具体权重的取值需要经过测试选择合适的数值),并以此为依据对整个神经网络的参数进行调整。

$$J(\boldsymbol{\Theta}) = 0.9 \times L_{\text{angle}} + 0.1 \times L_{\text{throttle}}$$

如果训练的结果最终是调整模型内部参数使模型输出的损失函数出现最小值,那么训练问题就转换为求解参数优化问题,即寻找

$$\boldsymbol{\Theta}^* = \mathrm{argmin}_{\boldsymbol{\Theta}} J(\boldsymbol{\Theta})$$

其中,$\boldsymbol{\Theta}^*$表示使函数$J(\boldsymbol{\Theta})$达到最小值时$\boldsymbol{\Theta}$的取值。现实中无法在模型训练过程中达到真正的最小值,一般通过优化迭代将损失函数减小到一定范围即可。

通常在设计深度神经网络过程中,对模型进行训练需要预先确定模型的超参数。选择恰当的超参数,能够提高模型参数优化问题的求解效率。这个求解过程通常是利用优化算法通过反向传播(backward propagation,BP)算法计算出关于$\boldsymbol{\Theta}$的梯度,基于$\boldsymbol{\Theta}$的梯度,使用随机梯度下降(stochastic gradient descent,SGD)算法更新$\boldsymbol{\Theta}$值,进一步最小化损失函数,从而完成对深度神经网络内部参数的优化。

5.2 神经网络模型训练

模型训练的过程就是在超参数已确定的前提下,求解$\min_{\boldsymbol{\Theta}} J(\boldsymbol{\Theta})$,从而确定$\boldsymbol{\Theta}$的过程。而$J(\boldsymbol{\Theta})$又是典型的多极值非凸函数,在实际训练模型过程中,会发现即使超参数一致也会有每次优化的结果不一样的情况。根据实际经验,学习率的选择会显著影响模型优化的最终结果,优化器的求解和数据样本的分批量大小对优化效果也有一定的影响。本节将介绍梯度下降和反向传播算法求解梯度。在深度学习框架中,反向传播算法一般属于完全后端实现的模块,不对用户暴露接口,而梯度下降的过程则需要考虑到上述超参数的选择,具体超参数的优化选择会在后面介绍,本节重点在于理解这些超参数对优化结果的影响。

用Python程序表达的智能小车CNN模型训练的主要代码如下(可参见每行代码行的注释,后续代码将不再进行逐行注释)。

```
1    # 根据n_epoch变量的数值进行多次循环运行,每次循环的序号存储在epoch变量中
2    for epoch in range(n_epoch):
3        # 将模型设置为训练模式
4        model.train()
```

```
 5
 6        # 初始化 losses 损失量数组
 7        losses = []
 8        # 将训练数据集 train_loader 中的训练数据提取到 data 变量,
 9        # 并重复循环直至训练数据集中所有数据都被提取完成
10        for data in train_loader:
11            # 将本轮训练数据 data 中的图像数据转移到目标设备(例如 GPU)
12            x_img = data['image'].to(device)
13            y_ang = data['angle'].to(device)
14            y_thr = data['throttle'].type(torch.float32).to(device)
15
16            # 将优化器 optimizer 状态重新归零
17            optimizer.zero_grad()
18            # 将 x_img 输入模型,并得到运算结果 out_ang, out_thr
19            out_ang, out_thr = model(x_img)
20            # 用负对数似然损失函数工具获得转向变量的损失值
21            loss_ang = F.nll_loss(out_ang, y_ang, reduction = 'mean')
22            # 用均方差损失函数工具获得油门变量的损失值
23            loss_thr = F.mse_loss(out_thr.squeeze(), y_thr, reduction = 'mean')
24            # 加权转向和油门变量的损失值生成总损失值
25            loss = 0.9 * loss_ang + 0.1 * loss_thr
26            # 损失函数反向传播
27            loss.backward()
28            # 执行优化步骤,更新模型权重
29            optimizer.step()
```

下面将展开阐述这段代码背后的原理。

5.2.1 梯度下降迭代

模型训练的代码在整体逻辑上是一个两层的循环:外层循环重复 n_epoch 次,把完整的数据集传给内层的训练逻辑,内层循环把完整的数据集拆分为多个小批量,迭代更新模型内部的参数。在每一次小批量的迭代中,包含以下几个子步骤:

(1) 将数据复制到计算设备(通常是 GPU)上。

(2) 将优化器的状态重新归零。

(3) 进行前馈计算,将输入传给 CNN 模型,经各层计算之后得到两个输出。

(4) 分别计算两个输出的损失函数,加权求和得到总损失函数值。这一步将得到在当前小批量的数据中,模型预测的输出值与真值的差异。

(5) 反向传播,得到损失函数关于各参数的梯度值,即每一个参数应该往哪个方向调整,以及在这个位置损失函数对该参数的敏感程度。

(6) 按照预定义的优化器算法,执行参数更新。

1. 迭代优化

可以看到,上述步骤整体的逻辑都是在为最后两个步骤服务的,训练的核心步骤就是通过反向传播得到损失函数关于每一个参数的偏导数,并以此为依据对参数进行更新,迭代多次直到损失函数减小到可接受的范围。之所以需要把数据拆成小批量并且每次迭代更新一

小步,有几方面的原因:①神经网络的损失函数是一个关于模型参数的非凸函数,且具有数量庞大的优化变量,因此其优化方法有别于传统的凸函数的最优化方法;②将问题转化为对 Θ 取优,使其损失值稍微减少,那么问题的难度就大大降低了;③通过拆分成小批量,每一步的计算都可以快速地在 GPU 有限的内存中完成,以便有效地利用硬件加速器的算力,实现更快的收敛。

2. 迭代优化的最优方向——梯度

梯度是一个向量,通常表示某个函数在该点处的方向导数的最大值,也就是沿着该方向(此梯度的方向)函数在该点处变化最快,变化率(梯度的模)最大。用梯度解决优化问题是非常有效率的一种方法。以图 5.4 为例,损失函数构成的曲面在局部有很多极值点,找到这些极值点并求出最小值就可以完成优化问题的求解。显然如果从曲面上任意一点开始移动,若想用最快速度移动到最近的极值点,从

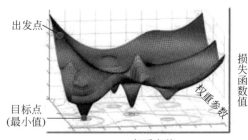

图 5.4 损失函数参数优化问题示意图

这个点的局部信息来看,沿着梯度是最好的办法。在移动前,先求取当前位置点的梯度,然后沿着下降梯度方向移动到下一个点,再重复求取当前位置的梯度,再继续沿着梯度方向移动,最后如果收敛,就会抵达极值点。但为什么有时所抵达的终点不一定是最小值点呢?这是因为这个曲面上可能存在若干个极值点,当出发起始点的位置选择不恰当时,沿着梯度前进未必就能正好找到最小值点,很可能是进入了最靠近起始点位置的极值点。一旦进入极值点,如果还是单纯使用原先的梯度方法,更大的可能性是陷入这个极值点所在的"坑"中无法走出来,移动迭代过程会被判定为结束,而此时所找到的点不是最小值,也无法得到全局最优解。对于具有百万量级甚至更高数据量级的神经网络来说,损失函数的优化问题会更加复杂,因为高维空间中存在更多鞍点(即偏导数为 0,但仍未达到局部最优),这时优化器很难从这种状态中跳出。尽管如此,梯度法目前仍然是最有效的方法,只不过在具体实施过程中需要采用一些策略进行调整,以避免过早地陷入局部极值点上,后续将对此做进一步的分析。

而迭代优化的方向不需要随机寻找,因为可以直接计算出最好的方向,这就是从数学上计算出当前局部最陡峭的方向,这个方向就是损失函数的梯度。假设在反向传播中已经得到参数 $\theta^{(i)}$ 的梯度的 $\nabla_{\theta^{(i)}}$(计算方法会在后续详细介绍),可用如下迭代公式更新参数的值

$$\theta^{(i)} = \theta^{(i)} - \eta \times \nabla_{\theta^{(i)}}$$

其中,η 为学习率或步长。

3. 学习率

梯度指明了函数在哪个方向是变化率最大的,但是没有指明在这个方向上应该走多远。

选择步长(也叫作学习率)将会是神经网络训练中最重要(也是最困难)的超参数设定之一。这就好比,人们可以感觉到脚朝向的不同方向,地形的倾斜程度不同,但是该跨出多长的步长呢?不确定。如图 5.5 所示,如果谨慎地小步走,可以比较稳定地收敛到某个局部最优解,但是进展较慢,需要较多的迭代次数和时间。相反,如果想尽快下山,那就大步走吧,但结果有时也会适得其反。因为梯度只指示了在当前局部位置的最陡峭方向,并不是指向真正的最优值,在某些点,如果步长过大,反而可能越过最低点导致更高的损失值。

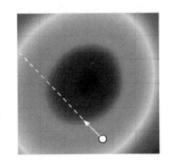

图 5.5 学习率与梯度下降

学习率是模型训练优化器的重要参数,在智能小车模型训练中,具体代码如下(其中,变量 lr 就是学习率):

```
1   model = Net()
2   optimizer = torch.optim.Adam(model.parameters(), lr = 0.0005)
```

4. 随机梯度下降

梯度下降算法的基本思想是跟随负梯度方向,重复地计算梯度然后对参数进行更新。梯度下降算法是对神经网络的损失函数最优化处理中最常用的方法。模型参数 Θ 一直跟着梯度走,直到结果不再变化。正如 5.2 节代码所示,这个简单的循环已经被现在的深度学习框架例如 PyTorch 作了高度的封装,使用者并不需要手动实现其中的细节。

在自动驾驶深度神经网络的训练过程中,训练数据可以达到百万量级。根据损失函数计算的公式 $L = \dfrac{1}{m} \sum_i L_i$,每一次计算损失函数都需要对完整的数据集进行遍历,计算每一个数据点上的损失函数,再计算算术平均。如果计算整个的训练集才获得仅仅的一次参数更新,从算力成本的角度来看,这是十分浪费的,因此一个常用的方法是选取训练集中的小批量(mini batch)数据进行单独的计算和参数更新,即小批量数据梯度下降(mini batch gradient descent)算法。这个算法的本质是用小批量数据中的损失函数作为全量数据损失函数的近似,通过在训练集中多次选取不同的小批量数据进行训练来大幅提高参数更新的效率。例如在目前常用的卷积神经网络中,整个训练集包含几十万甚至上百万个样本,而对于小批量数据中的样本数,其典型值仅为 256 个,每次计算一个小批量数据就可以实现一次参数的更新,而每次迭代计算所需的时间远远少于整个训练集训练所需的时间,参数更新的效率大大提高。这个算法之所以行之有效,是因为训练集中的数据都是相关的,小批量数据的梯度就是对整个训练集梯度的一个近似。因此,在实践中通过计算小批量数据的梯度可以实现更快速的收敛,并以此来进行更频繁的参数更新。小批量数据策略中有个极端情况,就是将小批量中样本数量设置为 1 个,即每次迭代都只随机选取一个样本,并根据单个样本的梯度信息来更新模型参数,这种策略被称为随机梯度下降(stochastic gradient descent,SGD)算法,有时候也被称为在线梯度下降算法。这种策略在实际情况中极少采用,因为当前的计算训练通常都是在 GPU 等加速器中进行向量化的操作,一次计算 100 个数据的向量比 100 次计算 1 个数据的标量要高效得多。因此，通常所说的 SGD 算法指的是小批量数据梯度下降算法。

小批量数据中包含的样本数的大小（即批量大小，batch size）是一个超参数，在实际应用中由于其影响相对较小，有时候并不通过交叉验证调用参数，而是在 GPU 内存允许的情况下选择尽可能大的批量大小，使得 GPU 可以尽量在满负荷的状态下运行，或者有时干脆设置为固定大小，例如 32、64、128 等。

此外，超参数 epochs 表示遍历全体样本集的次数（迭代周期数）。为了避免在出现无法收敛的情况时，数据的训练过程无法终止，通常会人为设置一个重复遍历全体样本集的次数作为训练运算的上限，这个上限就是 epochs。如果 epochs 过小，很有可能训练并未达到优化迭代的最佳次数就终止，此时得到的结果并不是最优解。如果训练超过一定次数时，训练也很有可能出现过拟合的现象，过拟合会导致模型最终的适应性降低。如果在训练中发现产生了过拟合现象时，训练通常需要提前终止，而不一定要达到 epochs 所设定的上限值。

在神经网络基于梯度下降算法的优化中，还有一个重要概念是"动量"（momentum）。因为每一个小批量的迭代计算中，小批量数据提供的梯度信息仅仅是真实梯度信息的近似，还存在一定的随机噪声，如果单纯地用梯度下降算法优化，优化的路径将会受噪声影响变得十分曲折，收敛很慢。一个有效的解决办法是对移动路径进行移动平均，这样可以使得优化路径变得更加光滑。动量方法正是基于这个思想，对每一步的梯度信号进行移动指数平均，减小局部噪声的影响。这种情形就像在从山上下坡时，每一个局部点的梯度都会受到各种小石头的影响，使得局部提供的梯度信息与全局梯度不一致。而动量方法就像是一个有质量的小球滚下山，它本身的动量可以帮助小球冲过局部的坑洼，更快地滚下山。因为动量的有效性，它也是深度学习框架中 SGD 优化器的自带的重要参数。

除了原始的 SGD 算法以外，实际中也有一些其他基于 SGD 算法的改进优化算法，其中的代表是 Adam 算法。Adam 算法的主要特点是可以根据优化情况自适应地独立调整每一个参数的学习步长。因为这个特性，它相比 SGD 算法可以更不依赖人工调整参数，很多时候默认设置就能得到较好的效果，因此 Adam 算法也是目前应用最广泛的优化算法之一。

5.2.2 反向传播梯度计算

微课视频 67

反向传播（back propagation，BP）算法是深度学习神经网络中的常用学习算法，它是梯度下降算法的基础。反向传播算法是用自动微分（automatic differentiation）实现精确梯度计算的方法之一，适用于神经网络中的梯度计算。它是各种深度学习框架最基础的功能，虽然各框架在底层反向传播算法的设计上都有一些不同的取舍，但原理上采用的都是反向传播算法。

如图 5.6 所示，反向传播算法由正向传播（前馈计算）和反向传播（梯度计算）这两个环节反复进行循环迭代而构成，这个循环迭代会一直持续到网络对输入的响应输出达到预定的目标范围为止[13]。在正向传播过程中，输入数据沿着正向路径，经过输入层、隐藏层传向输出层，得到输出结果，然后将输出结果与真值比较，计算损失函数值。然后从损失函数开始,进入反向传播环节。通过逐层求出目标函数对网络模型中各神经元权重值的偏导数,构成目标函数对权重值向量的梯度,作为修改权重值的依据。

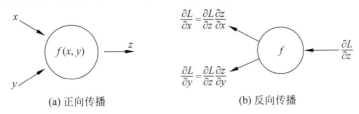

(a) 正向传播　　　　　　(b) 反向传播

图 5.6　反向传播算法

1. 求导的链式法则

反向传播可以看成微积分中复合函数求导的链式法则在神经网络中的应用,而神经网络正好可以看作由一层层函数嵌套而成的复合函数。

在神经网络的梯度计算中,最终的目标是求出损失函数 L 相对于每一个参数的偏导数。图 5.6 给出了复合函数视角下神经网络中正向传播和反向传播在一个神经元局部的计算方法。图 5.6(a)的正向传播的输入变量为 x 和 y,输出 z 为函数 $f(x,y)$ 的计算结果。图 5.6(b)是反向传播,对于输出求偏导数 $\partial L/\partial z$,即相对于 z 的损失函数的梯度,损失函数中对 x 和 y 的梯度可以通过链式法则计算。

2. 反向传播算法——前馈计算

以如图 5.7 所示的神经网络模型为例介绍神经网络的前馈计算和反向传播过程。不失一般性地,这里假定神经网络为一个 4 层的全连接网络,激活函数为 sigmoid 函数,最后一层输出层的激活函数为 softmax 函数。

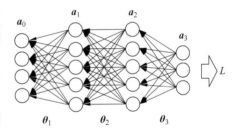

图 5.7　4 层神经网络模型

神经网络的前馈计算指的是由输入 a_0 经各层变换计算得到输出 a_3 的过程。这里以 a_1 到 a_2 为例,展开公式如下:

$$a_2 = \sigma(\text{Linear}(a_1; \theta_1)) = \sigma(W_1 a_1 + b_1)$$

其中,$\sigma(x) = 1/(1+e^{-x})$ 为 sigmoid 函数;Linear 为全连接层变换,是对输入的仿射变换,其参数 θ_1 包含 W_1 和 b_1 两部分。

其余各层之间也是用相同的变换完成计算,唯一的区别是输出层,其激活函数不是 sigmoid 而是 softmax 函数(用于产生概率预测值)。

3. 反向传播算法——反向传播

反向传播是在完成前馈计算之后计算损失函数相对所有模型参数的偏导数($\partial L/\partial \theta$,其中 θ 为模型的任一参数)的过程。这里同样只对 a_2 到 a_1 的反向传播过程展开讨论。记

$$o_2 = W_1 a_1 + b_1$$

则前馈计算可以表达为 a_2 和 o_2 两部分

$$a_2 = \sigma(o_2); \quad o_2 = W_1 a_1 + b_1$$

假定 $\partial L/\partial a_2$ 已知,则可以推导出当前层参数的偏导数为

$$\frac{\partial L}{\partial W_1} = \frac{\partial L}{\partial a_2} \times \frac{\partial a_2}{\partial o_1} \times \frac{\partial o_1}{\partial W_1}; \frac{\partial L}{\partial b_1} = \frac{\partial L}{\partial a_2} \times \frac{\partial a_2}{\partial o_1} \times \frac{\partial o_1}{\partial b_1}$$

其中 $\partial a_2/\partial o_1$ 就是 sigmoid 函数的偏导数,其解析公式为 $\partial a_2/\partial o_1 = a_2(1-a_2)$;而 $\partial o_1/\partial W_1 = a_1$,$\partial o_1/\partial b_1 = 1$。因此在假定后一层导数 $\partial L/\partial a_2$ 已知的情况下,很容易代入上式计算出损失函数相对于当前层参数的导数。

同样地,为了计算前一层参数的导数,需要用到 $\partial L/\partial a_1$,也可以很容易地用下式推算得到

$$\frac{\partial L}{\partial a_1} = \frac{\partial L}{\partial a_2} \times \frac{\partial a_2}{\partial o_1} \times \frac{\partial o_1}{\partial a_1}$$

回顾这里的推导过程,对本层梯度(也就是对本层所有参数的偏导数)的计算是一个递归过程,它假定损失函数对本层输出量 a_2 的偏导数已知,就可以计算出损失函数对本层所有参数的偏导数,并且给出损失函数对本层输入量 a_1 的偏导数,用于前一层的梯度计算。

按照完全相同的原理,反向传播就是从最右端的损失函数开始,逐层地往前计算,递归地计算出损失函数相对每个参数的偏导数。对于其他结构的神经网络,例如卷积神经网络,采用的是完全相同的原理进行反向传播计算,差别只在于局部梯度的计算方法有所不同。从使用者的角度来说,绝大多数算子(如卷积、ReLU、softmax 算子)都可以被认为已经内置在软件框架中,其中反向传播的具体细节都被封装在 nn.Module 中,实际使用时只需要通过 loss.backward() 函数调用就可以完成。只有在需要用到自定义算子(例如某种新的激活函数)时,才需要手动实现其局部导数。

注意在上述反向传播的计算中会用到前馈计算的中间值,例如计算 $\partial a_2/\partial o_1$ 需要用到 a_2 的值,这不仅是为了简便,也是多数情况下代码中实际的实现方式,可以避免在反向传播中的重复计算,代价是需要用更多的内存保存这些中间值。

微课视频68

5.2.3 训练参数调整实例分析

模型训练参数批量大小(batch size)和学习率(learning rate)的选择对结果会产生直接的影响。

关于学习率的选择:学习率设置得过高会导致学习不充分,学习率设置得过低会降低学习的效率。一般而言,可以结合不同的批量大小分别从小到大地设置学习率,并记录不同设置的损失值,当发现损失值曲线有明显的持续降低时,该设置就是一个比较合适的学习率及相应的批量大小组合,如图 5.8 所示。

由于每一个小批量数据能提供的梯度信息都是全局梯度的近似,相当于在"真实梯度"的基础上包含一定的噪声。一方面这种噪声会使得优化方向经常偏离全局梯度方向,使得收敛更慢,但另一方面,适量的噪声也有助于帮助优化器跳出局部的鞍点。需要先通过分析

或实验预估每个批量的数据所能产生的噪声大小,并以此决定小批量的大小。如果批量大小设置得过小,噪声相对前进方向较大,容易产生损失值抖动的问题,没有办法收敛到最优值,甚至不会收敛;如果批量大小设置得较大(例如 batch size>1000,具体数值与问题的性质相关,没有固定的范围),会导致训练次数的不足,使模型收敛的时间成本增加;如果批量大小设置过大,模型的收敛也会受到影响。

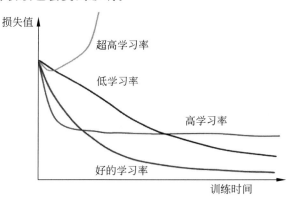

图 5.8　不同学习率下的训练结果

下面给出了 MNIST 手写数字分类代码:

```
1   import torch
2   import torchvision.datasets as dsets
3   import torchvision.transforms as transforms
4   import torch.nn.init
5
6   device = 'cuda' if torch.cuda.is_available() else 'cpu'
7   # 设置固定 seed(种子)以便于重复实验
8   torch.manual_seed(777)
9   if device == 'cuda':
10      torch.cuda.manual_seed_all(777)
11  # 设置主要的超参数
12  learning_rate = 0.001
13  training_epochs = 15
14  batch_size = 100
15
16  # 加载 MNIST 数据集
17  mnist_train = dsets.MNIST(root = 'MNIST_data/',
18                            train = True,
19                            transform = transforms.ToTensor(),
20                            download = True)
21
22  mnist_test = dsets.MNIST(root = 'MNIST_data/',
23                           train = False,
24                           transform = transforms.ToTensor(),
25                           download = True)
26  data_loader = torch.utils.data.DataLoader(dataset = mnist_train,
27                                            batch_size = batch_size,
28                                            shuffle = True,
```

```python
                                                    drop_last = True)

# 建立包含 2 层卷积层的 CNN 模型
class CNN(torch.nn.Module):
    def __init__(self):
        super(CNN, self).__init__()
        self.layer1 = torch.nn.Sequential(
            torch.nn.Conv2d(1, 32, kernel_size = 3, stride = 1, padding = 1),
            torch.nn.ReLU(),
            torch.nn.MaxPool2d(kernel_size = 2, stride = 2))
        self.layer2 = torch.nn.Sequential(
            torch.nn.Conv2d(32, 64, kernel_size = 3, stride = 1, padding = 1),
            torch.nn.ReLU(),
            torch.nn.MaxPool2d(kernel_size = 2, stride = 2))
        # 用全连接层将 7×7×64 个输入映射到 10 个输出
        self.fc = torch.nn.Linear(7 * 7 * 64, 10, bias = True)
        torch.nn.init.xavier_uniform_(self.fc.weight)

    def forward(self, x):
        out = self.layer1(x)
        out = self.layer2(out)
        out = out.view(out.size(0), -1)   # 进入全连接层前将数据转为一维
        out = self.fc(out)
        return out

# 实例化 CNN 模型,并转移到计算设备(GPU)中
model = CNN().to(device)
# 定义损失函数和优化器
# softmax 已经包含在 CE 函数中
criterion = torch.nn.CrossEntropyLoss().to(device)
optimizer = torch.optim.Adam(model.parameters(), lr = learning_rate)

# 训练模型
total_batch = len(data_loader)
for epoch in range(training_epochs):
    avg_cost = 0

    for X, Y in data_loader:
        X = X.to(device)
        Y = Y.to(device)
        optimizer.zero_grad()
        hypothesis = model(X)
        cost = criterion(hypothesis, Y)
        cost.backward()
        optimizer.step()
        avg_cost += cost / total_batch

    print('[Epoch: {:>4}] cost = {:>.9}'.format(epoch + 1, avg_cost))

# 检查模型在验证集上的精度
with torch.no_grad():
    X_test = mnist_test.test_data.view(len(mnist_test), 1, 28, 28).float().to(device)
```

```
81    Y_test = mnist_test.test_labels.to(device)
82    prediction = model(X_test)
83    correct_prediction = torch.argmax(prediction, 1) == Y_test
84    accuracy = correct_prediction.float().mean()
85    print('Accuracy:', accuracy.item())
```

通过调整变量 batch_size(批量大小)和软件包自带的优化工具 Adam 函数的输入参数,可以设置不同的 batch_size 和 lr(学习率)的值,进而可以观察和比较损失值在训练集、验证集和测试集上的不同收敛过程。

MNIST 不同超参数设置的训练结果如表 5.2 所示。

表 5.2　MNIST 不同超参数设置的训练结果

批量大小	5000	2000	1000	500	256	100	50	20	10	5	2	1
总迭代周期数	200	200	200	200	200	200	200	200	200	200	不能收敛	
总迭代次数	1999	4999	9999	19 999	38 999	99 999	199 999	499 999	999 999	1 999 999		
200 周期用时	1	1.068	116	138	1.75	3.016	5.027	8.513	13.773	24.055		
达到 0.99 精度的周期数	—	—	135	78	41	45	24	9	9	—		
达到 0.99 精度的用时	—	—	2.12	1.48	1	1.874	1.7	1.082	1.729	—		
最佳训练分数	0.015	0.011	0.01	0.01	0.01	0.009	0.0098	0.0084	0.01	0.032		
最佳训练的周期数	182	170	198	100	93	111	38	49	51	17		
最佳测试成绩	0.014	0.01	0.01	0.01	0.01	0.008	0.0083	0.0088	0.008	0.0262		
最终测试误差(200 周期)	0.0134	0.01	0.01	0.01	0.01	0.009	0.0082	0.0088	0.008	0.0662		

通过对比表 5.2 中数据可知:

(1) 批量大小为 1 和 2 时,模型无法收敛。

(2) 从精度(accuracy)达到 0.99 的周期数来看,批量大小设置得较大时,需要更多的周期才能达到一个比较好的效果。

(3) 从最佳测试成绩中可以看出,批量大小设置得比较小(例如 batch_size<5)时,模型并不能收敛到最优值;实际上,当批量大小设置过大(例如 batch_size>5000)时,也有可能出现模型不能收敛的情况。

5.3　模型超参数优化

从之前的介绍中不难发现超参数的设定会直接影响训练的结果。通常所指的超参数主要包括深度学习模型本身的结构参数(不同于模型内部的参数,而是激活函数的类型、网络层数、每层神经元数等)和模型训练过程的参数(优化方法、学习率、批量大小、正则化参数)等。在自动驾驶场景中,由于训练样本的获取和模型训练的成本都较高,所以超参数的设定十分重要,合适的超参数能够进一步优化整体的训练,将更多的算力集中在当前有限的数据集上。本节将重点介绍如何优化超参数以最终获得一个具有良好泛化能力的自动驾驶决策模型。

超参数优化（hyperparameter optimization）是找到一组较优的超参数，使得在该超参数组合下求解 $\min_\Theta J(\Theta)$ 得到 Θ 最优的过程。这是一个两层的优化问题：内层是神经网络的训练过程，优化变量是神经网络中的参数（典型数量为百万量级）；外层是超参数优化过程，优化变量是各种超参数（典型数量为几个到十几个）。由于评估每一组超参数的组合，都需要完成内层的优化，即进行模型训练求得 Θ，因此超参数优化主要存在下面几方面的困难：

（1）搜索空间很大：因为很多超参数是离散的变量，例如神经网络的层数、优化算法的选择等，所以超参数优化是一个组合优化问题，搜索空间是指数级的。

（2）单次评估比较耗时：评估一组超参数配置需要完成一次训练，其时间成本很高，特别是对于大模型来说效率很低。

（3）可用的优化算法受限：梯度下降算法无法用于带有离散变量的组合优化问题中，其他一些依赖多样本数据点评估的常见算法，例如遗传算法也不适用。

5.3.1 常见超参数优化方法

1. 网格搜索与随机搜索

网格搜索（grid search）是超参数优化中的常见策略。它通过对每个超参数选择若干数值，然后遍历所有备选超参数组合，从而寻找一组最优的超参数配置。超参数中往往同时有离散变量和连续变量，例如网络层数是离散变量，而学习率是连续变量。如果所有的变量都是离散变量，那么超参数优化最简单的方法是遍历所有的参数组合。当某些超参数可能的取值过多，或者是连续变量时，可以对这些超参数进行采样，例如在可行范围内均匀地取值，或者根据经验人为选择一些典型值。通过降采样，把搜索空间的大小控制在合理的范围内。然后通过网格搜索用遍历的方式对这些离散的组合分别进行模型训练，并评估每个超参数组合所训练出模型在验证集上的性能，最终选取最优的配置。

网格搜索实质上是把超参数空间进行离散化，然后用遍历的方法寻找最优值。它的搜索策略是公平地探索在超参数空间中人为选择的离散点。这种做法虽然在实现上非常简单，但需要遍历的组合数为每个超参数可能取值数的乘积，很容易就超出了允许的范围。例如有 8 个超参数，为简化讨论，这里假设每个超参数都可能取 5 个值，则需要遍历的参数组合数为 $5^8 = 390\,625$，即使是比较保守的估计也很快超出了可行范围。不同超参数对模型性能的影响有很大差异，例如学习率对模型训练效果的影响通常大于正则化系数，这时候公平搜索的效率就比较低，可能会在低敏感度的区域中耗费过多的时间。

网格搜索的主要优点在于实现非常简单，但由于上述缺点，在实际中的使用率小于另一种策略——随机搜索（random search）。如果说网格搜索是在指定空间内用均匀网格采样，随机搜索则是把均匀网格采样替换为随机采样。具体来说，随机搜索在每个超参数组合中都对每个超参数进行独立的随机取值，通过模型训练选择出一个性能最好的配置。相对网

格搜索,随机搜索的主要优势包括:

(1) 随机搜索的搜索次数是直接人为给出的,而网格搜索的搜索次数随超参数的数量呈指数增长。

(2) 每一次超参数组合的计算中,对连续变量来说都搜索了不同的数值,而网格搜索则只限定在几个固定的数值中重复计算,因此随机搜索有更大概率以更少的搜索次数找到更优的解。

网格搜索和随机搜索都是比较简单的策略,搜索过程中并没有根据已经搜索到的信息进行反馈,再继续决定如何搜索,而只是简单地根据预设的规则进行搜索。这样的好处是每次搜索是独立的,可以很简单地并行搜索,适合大规模集群的并行化搜索,但不足之处也很明显,搜索效率相对较低。

2. 贝叶斯优化

提高搜索效率的关键在于充分利用已搜索组合给出的信息,以此为指导决定后续如何搜索。在超参数优化问题上,贝叶斯优化(bayesian optimization)是一种常见的自适应优化算法。与神经网络训练所采用的梯度下降算法不同,后者需要依赖梯度决定优化的方向,而贝叶斯优化属于黑盒优化算法,它把被优化函数当成一个黑盒函数,只需要函数给出指定输入的输出即可——对应超参数优化场景,这个黑盒函数的输入是一组超参数组合,输出就是该组合对应的所训练出模型的性能。贝叶斯优化算法的大体流程是:

(1) 选择一些初始点$\{x\}$(超参数组合),评估这些点上对应的函数值$\{y\}$(模型性能),构成初始数值集$\mathcal{D}$;

(2) 用已有数据集拟合黑盒函数的代理模型$p(y|x,\mathcal{D})$;

(3) 将代理模型代入一个预定义的采集函数$\mathcal{S}(x,p(y|x,\mathcal{D}))$,并令下一个搜索的点$x_{i+1}=\mathrm{argmax}_x(\mathcal{S}(x,p(y|x,D)))$;

(4) 计算下一个搜索点对应的函数值y_{i+1},这一步需要训练神经网络,是最耗时的步骤;

(5) 将(x_{i+1},y_{i+1})合并到数据集中,返回第(2)步,直至达到预设的迭代次数或性能目标。

贝叶斯优化算法整体的思路是利用已搜索的点中所包含的信息,选择下一个能达到最大收益的点,从而减少优化迭代的次数[第(4)步的次数]。完成这一目标有两个关键:一是黑盒函数的代理模型(surrogate model);二是采集函数(acquisition function)。

贝叶斯优化中采用的代理模型用于根据已有的数据近似拟合黑盒函数,常用的代理模型包括高斯过程(gaussian process,GP)回归、树状结构 Parzen 估计(tree-structured parzen estimator,TPE)方法、随机森林等。其中高斯过程是目前应用较多的一种,但其明显的缺点是当数据量稍大时,计算复杂度就急剧上升,导致其优化效率下降。

在有了代理模型之后,并不是直接用代理模型求最优值,因为代理模型只是基于已有数据对黑盒函数的近似,求出来的最优值并不准确,还需要采集函数帮助决定下一组评估的点。同样地,采集函数有不同的选择,常用的一种称为期望改善(expectation improvement,

EI)函数。设目前已搜索数据集中的最优值为 y^*，则 EI 函数计算公式为

$$\mathrm{EI}(x,\mathcal{D}) = \int_{-\infty}^{\infty} \max(y^* - y, 0) P(y \mid x, \mathcal{D}) \mathrm{d}y$$

期望改善函数是定义一个样本 x 在当前模型 $P(f(x)|x,H)$ 下，$f(x)$ 超过最好结果 y^* 的期望。

贝叶斯优化中有一个很重要的问题是探索与开发的权衡（exploration-exploitation trade-off）。开发（exploitation）指的是根据已知的信息寻找最有可能是最优点的位置，而探索（exploration）指寻找最不确定的位置，因为这些位置最有可能让目前的估计（代理函数）更准确，从而可以帮助定位到更优的解。开发与探索都有助于找到最优解，但两者天然存在矛盾，因此贝叶斯优化的核心问题就是对两者进行权衡。具体的选择需要根据问题的要求来定，当允许的探索次数较少时（训练非常耗时，或资源有限时），倾向于开发，反之则倾向于探索。类似的思想在人工智能的其他领域（例如强化学习）中也会遇到。

3. 神经网络架构搜索

前面介绍的超参数优化方法是基于已经确定的网络结构，或者有少量网络结构参数（例如网络层数、卷积核数）的情况，而事实上神经网络的结构本身就是一个对性能影响巨大的超参数。例如在第 4 章介绍 CNN 网络可以有效地处理图像识别任务，但在卷积层内叠加不同尺度的卷积核（Inception 模型）和在卷积层之间增加残差连接（ResNet）都可以有效地提升网络性能。神经网络架构搜索（neural architecture search，NAS）是一种自动实现神经网络架构设计调优的方法。与前述超参数优化方法一样，NAS 的自动化网络搜索需要定义一个搜索空间，然后按一定的策略搜索该空间，找到最（较）优的配置组合。对 NAS 而言，它有 3 个核心要素：搜索空间、搜索策略和性能评估方法。

搜索空间定义的是可行的网络结构类型，一般包括网络的拓扑结构（有多少层、每层多大、层与层之间如何连接）以及层的类型（全连接、卷积、激活函数）等。搜索策略指的是如何迭代优化，可以采用前面介绍的贝叶斯优化，而遗传算法、强化学习及基于梯度的方法（需要将离散优化问题转化为连续优化问题）是常见的方法。由于 NAS 中需要的迭代次数较多，如果每次都进行完整的训练会过于耗时，因此通常需要一些方法加快性能评估，例如用前面若干训练步的性能外推，或者共享一部分相似子网络的参数加速模型的收敛等。

5.3.2 超参数优化工具

微课视频 70

对于一般的小规模超参数优化，通常采用的是专家经验结合简单的网格或随机搜索策略，但对于更大规模的超参数优化问题，需要借助自动化库帮助搜索。目前主流的超参数优化库都集成了贝叶斯优化等算法，并提供了不同的选项构建优化策略。较常用的贝叶斯优化库包括 HyperOpt、BayesianOptimization、Spearmint，以及最近由华为诺亚方舟实验室开源的 HEBO 等。

Auto-PyTorch 是一个针对 PyTorch 框架的超参数优化工具，它的主要特色是结合了

一般的超参数搜索和神经网络架构搜索,大幅降低了超参数优化中所需的手动工作。

安装完 Auto-PyTorch 后,即可用于优化模型的性能。以来源于 Auto-PyTorch 官方示例的代码片段为例,演示了在 FashionMNIST 数据集上对模型超参数优化的过程。在这个例子中,优化之后,可以观察到超参数优化过程中模型性能的不断提升,模型在测试集上的验证精度可以从初始模型的 0.93 逐步提升至 0.99 左右。具体代码如下:

```
1  import numpy as np
2  import sklearn.model_selection
3  import torchvision.datasets
4
5  from autoPyTorch.pipeline.image_classification import ImageClassificationPipeline
6
7  trainset = torchvision.datasets.FashionMNIST(
8      root = '../datasets/', train = True, download = True)
9  data = trainset.data.numpy()
10 data = np.expand_dims(data, axis = 3)
11 dataset_properties = dict()
12 # 定义用于图像分类的 pipeline 对象
13 pipeline = ImageClassificationPipeline(dataset_properties = dataset_properties)
14
15 # 拆分训练集和验证集
16 train_indices, val_indices = sklearn.model_selection.train_test_split(
17     list(range(data.shape[0])),
18     random_state = 1,
19     test_size = 0.25,
20 )
21
22 pipeline_cs = pipeline.get_hyperparameter_search_space()
23 print("Pipeline CS:\n", '_' * 40, f"\n{pipeline_cs}")
24 config = pipeline_cs.sample_configuration()
25 print("Pipeline Random Config:\n", '_' * 40, f"\n{config}")
26 pipeline.set_hyperparameters(config)
27
28 print("Fitting the pipeline...")
29 # 调用 pipeline 对象的 fit 方法,完成真正的优化过程
30 pipeline.fit(X = dict(X_train = data,
31             is_small_preprocess = True,
32             dataset_properties = dict(mean = np.array([np.mean(data[:, :, :, i]) for i in range(1)]),
33                 std = np.array([np.std(data[:, :, :, i]) for i in range(1)]),
34                 num_classes = 10,
35                 num_features = data.shape[1] * data.shape[2],
36                 image_height = data.shape[1],
37                 image_width = data.shape[2],
38                 is_small_preprocess = True),
39             train_indices = train_indices,
40             val_indices = val_indices,
41             )
42 )
43
44 print(pipeline)
```

5.4 训练效率与推理效果

模型的训练需要耗费大量的数据和算力,此时系统更加注重训练的效率问题,超参数优化是提升效率的途径之一,而最大限度有效利用此前训练的积累(模型迁移)也是一条提升效率的途径。

训练结果的优劣最终还是体现在实际应用中模型推理的准确性上,即推理效果是否理想。推理过程是将场景的新数据(非训练数据集或测试数据集数据)输入模型,并将得到的结果用于解决场景的应用问题,如果问题得以顺利解决则说明推理的效果达到预期。

与模型训练可以通过后台服务器进行离线计算不同,模型推理过程通常需要在应用现场进行在线计算,对模型计算的实时性也提出了要求。

微课视频71

5.4.1 离线计算与在线计算

模型计算可以分为离线计算和在线计算两个模块,表5.3从效果和效率指标对模块进行了对比分析。其中效果指标方面:主要关注深度学习模型分类的准确性;效率指标方面:主要关注深度学习模型离线训练的经济性和模型在线推理的实时性和功耗。

表 5.3 模块指标对比

离线/在线计算模块	效果指标	效率指标	算力来源
离线计算模块	深度学习模型分类准确率	使用云服务资源的经济成本(使用的是通用型加速器)	云服务资源
在线计算模块	验证AI芯片逻辑运算的正确性	模型在线推理实时性和功耗(使用的是专用型加速器)	自动驾驶车、边缘服务器

离线计算一般指模型的离线训练和超参数调优,一般用于解决模型功能实现的"效果"问题。自动驾驶领域离线计算模块一般用模型分类准确率评估"效果",即

$$模型分类准确率 = \frac{累计正确自动驾驶决策数量}{累计自动驾驶决策数量}$$

离线计算通常部署在云端,基于大规模标注的训练数据,通过GPU、CPU等通用型加速器和分布式训练的算法求得"效果"较优的深度神经网络模型。

在实践中,离线计算的"效率"通常要考虑经济成本问题,更关注对云服务计算资源的利用效率。采用迁移学习的方法则可以重复使用在大规模通用数据上训练而成的预训练模型,并将预训练模型在特定实例数据上进行微调以降低离线计算的经济成本。

在线计算一般指模型的在线推理和计算,通常部署在自动驾驶车辆上,或者以车路协同的方式在边缘服务器上进行模型推理,此时更注重计算的"效率"。在这里,效率主要指低延

迟、低功耗、低成本三方面。低延迟可以通过优化模型在线推理的计算时间改进。例如在红绿灯识别场景中(如图 5.9 所示),红绿灯的状态是实时发生变化的,必须用低延迟保证自动驾驶车对当前红绿灯转换的快速响应。

图 5.9　红绿灯识别场景

在线计算的功耗可用单位功耗下的运算能力进行描述。当前处于研发阶段的自动驾驶原型车都搭载了大量的传感器和高性能的处理器,并使用高精度的神经网络模型,这些都需要消耗大量电能,自动驾驶系统的耗电量高达 4kW,对纯用电池供电的自动驾驶汽车的续航能力形成了巨大挑战。在成本方面,由于自动驾驶技术还未最终成熟,原型车还在使用通用型加速器,也导致了自动驾驶系统硬件成本居高不下。这表明从低延迟、低功耗和低成本三方面来看,在线计算的效率都不尽理想。

5.4.2　模型迁移

对于深度学习神经网络的训练,"迁移学习"的概念近年来得到了广泛的应用,迁移学习直观上可理解为是老手与新手之间的"知识转移"过程。在 5.1 节的相关介绍中提到神经网络的模型参数需要经过数据训练才能使其有意义,在训练过程中通过大量数据计算和反向传播不断更新模型参数,这些模型参数构成了神经网络中各个连接的权重,记录了对数据学习的结果。如果能将这些权重提取出来,就可以迁移到其他的神经网络模型中,"迁移"了学习的结果,如此一来就不需要从零开始重新训练一个神经网络模型了。本节主要介绍"预训练模型(pretrained model)+微调(fine tune)"这一迁移学习的范式。

所谓预训练模型是前人为了解决类似问题所创造出来的模型。在解决问题时,不用从零开始训练一个新模型,可以通过选择类似问题训练出的模型作为基础进行更新。例如研发一款图像识别的应用产品,可以花数年时间从零开始构建一个性能优良的图像识别算法,也可以从 Google 在 ImageNet 数据集上训练得到的 Inception 模型(一个预训练模型)起步完成图像识别功能。一个预训练模型可能对应用并不是 100% 的准确匹配,但是它可以节省大量设计和训练成本。

在神经网络模型的训练过程中,如果希望无须通过多次正向传播和反向传播的反复迭代就能找到合适的模型参数（权重），则可以通过使用之前在大数据集上经过训练的预训练模型，这些模型可以直接提供相应的网络结构和权重，为解决目前正在面对的问题提供帮助。这个过程则是"迁移学习"，将预训练的模型"迁移"到目前正在应对的特定问题中。在选择预训练模型的时候需要非常仔细，如果问题与预训练模型训练情景有很大出入，那么模型所得到的预测结果将会不准确。

ImageNet 数据集目前已经被广泛用作训练集，因为它规模足够大（包括 120 万张图片），有助于训练普适模型。ImageNet 的训练目标是将所有的图片正确地划分到 1000 个分类条目下。这 1000 个分类条目基本上都来源于日常生活，例如猫或狗的种类、各种家庭日用品、日常通勤工具等。通过迁移学习，这些预训练的模型对于 ImageNet 数据集以外的图片也表现出了良好的泛化性能。既然预训练模型已经能够达到很好的效果，那么就无须在短时间内去修改过多的模型参数，在迁移学习中使用这些预训练模型时，往往只需进行微调处理就足够了。模型的修改通常会采用比一般训练模型更低的学习率。

当有了可用于"迁移学习"的预训练模型时，可以采用如下方法微调模型：

（1）特征提取。可以将预训练模型作为特征提取装置来使用，具体的做法是：将输出层去掉，然后将剩下的整个网络作为一个固定的特征提取机应用到新的数据集中。

（2）采用预训练模型的结构。此时微调模型的具体做法是：保留预训练模型的结构，将原有的权重随机化，然后依据自己的数据集进行训练。

（3）训练特定层并冻结其他层。这是一种对预训练模型进行部分训练的微调，具体的做法是：将模型起始的一些层的权重保持不变，重新训练后面的层得到新的权重。在微调过程中可以进行多次尝试，以便依据结果找到冻结层和特定层之间的最佳搭配。

如何使用预训练模型，这是由数据集大小以及新旧数据集（要解决的数据集与预训练的数据集）之间数据的相似度所决定的。灵活地使用预训练模型能够最大限度地增强解决问题的能力，可以作为开放性思考的重要参考。

微课视频 73

5.4.3　硬件加速器

为了使人工智能真正应用在实际生活中，就需要解决深度神经网络在训练和推理过程中的效率问题。效率主要由运算速度、功耗以及计算成本等因素决定，这些因素与其计算平台的硬件息息相关。而训练与推理对加速器的需求也稍有不同，前者更注重在强大算力支撑下的大吞吐量（throughput），可以在一定时间内完成尽可能多数据的训练，后者更注重单批数据处理的端到端时延（latency）。这两个指标都直接跟加速器的计算能力相关，但又存在本质区别，由此分别发展出了专门针对训练和推理的加速芯片。

在人工智能领域，计算平台中负责处理大量运算的硬件加速器[14]通常分为通用型加速器和专用型加速器两种。

通用型加速器是面向多种应用场景所设计的通用硬件设备，以 CPU 和 GPU 为代表，通常能够处理和应对多种不同的计算任务。自动驾驶任务是人工智能应用中的一个场景任务，类似的应用场景还有很多，例如刷脸认证支付、智能音箱语音识别等。虽然这些计算任务中的神经网络模型的结构各不相同,但通用型加速器都能较好地完成对这些模型的训练和推理。

专用型加速器是面向单一应用场景所设计的专用硬件设备,以各种 ASIC 芯片(如 Google 的 TPU)为代表。专用型加速器虽然功能单一,但其在自身支持的计算任务中的效率却远高于通用型加速器。

1. 通用型加速器

通用型加速器的核心部件一般是通用处理器,例如传统的中央处理器(central processing unit,CPU)、图形处理器(graphics processing unit,GPU)等,被广泛用于深度神经网络的离线训练。而在很多深度神经网络的推理场景应用中,通用型加速器却存在实时性差、功耗高、成本高等问题,特别在自动驾驶任务的商用落地场景中这些问题更为突出。例如自动驾驶需要识别道路、行人、红绿灯等状况,如果使用 CPU 作为加速器,实时性差的问题将严重影响车辆自动驾驶的安全性,如果换成 GPU,虽然能显著加速推理过程,但其功耗大的问题对于存储能源有限的车辆而言却是沉重的负担。

GPU 最早出现在 1999 年,由英伟达公司首先提出。作为图形处理器,GPU 能处理绝大部分图形数据运算,其内部有远超 CPU 比例的逻辑运算处理单元,虽然这些处理单元的功能相对单一却数量庞大。这个特点让 GPU 更擅长处理大批量且高度统一的数据,能够实现连续的大规模计算任务,深度神经网络的训练和推理恰好属于此类计算任务。GPU 仍然属于通用型处理器,其任务的实现依赖于装载的程序代码,不同的任务可以通过不同的程序代码实现。为保障大型计算任务的实施,GPU 一般会保留大规模的逻辑处理单元,这是其功耗大的主要原因。

现场可编程门阵列(field programmable gate array,FPGA)[15]也可以作为一种通用型的加速器,在自动驾驶等场景中多有应用。由于自动驾驶的人工智能模型虽然计算密集,但其运算精度的需求却不高,相对于 GPU 或 CPU 中使用固定的高精度运算结构,FPGA 可以更加灵活地配置运算结构,达到了节省计算成本的目的。而且在固定的计算任务中,FPGA 比 CPU 更快,比 GPU 功耗更低,这些特点也构成了它本身的优势。相对于开发专用 AI 芯片,FPGA 开发周期更短,对于小批量应用而言,其成本也相对更便宜,因此,自动驾驶开发厂商通过 FPGA 尝试不同架构、不同策略的方案,在研发阶段取得了较好的实验结果。然而,一旦自动驾驶技术成熟落地,需要在大批量的车辆上安装应用时,再使用 FPGA 作为加速器就没有优势了。

2. 专用型加速器

当自动驾驶技术成熟落地时,开发专用集成电路(application specific integrated circuit,ASIC)芯片[16]实现车辆的自动驾驶功能是最终的方案选择。实现自动驾驶功能的深度神经网络模型在训练过程中需要使用大量的算力处理海量的数据,而训练完成的模型在车辆中实现自动驾驶功能时就转入了模型推理过程,模型推理的计算量远小于模型训练所需的计算量。模型推理应用对计算的实时性要求非常高,对能耗也十分敏感,因此当自动驾驶模型需要大规模部署在车辆中时就不能再使用通用型加速器作为载体了,而采用专用型加速器就成为了最佳的选择。类似情况在目前成熟的图像识别、语音识别等应用场景中已经发生了。

对于投入市场的电子产品,提高其性价比常用的方法就是将产品的核心功能用 ASIC 芯片实现。如果产品的市场投放量足够多,达到数万、数十万量级,开发 ASIC 芯片作为产品的电子核心是最佳方案。为加速深度学习算法的推理运算,目前已经出现了很多物美价廉的专用 AI 芯片(一般是为实现 AI 算法而专门设计出的 ASIC 芯片),这类 AI 芯片体积小,功耗低,成本也不高,尤其适用于图像识别、语音识别等应用场景。

车端的自动驾驶芯片由于巨大的市场潜力和不断成熟的技术,目前处于快速发展的阶段,芯片的发展日新月异。以当前英伟达的旗舰产品 Orin 为例,它可以提供 254 TOPS 的运算能力,已经可以支撑复杂自动驾驶模型的实时推理。自动驾驶模型仍在快速发展,可以预见未来将会出现更大、更复杂,需要更强大算力支撑的模型。

5.5 开放性思考

1. 智能小车模型的迁移与微调

1)智能小车模型迁移

结合使用智能小车采集的数据,请读者分析下列情况下自动驾驶任务可以采用的模型迁移方法分别是什么?

(1)数据集小,数据相似度高(与预训练模型的训练数据相比而言)。

提示:在这种情况下,因为数据与预训练模型的训练数据相似度很高,因此不需要重新训练模型。只需要将输出层改制成符合问题情境下的结构就可以,使用预处理模型作为特征模式提取器。例如使用在 ImageNet 上训练的模型辨认一组新照片中的猫或狗。在这里,需要被辨认的图片与 ImageNet 库中的图片类似,但是所输出的结果只需包括两项——猫或狗。此时需要做的就是把全连接层和输出层的输出从 1000 个类别改为 2 个类别。

(2)数据集小,数据相似度不高。

提示:在这种情况下,可以冻结预训练模型中的前 k 层中的参数,然后重新训练后面的 $n-k$ 层,当然最后一层也需要根据相应的输出格式进行修改。因为数据的相似度不高,重新训练的过程就变得非常关键。而由于新数据集小,所以要通过冻结预训练模型的前 k 层进行弥补。

(3)数据集大,数据相似度不高。

提示:在这种情况下,如果有一个很大的数据集,神经网络模型的训练会比较高效。然而,因为实际数据与预训练模型的训练数据之间存在很大差异,采用预训练模型的效率不高,此时最好还是将预处理模型中的参数全初始化后在新数据集的基础上从头开始训练。

(4)数据集大,数据相似度高。

提示:这种情况最为理想,采用预训练模型会非常高效。最好的方式是保持预训练模型原有的结构和参数不变,随后在新数据集的基础上进行训练。

2）智能小车模型微调

请读者尝试在 PyTorch 中选择一个在 ImageNet 预训练的深度学习模型，并通过智能小车采集得到的数据在预训练模型上进行微调，根据模型的准确率、离线训练时间等两个指标评估和比较迁移学习与从零开始训练两种不同方法所得到模型的结果。

2. GPU 模型训练加速实验

首先请读者对 GPU 的模型训练环境进行如下配置：

（1）如图 5.10 所示，使用 nvidia-smi 命令查看 GPU 是否可用（或在模型训练时，用此命令观察 GPU 的资源利用率）。

```
xiongyu@ubuntu:~$ watch nvidia-smi
|    0     47741      C    ./mtcnn_c                                   461MiB |
Every 2.0s: nvidia-smi

Fri Jun 29 11:25:43 2018
+-----------------------------------------------------------------------------+
| NVIDIA-SMI 390.48                 Driver Version: 390.48                    |
|-------------------------------+----------------------+----------------------+
| GPU  Name        Persistence-M| Bus-Id        Disp.A | Volatile Uncorr. ECC |
| Fan  Temp  Perf  Pwr:Usage/Cap|         Memory-Usage | GPU-Util  Compute M. |
|===============================+======================+======================|
|   0  Tesla M40           On   | 00000000:03:00.0 Off |                    0 |
|  0%   57C    P0   217W / 250W |  10806MiB / 11448MiB |     99%      Default |
+-------------------------------+----------------------+----------------------+
|   1  Tesla M40           On   | 00000000:04:00.0 Off |                    0 |
|  0%   58C    P0   200W / 250W |   9992MiB / 11448MiB |     99%      Default |
+-------------------------------+----------------------+----------------------+
|   2  Tesla M40           On   | 00000000:84:00.0 Off |                    0 |
|  0%   56C    P0   222W / 250W |   9955MiB / 11448MiB |     99%      Default |
+-------------------------------+----------------------+----------------------+
|   3  Tesla M40           On   | 00000000:85:00.0 Off |                    0 |
|  0%   57C    P0   203W / 250W |   9960MiB / 11448MiB |     98%      Default |
+-------------------------------+----------------------+----------------------+

+-----------------------------------------------------------------------------+
| Processes:                                                       GPU Memory |
|  GPU       PID   Type   Process name                             Usage      |
|=============================================================================|
|    0     35346      C   python2                                      110MiB |
|    0     55323      C   python                                     10673MiB |
|    1     55323      C   python                                      9970MiB |
```

图 5.10 在 Linux 系统中查看英伟达 GPU 信息

（2）根据 GPU 版本下载兼容 CUDA 并安装，根据 CUDA 版本下载兼容的 cudnn 版本并安装。

（3）根据 CUDA 版本安装兼容的 PyTorch。

（4）查看 GPU 是否对 PyTorch 可用。

```
import torch
torch.cuda.is_available()
torch.cuda.current_device()
torch.cuda.device(0)

torch.cuda.device_count()
torch.cuda.get_device_name(0)

# 检查 PyTorch 使用的 CUDA 版本
```

```
10  torch.version.cuda
11
12  # 查看 GPU 数量
13  torch.cuda.device_count()
14
15  # 尝试使用第 0 个 GPU,如果获取失败则退回使用 CPU
16  device = torch.device("cuda:0" if torch.cuda.is_available() else "cpu")
17  # 或 device = torch.device("cuda:0")
18  for batch_idx, (img, label) in enumerate(train_loader):
19      img = img.to(device)
20      label = label.to(device)
```

配置好 GPU 环境后,对于 5.2.3 节中的实例,在代码头部加上如下代码,即可以使用 GPU 进行模型训练,其中"0,1,2,3"分别代表 GPU 对应的 ID。

```
1  import os
2  os.environ["CUDA_VISIBLE_DEVICES"] = "0,1,2,3"
```

请读者比较 GPU 加速后的模型训练和使用 CPU 的模型训练的情况,分析训练速度和效率的变化。

5.6　本章小结

如图 5.11 虚线框所示,本章重点介绍了对自动驾驶算法模型的训练和优化。利用大量数据完成对算法模型的训练是机器学习的关键环节,对于模型的功能实现有重要的影响。随着人工智能技术的发展,所用算法模型的结构正变得越来越复杂,内含的参数越来越多,上亿参数的模型也在不断出现,因此每次训练所需的算力也越来越大。模型训练所消耗的巨大算力和海量数据都将计入研发成本,但并非成本投入越大所得到的结果就越好,这还取决于模型训练时的优化策略以及对优化工具的使用等。

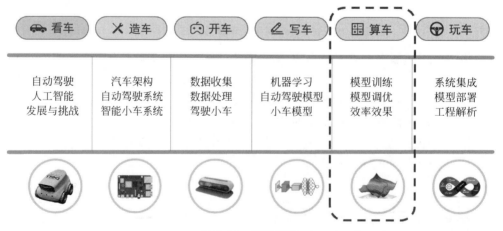

图 5.11　章节编排

本章对自动驾驶算法模型和训练优化进行了相关讨论，其目的是提升自动驾驶系统的"效果"和"效率"。实际上，"效果"和"效率"亦是全书所关注的重点问题之一。为了提升自动驾驶系统的"效果"，在硬件方面可通过使用高清摄像头获取更清晰的道路场景数据（提高采集图像的分辨率），用多目广角摄像头获取更多的道路场景角度，从原始数据上提升对实际自动驾驶场景的表征能力；在软件算法方面，可以通过使用高质量的标记数据、更复杂的深度神经网络结构等方法提高算法的准确性和适用性。

显然，为了提升自动驾驶系统的"效果"所引入的硬件更多、更精密，深度学习自动驾驶模型参数相对规模也会更大，计算成本快速上升，这些对自动驾驶系统的"效率"提出了更高的要求。对模型进行优化是有效降低研发成本的路径之一。有效使用优化工具可以大幅减少训练时间，提高训练成效，这些优化工具不仅仅限于本章所介绍的超参数优化工具或模型迁移等，还包括模型推理时对模型的裁剪工具和加速工具等，这里不再展开介绍，有兴趣的读者可自行查阅相关资料。

第 6 章　玩车：智能小车模型部署与系统调试
CHAPTER 6

6.0　本章导读

自动驾驶系统以及大部分的智能系统通常是由众多不同功能模块组合而成的复杂系统，自动驾驶系统主要包括了传感、感知、决策和执行等多个模块，如图 6.1 所示。每个模块实际上都涉及大量硬件和软件算法，它们各司其职，又互相连接，共同构成一个完整的系统。要将如此复杂的系统部署在汽车中，所面临的工程问题多，具有很大的挑战性。

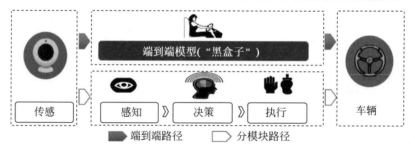

图 6.1　自动驾驶系统功能模块

在工程项目中依据实际情况使用每个功能模块时都需要对其进行必要的调试和优化，而将各个精细设计的模块组合在一起，使之完成系统的整体功能将面对更多的挑战。如果希望在不损失每个模块性能，避免发生"水桶效应"的前提下，系统部署时还应考虑系统整体效果的优化和调整。这就要求工程人员不但有扎实的理论基础，还要有丰富的实践经验。在充分学习了相关的理论知识之后，读者也将面临最后一关的挑战，就是将自动驾驶系统部署在车辆中。

本章以智能小车模型部署与系统调试为例，介绍部署自动驾驶系统的具体过程和相关事项，所讲内容与第 2 章的自动驾驶系统软硬件基础、第 4~5 章的自动驾驶神经网络模型的训练与调优都存在密切的关联。本章会将之前所涉及的知识点串联在一起，从工程项目的角度介绍如何让智能小车开动起来，如何对驾驶性能进行整体调优，如何应对调试过程中的一些常见问题等。本章还会结合一些自动驾驶应用场景中的前沿技术热点进行探讨,并给出将其运用到智能小车上的一些建议方案。希望读者能够在轻松体验智能小车的工程实践中边"玩"边学,获得自动驾驶技术落地应用的快乐。

6.1 智能小车主要工作流程

微课视频 78

自动驾驶系统是车辆行驶闭环控制中对驾驶员的替代,担负类似于驾驶员的职能(如图 6.2 所示),除了读取来自传感器的数据之外,自动驾驶系统还需要完成感知、决策和执行相关的功能。感知模块能够对各类传感器所提供的环境信息,进行理解和分析,这些信息具体可分为对道路环境的测绘、对车辆自身位置的定位和对移动目标或障碍的探测等。决策模块需要对感知的结果进行梳理,对其中会发生移动的目标进行预测,再结合地图和道路环境做出对具体行进路线的规划等。执行模块则是将决策的输出最终落实到汽车驱动部件和辅助装置的具体动作上,从而完成对车辆的操控。

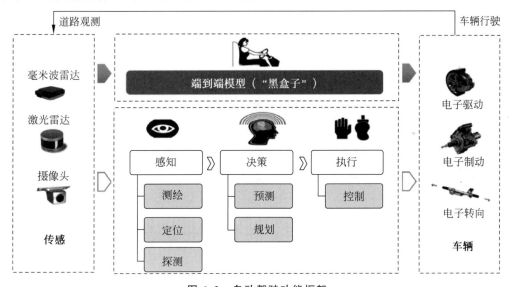

图 6.2 自动驾驶功能框架

智能小车的自动驾驶系统同样遵循这个功能框架,小车在行驶过程中不断循环,依次调用如图 6.3 所示的功能,完成对智能小车的自动驾驶控制,与目前业界研发的自动驾驶汽车有所不同,智能小车的自动驾驶系统采用了端到端神经网络的模型结构,将感知、决策和执行 3 个功能模块封装在一个"黑盒子"中,极大简化了智能小车整体调试的复杂度。

智能小车实现自动驾驶的具体流程为:
(1) 摄像头拍摄:通过摄像头拍摄智能小车视角的实时图片。
(2) 图像处理:将拍摄到的图片通过预设算法进行处理。

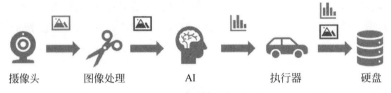

图 6.3　智能小车工作逻辑流程

(3) AI(人工智能)推理:将处理过的照片放入经过训练好的神经网络模型中推理,得到一组决策值(转向、油门操作指令)。

(4) 执行器执行:将决策值传递给智能小车步进电动机驱动器控制智能小车行进。

(5) 硬盘存储:将拍摄到的图片和操作决策值(转向、油门)保存下来,以便后续分析使用。

此处的(1)~(4)步,对应了自动驾驶流程中的传感、感知、决策和执行。然而受智能小车自身功耗和算力的限制,各个模块的功能相对真正自动驾驶汽车进行了大量简化,例如传感部分仅仅采集摄像头的单一数据,智能小车自动驾驶系统采用端到端神经网络模型结构等。虽然进行了简化,但在行驶过程中智能小车通过不断循环如图 6.3 所示的流程依然能够在车道沙盘环境中成功胜任自动驾驶的任务。需要注意的是:智能小车并不会一次性执行上面描述的全部步骤[步骤(1)~(5)],而是根据不同的运行模式选择性地调用其中的部分流程。

从工程项目的整体视角来看,如图 6.4 所示,智能小车系统运行模式分为离线计算(训练)和在线计算(驾驶)两个分支,在线计算又包括手动驾驶(使用遥控手柄)和自动驾驶(不使用遥控手柄)模式。

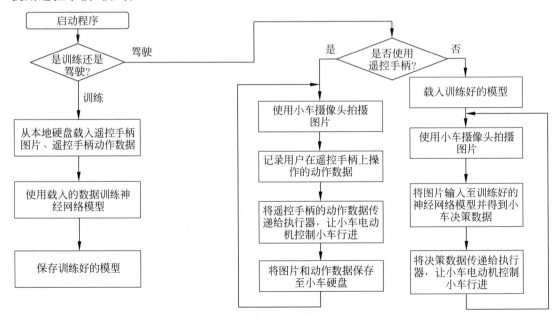

图 6.4　智能小车系统运行模式

回顾 2.4 节对智能小车系统的介绍，智能小车的手动驾驶模式主要负责数据收集：使用者使用遥控手柄操控智能小车在车道沙盘环境中行驶并采集数据，行驶过程中车载摄像头实时拍摄车道路况图片，同时辅助控制器记录下遥控手柄的操作（油门、转向）指令，核心控制器将二者一一对应后保存至存储器（TF 卡）中。系统按规范命名（通常按照行为发生的时间和帧号进行文件命名）的方式进行存储管理，为保证后续模型训练的效果，数据收集需要保持一定的规模，一般情况下数据收集过程建议持续 20 分钟以上，按每秒保存 20 帧数据计算，数据集大小应在 2 万张图片以上。这一模式的操作过程涉及上述第（4）步和第（5）步。

智能小车的自动驾驶模式主要是运用自动驾驶算法模型进行推理：运行自动驾驶模式前，先将训练好的模型下载到智能小车内的系统存储器中，即模型部署；模型部署完成后启动智能小车进入自动驾驶模式，如图 6.5 所示，智能小车会连续拍摄车道路况图片并将图片输入自动驾驶算法模型中获得输出的决策值，利用执行器完成小车的行进控制。这一模式的操作过程涉及上述第（1）～（4）步。这个过程是通过系统自动循环迭代完成的，自动驾驶算法模型的每次决策都会驱动智能小车行进（或转向）小段距离，车载摄像头会拍摄到新的车道路况图片再次输入自动驾驶算法模型中，通过不断重复，智能小车就能够在车道中保持连贯地自动驾驶。

智能小车系统模型的训练是以离线运行的方式在后台服务器中进行的：使用者应将收集好的数据（数据存储在智能小车的本地存储器中）手动传输至服务器，如图 6.6 所示的过程对设计好的自动驾驶算法模型进行训练。智能小车的自动驾驶算法模型是一个比较轻量化的卷积神经网络模型（参见 4.4.3 节），训练过程中需要进行优化或者利用模型迁移提高训练效率（参见 5.3 节、5.4 节）。倘若训练中所使用的数据进行过预处理（图像增强、图形矫正等），这部分预处理的算法也应当纳入图 6.5 智能小车模型推理的过程中，以保持训练和推理数据的一致性。

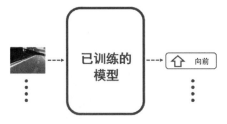
图 6.5　智能小车运用模型进行推理的过程

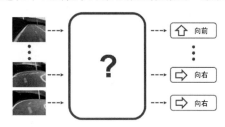
图 6.6　智能小车自动驾驶算法的训练过程

上述这三种运行模式中，手动驾驶模式和自动驾驶模式均在智能小车上进行，模型训练在后台服务器上进行。智能小车和后台服务器及相关的软件环境共同构成了智能小车系统。

6.2　智能小车系统部署实现

智能小车系统的工作流程主要包含了三种工作模式：模型训练模式、手动驾驶模式、自动驾驶模式。本节将详细介绍这三种模式的具体部署和实现方法。为了方便读者理解，本节首先从应用(用户)的角度介绍智能小车自动驾驶模式的具体部署和实现方法,之后再从研发的角度介绍手动驾驶模式和模型训练模式的具体实现方法。

6.2.1 自动驾驶模式的部署实现

智能小车的运行逻辑实质上是在迭代运行"传感→感知→决策→执行"的一组动作,在程序层面,这个组动作逻辑以无限循环的形式得以实现。

在程序中首先建立了一个名为 vehicle 的对象(参见 2.4.3 节),这个对象本质上是一个有序列表。所有智能小车涉及的功能模块均作为组件编写为单独的类文件,并保持统一的对外接口(编程中面向对象的抽象设计)。在程序中会声明这些模块的对象,并按照执行的顺序将它们依次添加进 vehicle 的列表中。每个功能(组件)模块的类函数保持一致的对外接口,该接口具有如下特征:

(1) 统一的数据存储模式。使用 key-value(键-值)对的格式将模块所需要的输入与输出进行存储和读取。所存储的数据会被放在内存中,通过键-值对方式进行检索并读取或更新。

(2) 每个类函数均包括 init,run,shutdown 函数,如图 6.7 所示,分别对应初始化模块、更新模块的值和结束模块运行的任务。

vehicle 对象并不知道每个组件模块具体负责的任务,智能小车工作时,会顺序执行 vehicle 列表中的每个组件模块(调用各模块中统一接口的 run 函数),并且无限循环这个列表(见图 6.8)。这种面向对象的抽象设计思路,也方便了用户后续增加修改模块的功能。

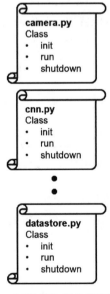

图 6.7 不同模块组件都有统一的接口函数(init、run、shutdown)

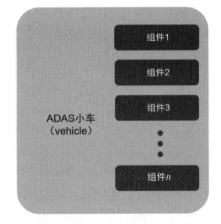

图 6.8 智能小车组件循环运行逻辑

对于以上这段描述,即智能小车自动驾驶模式主逻辑程序可以用如下的伪代码(伪代码并非是真正可以运行的程序代码,是为了让读者更清晰了解程序结构和含义而撰写的代码)表示:

```
1   # 建立 vehicle 对象,将每个模块依次加入列表
2   # vehicle 包括 mem 参数,用于存储信息的 key-value 对
3   V = vehicle()
4   mem = Memory()
5
6   cam = Camera()
7   V.add(cam, outputs = ['image'])
8
9   imgProc = ImageProcess()
10  V.add(imgProc, inputs = ['image'], outputs = ['imageProc'])
11
12  AI = CNN()
13  V.add(AI, inputs = ['imageProc'], outputs = ['angle', 'throttle'])
14
15  motor = Actuator()
16  V.add(motor, inputs = ['angle', 'throttle'])
17
18  # 无限循环 vehicle 列表,使小车执行自动驾驶
19  while True:
20      for part in V:
21          inputs = mem.get(part['inputs'])
22          outputs = part.run(inputs)
23          if outputs:
24              mem.put(part['outputs'], outputs)
```

在程序启动伊始,首先声明了一个 vehicle 对象,该对象的核心为一个有序列表。同时,也声明一个 memory 对象,通过 key-value 对的方式在内存对数据进行读写操作。然后,在智能小车自动驾驶模式主逻辑伪代码中,依次声明了摄像头、图片处理、神经网络和步进电动机模块的对象,并将它们依次添加进了 vehicle 对象的列表中。值得注意的是,V.add(cam, outputs=['image'])这一行代码,不但添加了模块,也定义了其输入输出所对应存储位置的键-值。

定义并建立完 vehicle 列表后,智能小车的主逻辑便真正执行起来了。在程序中 while true 的无限循环内,通过一个 for 循环,依次调用 vehicle 列表中的每一个模块,并且得到之前所定义的该组件的输入数据所存放位置的键-值对。通过读取该组件所需的输入数据并将其传入该组件的 run 函数中进行运算,再将输出结果放入对应的键-值对位置进行存储。

这是智能小车自动驾驶模式的核心主逻辑流程(伪代码)。后续介绍的智能小车的优化、不同模块的增加和修改都是在这一套主逻辑上进行的。

微课视频 82

6.2.2 手动驾驶模式的部署实现

在智能小车的手动驾驶模式(数据收集模式)中,使用者通过遥控手柄控制智能小车的行驶,智能小车一边行进,一边通过摄像头获取路况图片。这一过程有一套类似智能小车自

微课视频 83

动驾驶模式的工程代码进行控制。这段智能小车手动驾驶模式主逻辑伪代码如下：

```
1   # 建立 vehicle 对象,将每个模块依次加入列表
2   # vehicle 包括 mem 参数,用于存储信息的 key-value 对
3   V = vehicle()
4   mem = Memory()
5
6   cam = Camera()
7   V.add(cam, outputs = ['image'])
8
9   ctr = JS_Controller()
10  V.add(ctr, outputs = ['angle', 'throttle'])
11
12  motor = Actuator()
13  V.add(motor, inputs = ['angle', 'throttle'])
14
15  tub = TubWritter()
16  V.add(tub, inputs = ['image','angle', 'throttle'])
17
18  # 无限循环 vehicle 列表,使小车执行自动驾驶
19  while True:
20      for part in V:
21          inputs = mem.get(part['inputs'])
22          outputs = part.run(inputs)
23          if outputs:
24              mem.put(part['outputs'], outputs)
```

相比智能小车自动驾驶模式主逻辑伪代码,这段伪代码的变化仅仅是一些模块的替换。在手动驾驶模式中加入了遥控手柄控制模块 JS_Controller 和数据存储模块 TubWritter。其 vehicle 对象的有序列表中依次包含了摄像头、遥控手柄控制、步进电动机和数据存储模块的对象,即在每一个循环里,摄像头和遥控手柄操控的数据均会被数据存储模块记录到智能小车的本地存储器中。在手动驾驶模式下步进电动机模块的控制仅受遥控手柄控制,与摄像头对路况图片的采集无关。

整个流程包括伪代码中 while 循环内的逻辑,自动驾驶和手动驾驶模式都是完全一致的,这得益于面向对象的抽象设计思想。对此,自动驾驶和手动驾驶模式的代码可以合并为一段代码逻辑,通过使用一个 AUTO_DRIVE 变量控制智能小车的模式选择及其所添加的模块,从而简化了程序。智能小车自动驾驶模式与手动驾驶模式共用的伪代码如下：

```
1   # AUTO_DRIVE 变量控制是否为自动驾驶模式.该变量的值可从外部传入,实现控制
2   AUTO_DRIVE = True
3
4   # 建立 vehicle 对象,将每个模块依次加入列表
5   # vehicle 包括 mem 参数,用于存储信息的 key-value 对
6   V = vehicle()
7   mem = Memory()
8
9   cam = Camera()
10  V.add(cam, outputs = ['image'])
11
```

```
12  if AUTO_DRIVE:
13      imgProc = ImageProcess()
14      V.add(imgProc, inputs = ['image'], outputs = ['imageProc'])
15      AI = CNN()
16      V.add(AI, inputs = ['imageProc'], outputs = ['angle', 'throttle'])
17  else:
18      ctr = JS_Controller()
19      V.add(ctr, outputs = ['angle', 'throttle'])
20
21  motor = Actuator()
22  V.add(motor, inputs = ['angle', 'throttle'])
23
24  if not AUTO_DRIVE:
25      tub = TubWritter()
26      V.add(tub, inputs = ['image','angle', 'throttle'])
27
28  # 无限循环 vehicle 列表,使小车执行自动驾驶
29  while True:
30      for part in V:
31          inputs = mem.get(part['inputs'])
32          outputs = part.run(inputs)
33          if outputs:
34              mem.put(part['outputs'], outputs)
```

智能小车的实际代码会和上述伪代码略有出入,但其核心思想和流程是一致的。

6.2.3 模型训练模式的部署实现

微课视频84

在手动驾驶模式(数据收集模式)下收集了大量的数据后,接下来的工作是进入模型训练模式。正如 6.1 节中所提到的,神经网络的模型训练对设备运算能力的要求(通常对显卡的要求)较高,故不同于前面介绍的两个模式在智能小车上部署实现,这一模式将在算力较强、配备了独立显卡的计算机甚至服务器上进行。

首先需要将收集到的大量的路况图片与遥控手柄操控数据传输到后台(训练)服务器中。如 3.3.2 节的介绍,图片为 jpg 格式,而遥控手柄操控数据为 json 格式,每个 json 文件内包含了油门(表示变量为 throttle)和转向(表示变量为 angle)数据。这些数据一般会以时间戳的方式命名,使得每一时刻的图片 jpg 文件和遥控手柄操控数据 json 文件一一对应。

在正式开始模型训练前,需要对数据进行清洗以及预处理(见 3.3.5 节),简要回顾如下:

(1) 数据清洗:在数据收集阶段,人工操控难免会出现误操作。例如对遥控手柄操作不当,在某些位置让智能小车做出了错误的决策(该右转的时候左转,撞到了障碍物等)。这些操作不当的数据,不但不能帮助训练模型,反而会对模型的效果起到抑制的作用。所以当收集的数据传入训练服务器后,首先需要对数据进行人工清洗。这是非常费时费力的一步,需要人为地去浏览所有收集到的图片数据,并凭借对操作环境的分析,将训练时操作错误时刻生成的路况图片进行人工删除。

(2) 数据预处理:完成了数据清洗后,便得到了逻辑上正确的图片和遥控手柄操控数

据。将这些图片数据作为输入（训练数据集），遥控手柄数据作为输出（数据标注），通过寻找它们之间的映射关系来建立自动驾驶控制模型。然而这些原始数据掺杂了很多噪声和环境干扰，因此还需要进行数据的预处理。对图片数据可以根据图片处理的一些先验知识进行计算，然后再将处理过的图片作为输入与遥控手柄操控数据进行拟合，这个过程就是人工智能常见的数据预处理过程。通常情况下，对于智能小车图片，可以进行颜色上的分类，基于传统计算机视觉的特征提取过滤，还可以根据深度信息进行图片过滤（如果配备了景深摄像头）等。由于使用了处理过的图片作为训练数据集输入训练模型，因此在自动驾驶模式中同样也需将预处理的算法逻辑放入图片处理模块内，以保证自动驾驶时传入神经网络模块的图片数据和训练时使用的处理过的图片具有一样的规格。

在完成了数据清洗及预处理后，便可以开始真正的模型训练过程。首先需要设计一个模型，其输入和输出的维度分别与处理过的图片和手柄数据相符。第 4 章介绍了智能小车中预设卷积神经网络模型并进行了分析，该模型结构虽然较为简单，但也能基本完成车道沙盘这种简单道路环境中自动驾驶的要求。读者也可根据自己所掌握的人工智能相关知识对神经网络结构进行重构。

通过启动训练脚本，将收集并清洗处理过的数据传入设计好的神经网络模型，通过大量的数据，让神经网络模型习得到其内在特征，调整好其内部的各项权重数值。在训练中可以运用第 5 章中介绍的知识，对网络的各项参数（batch_size、early_stopping、learning_rate 等）进行调优，使得模型取得更好的训练效果。最终训练完成的模型参数将被保存下来，把完成训练的模型下载至智能小车中，再通过启动自动驾驶模式，智能小车便会使用训练好的模型进行实时感知、决策和执行，实现在车道沙盘中的自动驾驶。

微课视频 85

6.3 智能小车代码更改与性能调优

本节将会介绍如何修改智能小车的代码，并从模块级别和系统级别分别对智能小车进行调优。

微课视频 86

6.3.1 模块级别的代码更改与性能调优

6.2 节已经介绍了智能小车的整体运行流程由一个个模块组成，因此对智能小车的性能进行调优，首先需要对各个模块的性能进行优化。智能小车中的各个模块，例如摄像头、图像处理、神经网络等模块都可以单独进行设计和测试。对于每个模块，只需使其最上层的类接口符合 6.2 节所介绍的数据格式即可，该模块便可以与智能小车系统的整体进行兼容。对单独模块进行设计和测试时，需要将设计测试的环境因素也考虑进去，这里主要包括两方面：

（1）兼容性：智能小车上使用的是 ARM 架构的处理器，因此在设计一个模块时，即使在 x86 的环境下调试，也需要注意这个模块运行所需要的一些依赖包是否能与 ARM 处理器兼容。通常需要将这些依赖包在 ARM 的处理器上先进行安装和调试以确保兼容，避免发生模块独立调试完成后无法集成到智能小车环境的情况。

（2）运算负载：由于智能小车的算力较弱，当一些模块对计算资源的要求比较高时，在一台性能较强的机器上运行比放在智能小车上运行的实际结果会有较大差异。因此在实现组件的功能时也需要考虑其复杂程度以及对资源的消耗程度，以防止当模块部署在智能小车上时，其性能出现大幅度衰减的情况。

在自动驾驶系统框架中添加一个组件模块需要做的是：在对应的组件库目录下新建一个新组件模块文件，在其中建立该组件的类函数，包括 init、run、shutdown，并将写好的组件逻辑填入；在智能小车最上层逻辑的文件（见图 6.7）中引入新建组件文件内定义的类函数，声明一个新组件的对象，插入 vehicle 列表到适当位置，填写新组件的输入、输出，并与其余组件进行连接。

本节以温度传感器为例，介绍添加组件的过程，实际上温度传感器可能对智能小车驾驶的影响很小，但不妨碍用它作为一个例子。假设这个温度传感器能够得到当前时刻环境的温度值，而系统希望将这个参数传入神经网络以帮助决策，则可以按照以下的方法修改代码：

（1）在组件库目录下新建一个温度传感器的模块文件 TempSensor.py，定义其类函数和相应的 init、run、shutdown 接口函数。将最新检测到的温度值放在 temp 变量里，并使其作为 run 函数的输出在每次调用时返回给上层智能小车主逻辑。init 函数调用传感器自身驱动的接口进行初始化。shutdown 函数负责关闭传感器，很多时候不需要主动编写 shutdown 函数，当程序终止组件时，即自行完成了控制释放。但对于某些特殊的组件——传感器，在终止组件运行时，无法自行释放，则需要根据其驱动接口的要求编写 shutdown 函数中的释放逻辑，否则可能会影响下一次对该组件的使用。相关伪代码如下：

```
1    # TempSensor.py 伪代码
2    # import 温度传感器本身相关的驱动库
3    
4    class TempSensor() :
5        def __init__(self):
6            # 根据温度传感器驱动进行初始化
7            self.temp = None
8        def run(self):
9            # 在这里调用温度传感器自身的接口函数,得到当前温度,放入 self.temp 变量中
10           return self.temp
11       def shutdown(self):
12           # 如果需要,调用温度传感器自身的接口函数,关闭并释放对温度传感器的控制
```

（2）对于智能小车的上层逻辑也需在其中加入传感器模块。在声明温度传感器的对象 tempSensor 后，程序将其通过 V.add 函数加入 vehicle 的列表中，并定义了它的输出。在 AI 和数据存储模块中，变量 temp 被作为输入传入其中。在自动驾驶模式下，温度值将与图片数据一起作为神经网络模型的输入量，成为模型决策的参量；在手动驾驶模式下，温度与图片数据和遥控手柄数据将一同被保存下来用于模型训练。相关伪代码如下：

```
1   AUTO_DRIVE = True
2
3   V = Vehicle()
4   mem = Memory()
5
6   cam = Camera()
7   V.add(cam, outputs = ['image'])
8
9   tempSensor = TempSensor()
10  V.add(tempSensor, outputs = ['temp'])
11
12  if AUTO_DRIVE:
13      imgProc = ImageProcess()
14      V.add(imgProc, inputs = ['image'], outputs = ['imageProc'])
15      AI = CNN()
16      V.add(AI, inputs = ['imageProc', 'temp'], outputs = ['angle', 'throttle'])
17  else:
18      ctr = JS_Controller()
19      V.add(ctr, outputs = ['angle', 'throttle'])
20
21  motor = Actuator()
22  V.add(motor, inputs = ['angle', 'throttle'])
23
24  if not AUTO_DRIVE:
25      tub = TubWritter()
26      V.add(tub, inputs = ['image', 'temp', 'angle', 'throttle'])
27
28  while True:
29      for part in V:
30          inputs = mem.get(part['inputs'])
31          outputs = part.run(inputs)
32          if outputs:
33              mem.put(part['outputs'], outputs)
```

（3）由于温度值也作为了神经网络模型的输入参量，此时需要调整神经网络模型的输入格式，为温度值增加模型输入维度并调整神经网络结构。经过重新训练的模型将具备温度值的参考。

修改模块的流程与添加模块类似，只需在对应的模块文件内修改 init、run、shutdown 等函数即可。如果修改涉及模块的输入和输出，还需在智能小车上层 vehicle 对象逻辑内进行对应的改动。

6.3.2 系统级别的代码更改与性能调优

微课视频 87

除了对智能小车各模块进行修改和优化之外，若将各模块整合并协调运转，则还需要在系统级别对整个自动驾驶系统进行优化。

由于智能小车算力有限，若智能小车主程序加载了过多的模块运行，过高的资源消耗、过长的运算时间都会导致智能小车在行驶过程中发生卡顿，决策输出如果卡顿，则必然会造成各种"交通事故"。

图 6.8 中，智能小车是按照 vehicle 列表中组件排列的顺序依次执行组件运算并不断循

环,这意味着如果前一个组件没有完成运算则下一个组件便无法执行。当某个模块的运算时间过长,智能小车长时间无法更新决策判断,则会继续延续上一个循环的决策一直执行下去,例如上一轮的决策是右转,则智能小车会持续右转(甚至原地打转);上一轮的决策是直行,则智能小车无视左转、右转,持续直行。因此设计时每个模块的运算时间不应过长,以保证整个 vehicle 加载的所有模块能在较短的时间走完一次循环。这样即使在某次循环中智能小车执行了一个错误决策,但若 vehicle 流程时间足够短,智能小车也有机会在下一轮决策中做出补救。

对于缩减 vehicle 流程单次循环的运行时间,除了修改各个模块以缩短各自运算时间外,还可以对整体流程进行优化调整,例如采用多进程并行的方式等。对于某些不需要以前序模块输出为输入而执行时间又比较长的模块,可以将它另外新建为一个进程单独执行,并将这类模块的输出保存为中间变量,以备系统查询更新(从旁观者的角度,每多开一个进程,相应组件在新进程中独立重复执行并将输出值持续覆盖更新到该中间变量)。当整个智能小车 vehicle 的列表顺序执行到该组件时,该组件实际上并没有执行运算操作,而是直接从指定中间变量读取了其最新值以替代该模块的更新。

如图 6.9 所示,如果组件 2 运算时间较长,而其又不依赖组件 1 的输出,则可以单独开设启动一个进程,使组件 2 不断运算并保存更新输出值。这样组件 2 就能与整个智能小车 vehicle 流程保持并行运行,而不会拖慢整体的运行速度。当智能小车流程执行到组件 2 时,智能小车流程中的组件 2 模块不涉及运算操作,而是直接从并行进程中获取其最新运算的值,这样大大节省了原本组件 2 模块运算所消耗的时间,缩短了智能小车主流程的运算周期,从而提高了整体驾驶的稳定性。

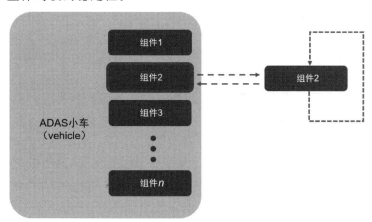

图 6.9　多进程模式下的智能小车主逻辑

但需要注意的是:多进程并行计算势必会增加资源的占用和消耗,调试时也需要验证确保两条流程并行后不会因资源占用过高而造成智能小车系统的整体卡顿。

接下来用摄像头模块在代码中实现多进程操作为例进行说明:

(1)原始版本伪代码如下:

```
1  # camera.py 原始版本(单进程版本)伪代码
```

```
 2    # import 摄像头本身相关的驱动库
 3
 4    class Camera() :
 5        def __init__(self, resolution = (480, 640), framerate = 6):
 6            self.frame = None    # frame 用来存储捕捉到的画面
 7            # camera_init 为摄像头初始化的接口函数（伪代码）
 8            self.camera = camera_init(resolution, framerate)
 9            print('Camera initialized.')
10            time.sleep(2)
11
12        def run(self):
13            self.frame = self.camera.camera_capture()    # camera_capture 为摄像头捕捉画面的
14                                                         # 接口函数（伪代码）
15            return self.frame
16        def shutdown(self):
17            # 如果需要,调用摄像头自身的接口函数,关闭并释放对摄像头的控制
```

（2）多进程版本伪代码如下：

```
 1    # camera.py 多进程版本伪代码
 2    # import 摄像头本身相关的驱动库
 3
 4    class Camera() :
 5        def __init__(self, resolution = (480, 640), framerate = 6):
 6            self.resolution, self.framerate = resolution, framerate
 7            self.frame = None
 8            self.on = True
 9            self.camera = camera_init(resolution, framerate)
10            print('Camera initialized.')
11            time.sleep(2)
12
13        def update(self):
14            while self.on:
15                start = datetime.now()
16                self.frame = self.camera.camera_capture()
17                stop = datetime.now()
18                s = 1 / self.framerate - (stop - start).total_seconds()
19                if s > 0:
20                    time.sleep(s)
21
22        def run_threaded(self):
23            return self.frame
24
25        def shutdown(self):
26            # 如果需要,调用摄像头自身的接口函数,关闭并释放对摄像头的控制
27            self.on = False
```

上述代码分别列举了单进程和多进程模式下摄像头模块运行的方法：在单进程版本中,摄像头对路况图片的捕捉更新在 run 函数中完成,根据智能小车的上层逻辑,在执行摄像头模块功能时,会调用 run 函数,整个程序必须等待摄像头返回 self.frame 值后才能继续执行下一模块；而在多进程版本中,由于加入了 update 函数使得路况图片的捕捉在另一个

进程中独立完成,对 vehicle 的主进程几乎没有影响。update 函数的路况图片捕捉嵌套在 while 循环中,摄像头会不断地捕捉最新的画面并放入 self.frame 变量中,while 循环会以人为设定的采样频率 framerate 间隔执行,只要智能小车的计算资源足够,就不会拖慢主进程的速度。与单进程的 run 函数相对应,多进程代码中将其改为了 run_threaded 函数,这个函数不涉及任何逻辑运算,而只是单纯返回当前时刻 self.frame 变量的最新值,即图 6.9 中的描绘。

同样地,模块改为了多进程后,智能小车的主流程也需做出相应的改动。在添加需要多进程执行的模块时,在 V.add 函数中加入一个 threaded 变量,以便后续操作时区分多进程与单进程模块。将所有组件添加至 vehicle 列表后,通过遍历列表将所有设置了多进程模式的组件模块分别单独新建一个进程并运行。智能小车的主循环需要检测当下执行的模块是否为多进程模块,若是,则运行 run_threaded 函数,否则就运行 run 函数。需要强调的是:多进程模块最好不需要依赖其他模块的输出作为自己的输入,否则在时序上可能会产生冲突。支持多进程的智能小车主流程伪代码如下:

```
1   AUTO_DRIVE = True
2
3   V = Vehicle()
4   mem = Memory()
5
6   cam = Camera()
7   V.add(cam, outputs=['image'], threaded=True)
8
9   if AUTO_DRIVE:
10      imgProc = ImageProcess()
11      V.add(imgProc, inputs=['image'], outputs=['imageProc'])
12      AI = CNN()
13      V.add(AI, inputs=['imageProc'], outputs=['angle', 'throttle'])
14  else:
15      ctr = JS_Controller()
16      V.add(ctr, outputs=['angle', 'throttle'])
17
18  motor = Actuator()
19  V.add(motor, inputs=['angle', 'throttle'])
20
21  if not AUTO_DRIVE:
22      tub = TubWritter()
23      V.add(tub, inputs=['image', 'angle', 'throttle'])
24
25  for part in V:
26      if part.threaded == True:
27          # 检测每个模块是否为多进程模式.若是,则启动,让其在后台运行起来
28          part.get('thread').start()
29
30  while True:
31      for part in V:
32          inputs = mem.get(part['inputs'])
33          if part.threaded == True:
```

```
34              outputs = part.run_threaded(inputs)
35         else:
36              outputs = part.run(inputs)
37         if outputs:
38              mem.put(part['outputs'], outputs)
```

除此之外,关于系统级别的优化还包括许多方面。根本上,系统还是由众多组件模块构成的,集中各个模块一起运行时,如果运行效果不佳,则通常发生了水桶效应。若其中某个模块成了整个系统运行的短板,并非一定是对该模块的调试优化不当所造成的,更多时候是其他模块过多占据了系统资源导致的。在这种情况下,应该通过调试及时发现该模块短板所在和短板产生的原因,并做出针对性的优化,而不是盲目地对整个系统或所有模块重复逐一修改或调优。

微课视频88

6.4 智能小车系统问题调试与升级优化

智能小车在运行过程中,最常见直观的问题便是"翻车"。这里的"翻车"并不是指智能小车发生侧翻,而是对各种意外情况的总称,例如在该转弯的地方没有进行转向操作,遇到障碍物没有进行避障操作等。很多时候,发生"翻车"的缘由并不是显而易见的,其背后往往存在一些隐式的深层问题。本节会列举一些常见的问题并讨论解决方法。

6.4.1 智能小车系统问题调试

1. 收集的数据未清洗完全

当用遥控手柄操控智能小车使之收集到了足够的数据后,便需要将收集到的数据传入服务器用于模型训练。开始训练前需要对原始数据进行清洗,将训练集中不合规的数据修正或删除。数据未经清洗所导致的直观结果是模型训练的精度尚可,但在实际行驶中进行推理决策时却经常出错。

对于智能小车而言,数据清洗是将遥控手柄人为操作不当的数据删除。通过人工浏览路况图片数据并综合分析前后相邻智能小车行驶方向的图片判断此刻遥控手柄操作是否适当,从而决定是否删除当前数据。这一操作非常烦琐但必不可少,如果发现智能小车自动驾驶频频出错但模型训练精度尚可时,可以考虑再次清洗数据并重新训练模型。

2. 训练与推理的环境差异导致行驶效果不佳

在自动驾驶模式中,智能小车行驶的道路环境如果与数据收集时的道路环境不完全一致(最直观例子是环境照明有很大差异),而自动驾驶算法模型并未对此进行补偿,智能小车则很容易出现决策错误,造成"翻车"事故。

对于这种情况,可以通过数据增强(data augmentation)的方式增强自动驾驶算法模型的鲁棒性。数据增强通过特定的预处理(改变图片亮度、对比度及旋转、变形图片等)方法对现有的有限数据进行处理以生成更多的新数据,借此增加训练样本的数量及多样性,从而使训练出的模型更加稳定并扩大适用范围。本例中可以通过脚本调整训练数据集中图片的背景亮度,生成更多的新训练数据使模型能够更好地适应不同的光照环境。

3. 模型设计或训练不当

机器学习最普遍的问题可能便是模型设计不当或是模型训练不当。

由于其较为复杂并且需要依照具体情况具体分析,在这里对模型设计不当问题不作具体的展开。读者可以使用智能小车内自带的神经网络模型或是参照一些成熟的神经网络模型为原型进行模型设计,在取得了较好的行驶效果后再尝试修改网络结构。关于模型训练问题,读者可以根据第5章所介绍的方法,对网络的训练参数(learning rate,batch size 等)进行配置和调优。实际操作中最常见的问题是过拟合,当出现过拟合时训练脚本会提示 early stopping 参量并终止训练任务。如果不希望过早终止训练任务,可以通过调整 early stopping 参量中 min_delta 值,让程序对 early stopping 参量的检测变得不这么敏感,从而避免训练过早终止,但这样操作很可能会对模型的训练精度产生影响。而针对此类过拟合问题,更好的解决方案是拿起遥控手柄再训练一些数据,用更大的训练集重新进行模型的训练。

4. 运算性能瓶颈

在 6.3.2 节讨论了智能小车在运算资源占用上的一些问题,例如智能小车的主循环为串行执行,各个模块有序地排列在 vehicle 列表内按顺序依次执行,当某一模块执行时间过长,会产生"该转弯不转弯""该避让不避让"等现象。解决的方法是新建独立进程,减少主循环中模块所占用的时间,但由于独立进程与主循环同时运行,对智能小车系统的资源占有相对较高,若在某一瞬时资源占有率过高,也会发生运算延迟、卡顿等问题,同样会造成行驶效果不佳的现象。

这类问题可以尝试在智能小车上引入车联网的概念,不但能够使智能小车的功能更加丰富,而且也能赋予智能小车更好的行驶效果。详情可参见 6.4.2 节相关内容。

6.4.2 智能小车系统升级优化

在业界真实自动驾驶系统中有一些常见的方法同样可以用于提升和优化智能小车系统。本节将为读者介绍一些可行的改进方案。

1. 多传感器的配置实现

1)多传感器运作模式简介

自动驾驶需要使用高精度传感器作为硬件设备支持,例如根据特斯拉官网的介绍,如图 6.10 所示,特斯拉配备的传感器中采用了 8 个摄像头提供车距为 8~250m、360°环绕的视野,同时使用了 12 个超声波传感器,使车辆能够实时检测到自动驾驶所需感知 2 倍以上距离的各种障碍物。

在算法层面上,工程师将传感器收集到的不同数据进行整合,编写多套算法逻辑应对不同驾驶场景下的需求。针对如图 6.11 和图 6.12 所示的自动驾驶智能变道和自动泊车功能,分布在车体不同部位的多传感器保障了自动驾驶决策的可靠性。

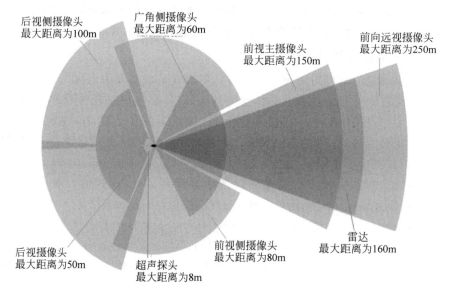

图 6.10 特斯拉配备的传感器

（原始信息来源：https://www.tesla.com/en_CA/autopilot）

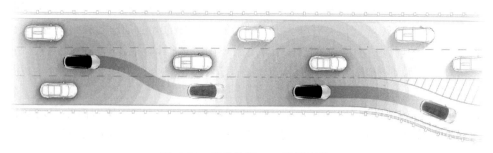

图 6.11 自动驾驶——智能变道

（图片来源：https://www.tesla.com/tesla_theme/assets/img/features/autopilot/section-intelligent_lane_change.jpg? 20161101）

2）多传感器在智能小车上的实现

基础版的智能小车仅采用了摄像头作为收集路况信息的来源，对于简单的车道沙盘道路环境，单一摄像头采集的数据就能满足大多数情况的需求。但为了达到更好的效果，可以仿照真实的自动驾驶环境，在智能小车上添加更多的传感器，使智能小车有更多的信息来源为决策提供依据。本节通过两个实例，让智能小车在原始的决策逻辑路线外，通过添加传感器为自身提供额外的避障机制。读者可以尝试效仿，也可尝试更多不同的传感器，自行修改智能小车的算法逻辑并优化行驶效果。

【例 6-1】用深度摄像头替换智能小车的普通摄像头。

深度摄像头采用双目或是结构光方式，在提供传统的 RGB 图片的同时，还能提供图片中每个像素点的距离信息。通常这种摄像头的售价比较昂贵。本例尝试用深度摄像头替换智能小车的普通摄像头,能够得到了传统的 RGB 图片和对应的深度信息,这相当于同时使用多个传感器为智能小车收集信息。

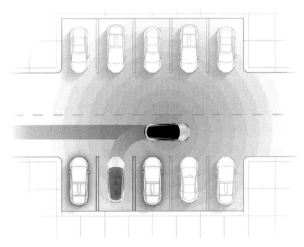

图 6.12　自动驾驶——自动泊车

(图片来源:https://www.tesla.com/tesla_theme/assets/img/features/autopilot/section-parking_space_finder.jpg?2090825989)

使用这两组数据需要对智能小车原有的程序代码进行修改:如图 6.13 所示,通过检测图片中距离摄像头距离最近的一簇点的距离(单个像素点距离存在噪声扰动,取一簇点检测的稳定性更好)与人为设定的阈值(例如 20cm)进行比较,当检测到一簇点(代表障碍物)与深度摄像头(智能小车)的距离小于阈值时,则直接强制智能小车的执行器(步进电动机)进行后退操作,同时结束本轮操作指令的执行并等待进入下一轮循环;若距离大于阈值,则按原先流程正常自动驾驶。

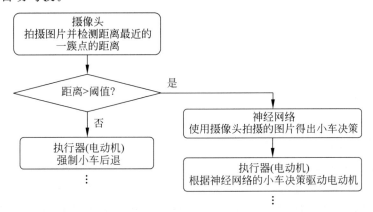

图 6.13　使用深度摄像头的智能小车决策逻辑

从图 6.13 可以看到,这两条分支中左侧分支没有用神经网络模块,而是直接控制步进电动机强制小车后退。这是因为神经网络模块的运算需要消耗较长的时间(通常为 50~200ms),

在一些极端情况下（例如智能小车距离障碍物太近），在神经网络做出正确避障决策前智能小车可能已经撞上了障碍物。这里得益于深度信息，为智能小车在极端情况下节省了运算时间，减少了智能小车意外碰撞的概率。

【例 6-2】 在智能小车上使用激光传感器。

激光传感器的作用和深度摄像头的作用类似，本质上也是对距离信息进行检测。如图 6.14 所示，智能小车的核心逻辑（软件/算法层面）运行在上层的核心控制器中[图 6.14 左侧代表软件/算法和上层硬件]，算法层面需要用到的传感器都连接于此。智能小车下层还有一块辅助处理器[图 6.14 右侧代表底层 PCB]，负责智能小车步进电动机、电池等一系列底层功能。在智能小车的执行流程中，上层的决策会被传递至下层，由辅助处理器真正完成车辆的驱动。在智能小车的提升方案中，激光传感器也连接在辅助处理器上，作为一个车载组件。激光传感器会实时检测前面障碍物的距离，辅助处理器根据所检测到的最近障碍物的距离判断是执行上层的决策指令或是强制小车后退/停止。

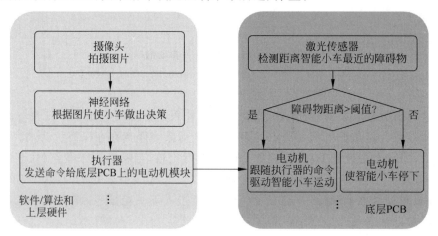

图 6.14 使用激光传感器的智能小车决策逻辑

例 6-2 采用了不同的传感器，实现了和例 6-1 类似的效果，为智能小车提供一种额外的避障机制。

2. 车联网的配置与实现

1）车联网介绍

在自动驾驶技术发展的初期，所有的计算依赖并运行于车辆本身上。在自动驾驶车辆的"认知"中，只有自身是智能的，是可依赖的，而自身周边的一切事务都是"冰冷"而不可沟通的。自动驾驶车辆的信息来源单一、运算能力有限，在复杂环境中往往不能保障行驶的安全。在这种条件下，车联网（V2X，Vehicle-To-Everything）的概念应运而生，V2X 顾名思义就是车与外界的互联，而车联网恰恰是未来智能汽车、自动驾驶、智能交通运输系统的基础和关键技术。

车联网 V2X 包括下面四部分。

(1) V2N(Vehicle-To-Network,表示车-互联网的互联)：是目前应用最广泛的车联网形式,其主要功能是使车辆通过移动网络,连接到云端服务器,使用云端服务器提供的导航、娱乐、防盗等应用功能。

(2) V2V(Vehicle-To-Vehicle,表示车-车的互联)：用于车辆间信息的交互和提醒,最典型的应用是车辆间防碰撞的安全系统。

(3) V2I(Vehicle-To-Infrastructure,表示车-基础设施的互联)：车辆可以与道路甚至其他基础设施,例如交通灯、路障等通信,获取交通灯信号时序等道路管理信息。

(4) V2P(Vehicle-To-Pedestrian,表示车-行人的互联)：用于给道路上行人或非机动车发出安全警告。

V2X 技术在实际自动驾驶中能够发挥很大的作用。例如：若自动驾驶车辆行驶在一个盘山路上,由于盘山路的可视距离较短,车辆的摄像头可能只能看见前方 50m 内的情况。倘若对面有一辆车迎面驶来,只有当车辆交会、距离很近的时候,车辆的传感器才能感知到对面车辆的存在。此时留给车辆做出决策判断的时间非常有限,这无形中增加了发生事故的隐患。而假使在这一场景中存在 V2X 技术,智能的不仅仅是车辆自身,对面驶来的车辆、甚至路边的边缘计算节点,都有信息收发、运算的能力,则整个会车的流程将变得顺利得多：

(1) 当两辆车驶近路边的边缘计算节点所在的区域,分别向节点发出信号告知自己进入。

(2) 边缘计算节点对车辆发来的信号进行综合汇总并分析判断,然后将判断的信息返回给车辆。

(3) 车辆在得到边缘节点发来的信息后,可以做出驾驶的操作判断：提前减速或停止,减轻迎面车辆进入可视范围时的避让压力。

这一示例主要运用了 V2I 的概念：通过边缘计算节点收集车辆信息进行汇总处理,从更高的层面为车辆反馈全局信息,帮助车辆做出行驶决策。这套流程对网络延迟的要求相当高,数据信息必须实时地在车辆和边缘节点间进行传输。

2) 车联网在智能小车上的实现

在如图 6.15 所示的结构中,智能小车旁边还可以安排边缘服务器作为计算节点,这个计算节点仿照车联网的形式与智能小车进行通信互联。相比于智能小车,高配置的计算节点拥有更强的运算能力,能更快速地完成相同的运算任务,大幅缩短任务的执行时间。在执行智能小车 vehicle 列表(图 6.15 左侧部分)的摄像头模块时,路况图片将被直接发送给计算节点,在计算节点上执行一个完整的高精度自动驾驶算法模型,该模型将输出准确度较高的决策；而在智能小车上只需要部署一个轻量化的自动驾驶算法模型(牺牲计算精度),该模型经过简化也能在智能小车的算力条件下较快地完成推理过程,但其输出的决策准确度较低。两者的决策结果将会汇总至决策整合模块,该模块通过特定的逻辑条件判断整合(例如优先使用计算节点的决策,若未接收到则采纳智能小车轻量模型的决策)形成最终的决策结论,驱动智能小车获得最佳的行驶效果。这种结构的难点在于需要使用低延迟网络和同步信号技术,该技术目前在 5G 通信领域中尚属于前沿技术。

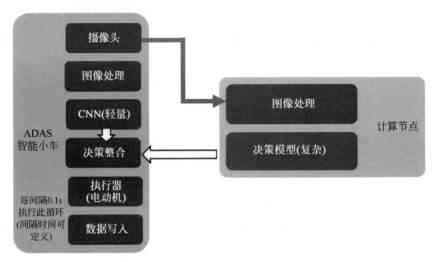

图 6.15　智能小车应用车联网技术的结构

6.5　开放性思考

根据此前所介绍的内容,本节提出了一些智能小车开发的可行方案。读者可尝试通过查阅资料、修改代码、重构框架思考和实践这些方案。

(1)尝试修改智能小车框架内自带的默认神经网络结构,或使用业界公认的成熟的网络结构训练模型。比较不同模型训练后的测试准确度以及智能小车实际启动后的行驶效果,分析新构建的神经网络模型是否提升了效果,是否碰到了本章所提到的优化问题。

(2)尝试将车联网的概念实现到项目中。根据 6.4.2 节提供的思路,修改模块以及主逻辑的代码,同时训练两个复杂程度不一的神经网络模型,分别部署到智能小车和计算节点上,调试并观察是否对智能小车的表现有所提升。

(3)尝试使用 ROS(robot operating system,机器人操作系统)替代智能小车本身自带的系统。智能小车自带的系统通过使用 vehicle 列表的模式,将各个组件强耦合在了一起。虽然智能小车系统框架的设计理念可以被别的工程项目借鉴,但其本身是针对智能小车设计的,从工程角度上其框架代码并不具有通用性和可移植性。ROS 是专为机器人软件开发所设计的一套架构。它是一个开源的元级操作系统,提供类似于操作系统的服务,包括硬件抽象描述、底层驱动程序管理、共用功能的执行、程序间消息传递、程序发行包管理,它也提供一些工具和库用于获取、建立、编写和执行多机融合的程序。它采用了分布式的处理框架(Nodes),使模块能被单独设计、测试,同时在运行时为松耦合。ROS 现今被广泛地用于各种机器人软件应用的开发中,通过尝试智能小车项目的代码移植,读者也可熟悉并掌握 ROS 系统的应用。

6.6 本章小结

本章以 ADAS 智能小车为例,介绍了自动驾驶系统在智能小车内的部署,以及智能小车整体系统的调试和优化。ADAS 智能小车是戴尔科技集团自主研发的一款自动驾驶仿真产品,曾经在上海举办的中国国际进口博览会亮相,受到广泛的关注。基于 ADAS 智能小车,复旦大学-戴尔科技集团虚拟现实创客联合实验室共同开发了配套的教学课程,同时为该课程专门设计了教育版的智能小车以及教材。

如图 6.16 所示,参照研发流程,该课程将自动驾驶人工智能的教学分为看车、造车、开车、写车、算车和玩车等六个环节,对应书中 6 章内容,全部以车为主线,希望读者在学习过程中,不但能够了解和初步掌握自动驾驶相关的人工智能理论,而且还能够利用智能小车亲自体验人工智能实践的全过程。通过动手操作这辆车,修改或重新编写相应的代码,让这辆车在自己手中完成自动驾驶的任务,感受人工智能的魅力。

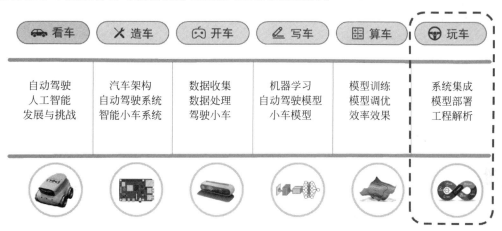

图 6.16 章节编排

使用这款桌面级的自动驾驶智能小车系统,不但有助于智能科学与技术、人工智能相关专业的学生了解人工智能理论和算法在自动驾驶场景中的应用情况,而且还能够为教学团队最大程度地降低动手操作的实践教学成本。

参 考 文 献

[1] 亿欧智库.软件定义,数据驱动,2021中国智能驾驶核心软件产业研究报告[R/OL].(2021-07-14)[2022-11-10]. https://www.iyiou.com/research.

[2] 蔡莉,王淑婷,刘俊晖,等.数据标注研究综述[J].软件学报,2020,31(2):302-320.

[3] 国家工业信息安全发展研究中心.自动驾驶数据安全白皮书[Z],2020.

[4] Laflamme CÉ, Pomerleau F, Giguere P. Driving datasets literature review[EB/OL]. (2019-10-26)[2022-11-10]. https://arxiv.org/abs/1910.11968.

[5] Sun P, Kretzschmar H, Dotiwalla X, et al. Scalability in Perception for Autonomous Driving: Waymo Open Dataset[EB/OL]. (2020-05-12)[2022-11-10]. https://arxiv.org/abs/1912.04838.

[6] Barnes D, Gadd M, Murcutt P, et al. The Oxford Radar RobotCar Dataset: A Radar Extension to the Oxford RobotCar Dataset[EB/OL]. (2020-02-26)[2022-11-10]. https://arxiv.org/abs/1909.01300.

[7] 周志华.机器学习[M].北京:清华大学出版社,2016.

[8] 邱锡鹏.神经网络与深度学习[M].北京:机械工业出版社,2020.

[9] Cui Y, Chen R, Chu W, et al. Deep learning for image and point cloud fusion in autonomous driving: A review[J]. IEEE Transactions on Intelligent Transportation Systems, 2021: 102-120.

[10] Feng D, Haase-Schütz C, Rosenbaum L, et al. Deep multi-modal object detection and semantic segmentation for autonomous driving: Datasets, methods, and challenges[J]. IEEE Transactions on Intelligent Transportation Systems, 2020, 22(3): 1341-1360.

[11] Wang Y, Mao Q, Zhu H, et al. Multi-modal 3d object detection in autonomous driving: a survey[EB/OL]. (2021-06-25)[2022-11-10]. https://arxiv.org/abs/2106.12735.

[12] Bojarski M, Del Testa D, Dworakowski D, et al. End to end learning for self-driving cars[EB/OL]. (2016-04-25)[2022-11-10]. https://arxiv.org/abs/1604.07316.

[13] Goodfellow I, Bengio Y, Courville A. Deep Learning[M]. Massachusetts, Cambridge: MIT Press, 2016.

[14] Saif M Khan. AI Chips: What They Are and Why They Matter[EB/OL]. (2020-04)[2022-11-10]. https://cset.georgetown.edu/publication/ai-chips-what-they-are-and-why-they-matter/.

[15] GörkemGençer. Top 10 AI Chip-makers of 2022: In-depth Guide[EB/OL]. (2022-10-25)[2022-11-10]. https://research.aimultiple.com/ai-chip-makers/.

[16] Shan Tang. AI Chip (ICs and IPs)[EB/OL]. (2022-11-10)[2022-11-10]. https://github.com/basicmi/AI-Chip.

6.6 本章小结

本章以 ADAS 智能小车为例,介绍了自动驾驶系统在智能小车内的部署,以及智能小车整体系统的调试和优化。ADAS 智能小车是戴尔科技集团自主研发的一款自动驾驶仿真产品,曾经在上海举办的中国国际进口博览会亮相,受到广泛的关注。基于 ADAS 智能小车,复旦大学-戴尔科技集团虚拟现实创客联合实验室共同开发了配套的教学课程,同时为该课程专门设计了教育版的智能小车以及教材。

如图 6.16 所示,参照研发流程,该课程将自动驾驶人工智能的教学分为看车、造车、开车、写车、算车和玩车等六个环节,对应书中 6 章内容,全部以车为主线,希望读者在学习过程中,不但能够了解和初步掌握自动驾驶相关的人工智能理论,而且还能够利用智能小车亲自体验人工智能实践的全过程。通过动手操作这辆车,修改或重新编写相应的代码,让这辆车在自己手中完成自动驾驶的任务,感受人工智能的魅力。

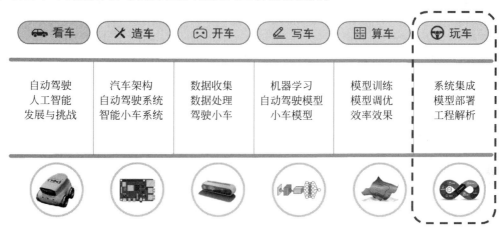

图 6.16 章节编排

使用这款桌面级的自动驾驶智能小车系统,不但有助于智能科学与技术、人工智能相关专业的学生了解人工智能理论和算法在自动驾驶场景中的应用情况,而且还能够为教学团队最大程度地降低动手操作的实践教学成本。

参 考 文 献

[1] 亿欧智库. 软件定义,数据驱动,2021中国智能驾驶核心软件产业研究报告[R/OL]. (2021-07-14)[2022-11-10]. https://www.iyiou.com/research.

[2] 蔡莉,王淑婷,刘俊晖,等. 数据标注研究综述[J]. 软件学报,2020,31(2):302-320.

[3] 国家工业信息安全发展研究中心. 自动驾驶数据安全白皮书[Z],2020.

[4] Laflamme CÉ,Pomerleau F,Giguere P. Driving datasets literature review[EB/OL]. (2019-10-26)[2022-11-10]. https://arxiv.org/abs/1910.11968.

[5] Sun P,Kretzschmar H,Dotiwalla X,et al. Scalability in Perception for Autonomous Driving:Waymo Open Dataset[EB/OL]. (2020-05-12)[2022-11-10]. https://arxiv.org/abs/1912.04838.

[6] Barnes D,Gadd M,Murcutt P,et al. The Oxford Radar RobotCar Dataset:A Radar Extension to the Oxford RobotCar Dataset[EB/OL]. (2020-02-26)[2022-11-10]. https://arxiv.org/abs/1909.01300.

[7] 周志华. 机器学习[M]. 北京:清华大学出版社,2016.

[8] 邱锡鹏. 神经网络与深度学习[M]. 北京:机械工业出版社,2020.

[9] Cui Y,Chen R,Chu W,et al. Deep learning for image and point cloud fusion in autonomous driving:A review[J]. IEEE Transactions on Intelligent Transportation Systems,2021:102-120.

[10] Feng D,Haase-Schütz C,Rosenbaum L,et al. Deep multi-modal object detection and semantic segmentation for autonomous driving:Datasets,methods,and challenges[J]. IEEE Transactions on Intelligent Transportation Systems,2020,22(3):1341-1360.

[11] Wang Y,Mao Q,Zhu H,et al. Multi-modal 3d object detection in autonomous driving:a survey[EB/OL]. (2021-06-25)[2022-11-10]. https://arxiv.org/abs/2106.12735.

[12] Bojarski M,Del Testa D,Dworakowski D,et al. End to end learning for self-driving cars[EB/OL]. (2016-04-25)[2022-11-10]. https://arxiv.org/abs/1604.07316.

[13] Goodfellow I,Bengio Y,Courville A. Deep Learning[M]. Massachusetts,Cambridge:MIT Press,2016.

[14] Saif M Khan. AI Chips:What They Are and Why They Matter[EB/OL]. (2020-04)[2022-11-10]. https://cset.georgetown.edu/publication/ai-chips-what-they-are-and-why-they-matter/.

[15] GörkemGençer. Top 10 AI Chip-makers of 2022:In-depth Guide[EB/OL]. (2022-10-25)[2022-11-10]. https://research.aimultiple.com/ai-chip-makers/.

[16] Shan Tang. AI Chip (ICs and IPs)[EB/OL]. (2022-11-10)[2022-11-10]. https://github.com/basicmi/AI-Chip.